Wilhelm
Der Brandner Kaspar und das ewig' Leben

Kurt Wilhelm

Der Brandner Kaspar und das ewig' Leben

Chronik eines ungewöhnlichen Erfolges

Die Erzählung
Das Theaterstück

Mit Jubiläumsbildern von
Horst Haitzinger
Ernst Maria Lang
Ernst Hürlimann
Hans Fischach
Josef Wahl

Hugendubel

Dieser Band erscheint begleitend zum 25jährigen
Bühnenjubiläum des gleichnamigen Theaterstücks von
Kurt Wilhelm im Januar 2000.

Aufführungsrechte:
Kurt Wilhelm
Bühnen- + Musikverlag
82064 Straßlach
Frundsbergstraße 31
Telefon und Fax: 0 81 70 / 4 60

Die Deutsche Bibliothek – CIP-Einheitsaufnahme
Der Brandner Kaspar und das ewig' Leben : Chronik eines
ungewöhnlichen Erfolges; [dieser Band erscheint begleitend zum
25jährigen Bühnenjubiläum des gleichnamigen Theaterstücks von
Kurt Wilhelm im Januar 2000] / Kurt Wilhelm. Mit Fotogr. von Paul
Sessner u.a. – Kreuzlingen ; München : Hugendubel, 1999
    ISBN 3-89631-349-5

Umschlaggestaltung: Zembsch' Werkstatt, München,
unter Verwendung von Fotografien von Paul Sessner, Dachau
Gestaltung: Ernst Krammer Keck, Pfaffenhofen
Produktion: Tillmann Roeder, München
Satz und Repro: SatzTeam Berger, Ellenberg
Druck und Bindung: Bosch Druck, Landshut
Printed in Germany
ISBN 3-89631-349-5

Inhalt

Grußwort des Bayerischen Ministerpräsidenten Edmund Stoiber

Der berühmte Kerschgeist soll ja zum Wohle der Schauspieler nur harmloses Leitungswasser sein, doch fragt man sich schon, ob beim ewigen Leben des »Brandner Kaspar« auf der Bühne des Münchner Residenztheaters alles mit rechten Dingen zugeht. Hat es vielleicht auch hier einmal ein folgenreiches »Gschpielei« gegeben?

Seit 25 Jahren bricht die Geschichte vom Brandner Kaspar, der dem Tod alias »Boandlkramer« schlitzohrig noch ein paar irdische Jahre abluchst, alle Vorstellungsrekorde. Längst wird der »Brandner« nicht nur bei den Münchnern als Kultstück gehandelt, das man (am besten mehrmals) gesehen haben muß. Zu diesem außergewöhnlichen Theaterjubiläum gratuliere ich herzlich dem Schöpfer des Stücks Kurt Wilhelm, der aus der bairischen Erzählung seines Vorfahren Kobell eine abendfüllende »Komödi« um Leben und Tod geschaffen hat. Eine ebenso herzliche Gratulation geht selbstverständlich auch an das Resi-Ensemble, dem keinerlei Abnützungserscheinungen anzumerken sind – vielleicht liegt das am (echten) Bier, das auf der Bühne kredenzt wird.

Mir persönlich hat es der »Brandner« vor allem deshalb angetan, weil hier keine volkstümelnde Deppenkomödie im Bavarian-Look geboten wird, sondern eine hintersinnige Gaudi in guter bayerischer Tradition, die sich nie ins Derb-Vulgäre verirrt. Und wo hört man heute noch so viele bairische Konjunktive und manch andere – jedenfalls in München fast verschwundene Mundartschmankerl?

Zu Recht gilt Kurt Wilhelms Dramatisierung wie die Kobellsche Vorlage inzwischen als Klassiker der bayerischen Literatur. Einzigartig und faszinierend macht den »Brandner Kaspar« außerdem der Blick ins Jenseits, das sich entgegen aller Befürchtungen als barocker Bayernhimmel entpuppt, in dem es sich dank heimischer Kost und liebenswert menschlicher Heiliger hervorragend leben läßt – wie ja am Ende auch der Kaspar meint. Für mich ist es natürlich auch beruhigend zu wissen, daß man im Paradies besonders enge Kontakte nach Wolfratshausen pflegt! Und ist nicht auch die Vorstellung tröstlich, daß der Tod keine dämonische Macht ist, sondern ein klappriger »Boandlkramer«, der nur seine unabänderliche Pflicht im göttlichen Weltenplan erfüllt?

So bin ich zuversichtlich, daß es im Jubiläumsjahr und auch künftig noch viele umjubelte Vorstellungen geben wird, die dem »Brandner Kaspar« doch noch zum ewigen Leben hienieden verhelfen, denn ich glaube fest: »So ist es aufgesetzet!«

Grußwort des Bayerischen Staatsministers für Wissenschaft Hans Zehetmair

Zum 25jährigen Jubiläum der Inszenierung des »Brandner Kaspar« am Bayerischen Staatsschauspiel möchte ich dem Theater, dem Autor und Regisseur sowie allen Schauspielern meine herzlichsten Glückwünsche aussprechen. »Der Brandner Kaspar und das ewig' Leben« ist in der Zwischenzeit zu einer echten bayerischen Theaterinstitution geworden. Seit ihrer Premiere am 5. Januar 1975 am Münchner Residenztheater hat diese Inszenierung unzählige Gastspiele im In- und Ausland, drei Intendantenwechsel, mehrere Besetzungsänderungen sowie kommende und gehende Theatermoden unbeschadet überstanden und erfreut sich seit nunmehr einem Vierteljahrhundert eines ewig' Lebens in der Publikumsgunst.

25 Jahre – mit circa 875 Aufführungen und weit mehr als einer halben Million Zuschauer, das ist in unserer schnellebigen Zeit schon fast ein kleines Theaterwunder und Anlaß genug, der Ergründung des Phänomens »Brandner Kaspar« ein eigenes Buch zu widmen. Ich freue mich sehr, daß mit diesem Stück, das ewig-menschliche Themen auf hintergründig-philosophische und zugleich humorvolle Art und Weise aufgreift, die große Tradition des bayerischen Volkstheaters so einmalig erfolgreich fortgeführt wird.

Zugleich ist der »Brandner Kaspar« auch ein lebendiges Stück bayerischer Theatergeschichte. Untrennbar verbunden sind mit ihm die Namen zweier unvergessener Schauspieler: Fritz Strassner und Gustl Bayrhammer. Für beide stellten die Rollen des Brandner Kaspar und des heiligen Portner, die sie bis 1993 verkörperten, Höhepunkte in ihren Schauspielerkarrieren dar.

Ich wünsche dem »Brandner Kaspar« noch viele erfolgreiche Aufführungen in München und anderswo und daß er noch vielen Menschen unterhaltsam und nachdenklich machende Stunden bereiten werde. Denn, so hört man, es soll hierzulande tatsächlich noch Leute geben, die den »Brandner Kaspar« noch nicht gesehen haben.

Ernst Hürlimann, Zeichner, Karikaturist und Architekt,
eröffnet als Freund des Theaterstücks und des Autors den Reigen der Gratulanten.

Vorbemerkung

Im Januar 2000 steht »Der Brandner Kaspar und das ewig' Leben« seit 25 Jahren auf dem Spielplan des Bayerischen Staatsschauspiels – nach 870 Vorstellungen noch immer in der Premieren-Inszenierung. Dies ist ein, laut Aussagen von Fachleuten, einmaliger Rekord.

Freilich, manche Musicals in Deutschland, Europa oder den USA haben wesentlich höhere Aufführungszahlen erreicht. Ganz zu schweigen von dem legendären Krimi der Agatha Christie »Die Mausefalle«, der in London über Jahrzehnte täglich gespielt wurde. Dies alles fand in sogenannten En-suite-Theatern statt, die ein und dasselbe Stück allabendlich spielten. Sie nutzten den Erfolg, bis niemand mehr kam.

Ein Staatstheater aber muß jeden Abend ein anderes Stück aus seinem Repertoire aufführen. Daher betrifft der Brandner-Rekord vor allem die 25 Jahre Laufzeit, und erst in zweiter Linie die Aufführungszahl. Obwohl auch die sich sehen lassen kann, denn die weiteren Rekorde des Münchner Staatstheaters nach 1945 waren:

»Nathan der Weise« (Lessing): 146 Aufführungen
»Der Kontrabaß« (Süßkind): 144
drei Thoma-Einakter: 125
»Beckett – oder Die Ehre Gottes« (Anouilh): 111
»Brandner Kaspar« (Wilhelm): 870

Erlaubt sei daher zum Jubiläum ein Rückblick auf 25 Jahre – nein, sogar noch ein Stückl länger, denn ehe das Stück uraufgeführt werden konnte, mußte es erst einmal geschrieben und inszeniert werden. Das geschah, in bester Tradition, im Auftrag.

Kurt Wilhelm

In vergangenen Jahrhunderten hatte jedes Theater seine Hausautoren, die stets Neues für die speziellen Gegebenheiten und Darsteller schreiben mußten. Das hatte sich bewährt.

Hausautoren waren auch die Herren Gozzi, Molière, Goldoni, Scribe, Sardou, Shakespeare und viele weitere erlauchte Dichternamen. In Deutschland schrieben zwar auch Gerhart Hauptmann und Hugo von Hofmannsthal Sprechstücke für bestimmte Theater, aber das Verfahren war seltener als in anderen Ländern. Nach 1945 kam es ganz aus der Mode. Da waren ohnedies vorwiegend ausländische Autoren dran – zunächst angelsächsische, später russische.

Der »Brandner« entstand im Auftrag Kurt Meisels. Sein Rückgriff auf die Tradition hat sich in unserer gegenwärtig ausschließlich international geprägten Kulturwelt noch einmal bewährt, wie das Ergebnis beweist.

Dieses Buch soll eine Hommage an Franz von Kobell sein, ein paar spaßige Begebenheiten und Zwischenfälle berichten, die Entstehung und die schwierigen Umstände der Premiere. Es soll dankbar an die großartigen Volksschauspieler erinnern, die im Laufe der Jahrzehnte mitwirkten, der Beständigkeit des Staatstheaters danken und der Treue des Publikums, das dieses Stück nicht nur einmal, sondern immer wieder sehen wollte und will: als Chronik eines (zumindest für München) ungewöhnlichen Erfolges.

Premiere – 5. Januar 1975

Ich bin ebenso aufgeregt wie abgekämpft.

Es war ein bissel viel gewesen, körperlich und nervlich, in den letzten Wochen. Und nun überall dieses Geunke, diese Prognosen:

»Ein Bauernstück im Staatstheater, nicht von Thoma – das kann nur eine Pleite werden.«

»Wenigen wird's gefallen, aber die zählen nicht.« – »Die Kritik wird es zerfetzen.«

»Das wird ein ganz großer Erfolg.«

Ja was denn nun?

Als ich um 6 Uhr ins Theater komme, kann ich nichts mehr tun. Da läßt Meisel auf der Bühne die Techniker noch einmal die raschen Umbauten proben – wirkungsvoller, dank seiner Autorität als Intendant, als es mir nach der Diffamierung möglich gewesen wäre. Es war aber auch nötig. Gemalte Kulissen lassen sich zwar leicht, leise und rasch verwandeln, aber das zu proben, hatten wir vor lauter Querelen und Durcheinander kaum Zeit gehabt.

So ein Regisseur ist bei seiner Premiere ein überflüssiger Fremdkörper. Gar wenn er noch dazu der Textverfasser ist. Das Stück gehört nun den Darstellern und Bühnenleuten. Er kann nur seine Runde durch die Garderoben machen, über Schultern spucken und »toi,

toi, toi« sagen, wobei der Bespuckte sich nicht bedanken darf. Dann soll er gefälligst verschwinden. In die Kantine, ins nächste Gasthaus. Wenn ihn Ehrgeiz und Neugierde verzehren, soll er sich ganz hinten in den Zuschauerraum stellen, wo er jederzeit fliehen kann, wenn es zu arg wird.

Ich wählte das Zuschauen, teils von rückwärts und teils aus der seitlichen Bühnengasse. Bei jeder meiner Pointen hoffte ich auf Lacher – oft vergebens. Dafür wurden Stellen belacht, an denen ich gar keine Pointe beabsichtigt hatte.

Nach Bild 1 war freundlicher leichter Applaus. Da war ja auch noch nix los, außer der Exposition von Personen und der Geschichte. Mit Bild 2 erst, mit Kobells Hüttenszene wird's gehaltvoll und ernsthaft. Wie reagieren sie? Aha – mucksmäuschenstill. Manchmal ein kleines glucksendes Kichern – und dann plötzlich ein großes Gelächter. Sie gehen also mit, sie sind gefangen, es hat gezündet. Der betrunken hinaustorkelnde Boanlkramer bekommt Szenenapplaus. Bravo. Und nach dem Akt großen Beifall, der nicht nach höflicher Gleichgültigkeit klingt.

Bild 3, das Geburtstagsbild, enthält wieder viel Exposition und wenig Handlung. Lacher gibt's kaum. Es

wären auch keine angebracht. Durch eine Klinze sehe ich im Parkett aufmerksame, aber leicht befremdete Gesichter. In Reihe 1 den Bundeslandwirtschaftsminister Ertl vom Tegernsee und den Ministerialdirektor im Kultusministerium, Dr. Dr. Dr. Walter Keim (von Freunden Dr. Walter Walter Walter Keim genannt). Ihre Mienen verheißen einen freundlichen Durchschnittserfolg. Man wird sagen: bairisch und nett. Mehr nicht.

Es geht also doch schief, denke ich. Meisel wird recht behalten.

Unter Blitz und Donner stieben die Gäste auf der Bühne auseinander. Letzter großer Donner – Licht aus – Vorhang – schwacher Applaus – und Einsatz der Himmelsmusik: Halleluja von Händel plus bayrischer Defiliermarsch plus Landlerklänge von Orgel, Trompeten und Geigen …

… und Vorhang auf, zum vierten, dem unerwarteten Himmelsbild. Ein Moment des Staunens, dann Szenenapplaus für Dekors und die stumm kartenspielenden Himmlischen. Die Gesichter im Parkett beginnen zu schmunzeln. Der Grant des Erzengels löst erste Lacher aus. Gustl Bayrhammer bekommt Auftrittsapplaus, als man ihn hinter dem Bart des Petrus an der Stimme erkennt. Die Szene der Aufnahme der Marei in den Himmel gefällt. Doch als der Gustl durch den »Fraunhofer« den Kaspar auf Erden erspäht und *Ja verreck* sagt, bricht stürmische Heiterkeit aus. Und hält an. Die historischen Pointen zünden, bis hin zum bejubelten Auftritt des Preußen Zieten in seiner grauen Husarenuniform. Danach versiegt das Lachen. Die »gehobene« Diktion à la Kleist erstickt die listigen Späße, die im Text stecken.

Das tut aber dem Weiteren keinen Abbruch. Als der Portner den Boanlkramer zusammenstaucht, wird wieder jede Pointe und jede darstellerische Finesse bejubelt und mit einem großen Juchzschrei nach *Des hat ma davon, wenn ma si mit am Menschen einlaßt, ehvor daß er tot is* geht das Publikum vergnügt in die Pause.

Hinter der Bühne herrscht eine Mischung aus Verwunderung, Ungläubigkeit und Freude. Hatten die Unken doch nicht recht? Oder ist vielleicht nur das Premierenpublikum heute mal lachfreudig? Ausnahmsweise, denn sonst sind gerade die doch meist er-

haben über Späße. Abwarten, wie der Rest ankommt. Er kommt gut an. Meisels Entscheidung bewährt sich, sein Theaterinstinkt war richtig: Die große Pause ist nach dem Himmelsbild besser als nach dem Geburtstagsbild, wie von mir geplant, um den großen Umbau zur Himmelsszene zu erleichtern. Nach Bild 3 wäre das Publikum die Pause über nicht so fröhlich gewesen. Und dadurch bewährte sich noch etwas: Der 2. Teil beginnt ernsthaft mit der Trauer und Verzweiflung Brandners, des Simmerl und des Flori. Dabei hat das Publikum doch grad in der Himmelsszene gesehen, wie gut es dem Marei nach dem Tod ergeht. Das wirkt tröstlich. – Weiter!

Aus Kobells Erzählung kann niemand die Fortsetzung nach der Pause kennen, weil sie zum größten Teil von mir stammt. Drum lauscht man still und aufmerksam dem Beginn des ernsten 5. Bildes. Erst in der Szene mit dem Boanlkramer bricht bei weiteren Pointen (*an dem Volksstamm kannst zerschellen*) wieder das Lachen durch. Steigert sich, wenn Wagerl und Holzpferd hereinrollen, und gleich darauf, immer kleiner werdend, vor dem Mond gen Himmel ziehen, während die Hütte versinkt.

Die zweite Himmelsszene (*Schleichts Euch ins Paradies*) hält die gute Stimmung an, dank Pointen und meinem dramaturgischen Trick, daß der Erzengel den Kaspar der unverzeihlichen Sünde beschuldigt, den Tod betrogen zu haben. Daß er darum nicht ins Paradies darf, ist klassische Dramaturgie: das »retardierende Moment«. Das Happy-End ist gefährdet. Ich bin, abgesehen von bairischen Pointen über das Jagen und das 6. Gebot, ein bissel stolz auf den Einfall, daß Brandners Betrug nur durch das Lachen der »Höchsten Instanz«, durch Humor vergeben werden kann (*d' Maria lacht no*).

Daß ich versuchte, Schuld und Sühne der Geschichte zu Ende zu denken, erwies sich als bühnenwirksam. Die Stimmung, die oft nach der großen Pause abfällt, stieg noch einmal an, der Schluß wirkte nicht sentimental, sondern ironisch.

Der allerletzte Schlußschnörkel war mir die größte Überraschung. Ich hatte gedacht, Portners Lachen sei der Höhepunkt, und nur ganz nebenbei zwei Sätze drangehängt: *Holst Dir den Rest Kerschgeist aus meiner*

Brandners Rede auf das Leben (Brosch, Naelin, Komparse, Saxinger, Baur)

Gewitterstimmung am 75. Geburtstag. Es wird ein ungemütliches Fest werden.

Hütten – und Toni's *Dankschön, hab'n scho.* Daß dies bei der Premiere und allen Vorstellungen zu einem förmlichen Aufjauchzen des Publikums führt, das in jubelndem Schlußapplaus mündet, hatte ich nicht erwartet.

Nun war's geschafft und geglückt. Alle Mitwirkenden wurden heftig beklatscht. Als sich der Toni verbeugte, wurde »Bravo« geschrien, wie sonst nur in der Oper, wenn Tenor und Sopranistin ihr Buckerl machen.

Manchmal meinen Presse und Beteiligte, der Schlußapplaus habe eine halbe Stunde gedauert. Das stimmt nie. Es kommt einem nur lang vor. Fünf Minuten ist schon sehr gut und sehr viel. Ich habe den unseren gestoppt: neun Minuten – und 25mal Vorhang auf und zu, wobei sich stets das ganze Ensemble, gemeinsam oder einzeln über die Bühne laufend, verbeugte. Mich nahmen sie auch dreimal mit raus, was den Beifall nicht veränderte, denn der Autor interessiert niemanden. Regisseur und Bühnenbildner werden auch nur beachtet, wenn man sie ausbuhen möchte. Hier wurde weiter gejubelt.

Ich stand in der Gasse, als der Senftl, der alte Theaterhase Joseph Saxinger, mir zuraunte: »Das werden hundert!« Ich sagte: »Bin mit fünfzig schon zufrieden«, denn so oft werden Erfolgsstücke normalerweise in Staatstheatern aufgeführt. Wie schön, daß wir beide irrten.

Anmerkung: Sprechtheater lieben Schwarzweiß-Bilder. Die Oper bevorzugt Farbe. Intendant Kurt Meisel beauftragte den französischen Fotokünstler Jean-Marie Bottequin, der gern hochmodern im Halblicht, respektive Halbdunkel, hart und schwarzweiß dokumentierte. Darum gibt es von der Premiere keine Farbfotos.

Schlußapplaus

Entstehung

Wem ist zu verdanken, daß es dieses Stück gibt?

1) DIETRICH THOMS (1917–1980), im Krieg schwer verwundet, Engagements: 1945 Coburg, 1946 Bamberg, 1951–77 Schauspieler und Betriebsrat am Bayerischen Staatsschauspiel zu München, gemütlich, humorvoll, liebte bairische Volksschauspieler und bairische Stücke nicht nur – er verstand auch viel davon. Als der Wiener Kurt Meisel 1972 Intendant wurde, überredete er ihn, in Tradition des Hauses wieder jedes Jahr ein bairisches Stück zu geben.

2) KURT MEISEL (1912–1994), Schauspieler, Regisseur, Intendant. 1934–37 Leipzig, 1937–48 Berlin, 1961–66 München, 1966–72 Wien, 1970–83 München. Engagierte 1972 Kurt Wilhelm als Regisseur für einen Thoma-Einakter-Abend, »Gelähmte Schwingen«, »Waldfrieden« und »Erster Klasse«, mit Beppo Brem, Gustl Bayrhammer und anderen Publikumslieblingen. Es war die erste Premiere der »Ära Meisel«, durfte es aber nicht sein (so bavarophil war Meisel auch wieder nicht, und zudem hätte ihn die Kritik zerfetzt). Die Ehre gebührte »Wallenstein«, vom großen Felsenstein inszeniert (31 Vorstellungen). Die ersten sieben Thomavorstellungen (von 125) wurden in Erlangen zwischengelagert, ehe die Erfolgsserie in München beginnen konnte. Nicht nur Bayern strömten glücklich herzu.

1973 begann die Suche nach einem zweiten bairischen Stück. Diesmal keinem Thoma, sondern …? Dietrich Thoms (»Tommi«) schlug den »Brandner« vor. Meisel kannte den Stoff. Seine Frau, Ursula Lingen, hatte in der Verfilmung die Liebhaberin gespielt.

Also Brandner – Alle lasen die bisherigen Dramatisierungen der Kobell-Erzählung aus den dreißiger Jahren, fanden sie zu antiquiert für den seit 1945 veränderten Publikumsgeschmack und überlegten: Wer könnte den Stoff neu fassen? In Meisels Auftrag fragte Wilhelm neun bairische Schriftsteller – und bekam neun Körbe.

Da sagte Thoms zu ihm: »Mach's doch selber! Du bist ein Nachkomme von Kobell, hast 'ne Menge Skripte für Funk, Film und Fernsehen geschrieben …«

»Aber noch kein abendfüllendes Theaterstück, Tommi! Das ist das Schwierigste in der Literatur. Der Aufbau, die Dramaturgie.«

»Probier's wenigstens mal!«

Um es zu probieren, las Wilhelm erst mal wieder die Erzählung seines Ururgroßonkels.

Der Urdichter

Das Original – Franz von Kobell hat die Erzählung in bairischer Sprache geschrieben, ebenso wie die Gedichte, die ihn berühmt gemacht hatten.

Die Gschicht vom
Brandner Kasper

Der Brandner-Kasper is a Schlosser gwest und hat bei Tegernsee a kloas Häusl ghabt, hübsch hoch obn am Albach, wo rnar auf Schliersee nübergeht. Da hat er ghaust mit sein Wei, die Traudl ghoassn hat und mit seini zwoa Buabn, mi'n Toni und mi'n Girgl; die san zeitli Soldatn worn und hamm in an Artollerie-Regiment dient in Land draußt.

(Die ganze Geschichte finden Sie ab Seite 56)

FRANZ FERDINAND VON KOBELL (1803–1882) war Enkel und Neffe der berühmten Maler Ferdinand, Franz und Wilhelm von Kobell. Sein Vater war mit dem Kurfürsten Karl Theodor aus der Pfalz nach München übersiedelt, und wurde Staatsrat bei den Königen Max Joseph I. und Ludwig I.

Franz studierte Mineralogie, wurde in jungen Jahren Professor an der Universität München, machte bedeutsame Entdeckungen (Kobellit) und technische Erfindungen. Ihm und August Steinheil gelangen der Welt erste Positivfotos auf Papier, aber sie machten nichts daraus. Der Weltruhm, die Fotografie erfunden zu haben, blieb den Negativbildern auf Metall der Franzosen Nièpce und Daguerre. Dabei waren die zwei Bayern früher dran. Wie's halt oft geht. Man traut den Bayern nix zu, und wurscht ist es ihnen auch.

Franz zog 1832 mit seinem Onkel Egid von Kobell, ebenfalls einem Staatsrat, im Gefolge des neu gewählten Griechen-Königs Otto von Wittelsbach, dem sanften jüngeren Bruder von Ludwig I., nach Athen und half mit, aus dem Fischerdorf eine Hauptstadt zu machen. Er kehrte aber bald heimwehkrank zurück nach Bayern. Anderswo mochte der passionierte Jäger und Kletterer, das humorvolle »Urviech«, nicht leben. Er heiratete seine Cousine, die Tochter seines Onkels Egid, war gut Freund mit berühmten Zeitgenossen und dem Königshaus, im Volk populär, stets jeder Gaudi zugetan – und schrieb Gedichte. In Hochdeutsch, Bairisch und Pfälzisch (in der bairischen Pfalz hatte er seine Kindheit verbracht).

Ludwig Thoma berichtet in seinen Erinnerungen, wie sein Onkel ihm einen alten Herrn zeigte, »der aussah wie ein Oberförster aus der Jachenau oder vom Königssee. ›Des is der Kobell. Jetzt hast amal an bayrischen Dichter g'sehn.‹ Ich bewunderte ihn von weitem und weiß nicht, was mich mehr freute, daß ich den berühmten Mann sah oder daß er so berglerisch und jägerisch ausschaute.«

Franz von Kobell war 68 Jahre alt, als seine »Gschicht vom Brandner Kaspar« 1871 in Fortsetzungen in den »Fliegenden Blättern« erschien. Er war längst »poeta laureatus«, er galt als Stammvater der bairischen Poesie. Er machte sie literaturfähig. Seine Gedichte standen in Schulbüchern und wurden Volksgut. Stolzer als auf Dichterruhm, wissenschaftliche Bedeutung und die Entdeckungen war Kobell stets auf seine jagdlichen Fähigkeiten und darauf, daß er in seinem Leben 363 Gemsen geschossen hatte.

Die Vorläufer

Kobells kleine Erzählung zu dramatisieren lag nahe. Die erste Szene mit dem Boanlkramer ist schon plastisch da, die Figuren sind charakterisiert, und der Handlungsverlauf gegeben, auch wenn die Dialoge nur angedeutet sind.

JOSEF MARIA LUTZ (1893–1972), aus Pfaffenhofen/Ilm gebürtig, kam schwer verwundet aus dem Ersten Weltkrieg zurück und mußte sich lange Zeit als Schriftsteller mühsam durchschlagen, ehe die Mitwelt ihn als Lyriker und Erzähler von Qualität würdigte. Erst spät fand er ein auskömmliches Einkommen durch seine Theaterstücke. Er erhielt als Mitbegründer der Autorenvereinigung »Turmschreiber« und der »Barke« zahlreiche Orden und Auszeichnungen.

In seiner Bühnenfassung des »Brandner« von 1934 widmete er einem bühnenwirksamen Aufbau weniger Beachtung als der Ausformung in echter bairischer Sprache. Sein szenischer Bilderbogen hält sich so eng an die Vorlage, daß er sogar die Schlacht und den Tod der Söhne als Vision aufgeführt sehen will. Alles sollte bodenständig und seriös sein. Humoristische Zutaten und Gaudi, besonders im Himmel, verdammt er ausdrücklich in seinem Vorwort.

In der Uraufführung in Dresden spielte der große Erich Ponto den Boanlkramer (Gerd Fröbe, damals dort Kulissenmaler, hat mir davon erzählt). Bayrisch konnte keiner der Darsteller. Trotzdem (oder deswegen?) war der Erfolg so groß, daß das Stück über Hunderte deutscher Bühnen ging. In Berlin machte dann Paul Hörbiger aus dem Boanlkramer ein schauspielerisches Kabinettstück, wie man heute noch im Film sehen kann.

Luis Rainer (Brandner) und Erich Ponto (Boanlkramer)

Willi Kleinoschegg (Portner)

EDUARD STEMPLINGER, geboren 1870 in Plattling, Studienrat am Rosenheimer Gymnasium, der dem »Horaz in die Lederhosen« verhalf, bearbeitete fast gleichzeitig mit Lutz die Gschicht als Singspiel »Tegernseer im Himmel«. Musik: Gottlieb Rüdiger. Er reduzierte die Handlung aufs Einfachste, verwendete aber seltsamerweise keinen Kobellschen Text. Sein Boanlkramer brummt in einem kleinen Flugzeug daher und singt ein knarrendes Auftrittscouplet. Seine Bühnenversion wurde seltener aufgeführt als die von Lutz.

ERNA FENTSCH-WERY (1909–1997), aus einer Alt-Münchner Familie, Urenkelin eines Dichter-Komponisten, war zunächst als Schauspielerin in vorwiegend bairischen Filmen bekannt geworden und hatte 1936 den Schauspieler Carl Wery geheiratet. Sie wurde eine vielbeschäftigte, gesuchte

Drehbuchautorin und schrieb später auch zahlreiche Romane. Ihr Drehbuch zu »Am Galgen hängt die Liebe« (nach dem Theaterstück »Philemon und Baucis« von Leopold Ahlsen) wurde mit 16 internationalen Preisen und der Bundesfilmprämie ausgezeichnet. Das Drehbuch zum Bavaria-Film von 1949 mit Carl Wery und Paul Hörbiger in den Hauptrollen war ihr größter Erfolg. Regie: Josef von Baky. Musik: Alois Melichar.

Die versierte Schauspielerin und Dramatikerin hat den epischen Stoff dramaturgisch perfekt aufgebaut, Neben- und Gegenhandlungen zugefügt, und, filmisch denkend, die Umwelt einbezogen. Natur, Wald, Berge, Tegernsee, Jägerei und ein Jahrmarkt spielen mit. Ihr Himmel der Bajuwaren sieht aus wie das irdische Bayern. Unser Diesseits als Abbild des Paradieses. Das ist ihre Idee gewesen.

Neu erfinden – Dank Bühne und Film lebte der »Brandner« bereits seit Jahrzehnten nicht nur im bairischen Bewußtsein. Wo Lutz handlungsarm war, Stemplinger singspielhaft, der Film vergleichsweise sparsam im Dialog, und dank vieler Schauplätze und optischer Aktionen nichts fürs Theater, mußte ich einen Mittelweg finden: die plane Handlung mit Spannungsmomenten und Dialogen ergänzen und in wenige Akte fassen. Leicht gesagt: Nun mach mal …

Die Urgschicht, daß der Brandner dem Boanlkramer Kerschgeist einflößt, bis der nicht mehr spannt, daß er beim Kartenspielen bsch … wird, war die solide Basis. Zu erfinden war nur das Drumherum.

Nur?

Paul Hörbiger

Carl Wery

Irdische Hauptpersonen

Der Kaspar – ist bei Kobell ein Witwer, dessen zwei Söhne der Boanlkramer 1809 im Napoleonkrieg geholt hat. Ebenso bei Lutz, in dessen Version er zu Beginn die kranke Brandnerin ins Jenseits geleitet.

Bei Erna Fentsch ist der Kaspar ebenfalls Witwer, aber ohne Familie. Er kümmert sich nur nebenbei ein bissel um die Liebesgeschichte zweier rivalisierender Jäger-Kollegen.

Damit »mein« Brandner eine vielfarbige Rolle wird, wollte ich ihn als ein Pfunds-Mannsbild, als lustiges, souveränes, allseits beliebtes Schlitzohr zeichnen, der gern die Leut tratzt und derbleckt. Er ist grundehrlich. Bloß beim Kartenspielen mogelt er manchmal. Dem Gauner Höck in Albach, der den Nachbarn heimlich die Grenzsteine zu seinen Gunsten versetzt hat, hat er einst nachts einen Mistwagen aufs Hausdach gewuchtet, als sichtbares Zeichen, daß da ein Unehrlicher haust.

Kobell hat von ihm geschrieben, daß er mit seinen Bärenkräften einen wütigen Hund, der eine Dirn angefallen hatte, mit einer Hand packte und so an die Wand warf, daß der nimmer aufstand. Und daß er den wildesten Raufer und Kraftlackl der Gegend um Scharling aus dem Gäu vertrieben hat.

Er hat aber auch beschrieben, daß der Kaspar allzeit fleißig war, und neben der Bauernarbeit als ein Schlosser den Jägern die Stutzen gefrischt und zammgricht hat, besser als ein Büchsenmacher in der Stadt. Überdies war er ein zuverlässiger Jagdgehilf für den Forstmeister und bei den Hofjagden.

Interpreten – Erlebt man im Laufe der Jahre in ein und derselben Inszenierung verschiedene Besetzungen, werden interessante Unterschiede deutlich. Bei immer gleichem Text ist jeder genau wie sein Vorgänger, aber doch ein ganz anderer Mensch und Charakter.

HANS BAUR spielte ihn als eine so dominierende, respektgebietende Persönlichkeit, als sei er ein illegitimer Sproß des Wittelsbacher Herrscherhauses: in seiner Demut vor allem Himmlischen von tiefer gläubiger Ergebenheit, in der Rebellion gegen irdische Unvollkommenheit souverän aufsässig.

FRITZ STRASSNER interpretierte die Rolle bäuerlich, schlicht, bescheiden. Auch er lehnte sich gegen das Schicksal und den Tod auf, aber nur wie ein Hiob, der geduldig die Prüfungen wie eine Passion erträgt.

FRED STILLKRAUTH ist ein unruhiger, sprunghafter Diesseitiger, ein Schlitzohr. Bei ihm kommen die Freude am Humor und am Derblecken deutlicher zum Ausdruck als bei seinen beiden Vorgängern. Ihm glaubt man, daß er gern die Leut tratzt, und daß er hier nicht zum ersten Mal beim Karteln falschgespielt hat, so redlich und aufrecht er sonst in allem ist.

Die Enkelin – Wie wär's, überlegte ich, wenn der Kaspar gar so harb ist auf den Boanlkramer, weil der ihm schon alle Lieben weggeholt hat. Bis auf das geliebte Enkelkind, die Marei. Daß er nun, verarmt vom Krieg 1809 und den folgenden Notzeiten, hart werkelnd und tapfer versucht, ihr die Heimat, das Anwesen zu erhalten? Sie aber muß so jung sterben.

Bei Kobell entdeckt der Himmel den Kerschgeist-Betrug zufällig durch den Tod der Sennerin von der Gindelalm in einem Steinschlag. Das bringt die Handlung in Gang. Kann man einem heutigen Publikum einen Steinschlag auf der Bühne glaubhaft machen? Kaum. Zudem wäre der Tod einer Fremden nur ein peripherer Unglücksfall, ein nicht aus der Handlung motivierter Zufall und keine dramaturgisch verknüpfte Tragödie. Nein, Mitempfinden kann nur der Tod einer Hauptperson, ebendieses lieben Enkelkindes auslösen.

Darum starb Erna Fentschs Marei im Film als Bub verkleidet, den man für einen Wilderer hielt. Das war wirkungsvoll, aber in einer Bühnenversion so nicht möglich.

Ich sehe mich noch in der Badewanne grübeln, bis das Wasser kalt war: Wie und warum bring ich mein Marei um? Am plausibelsten, weil sie ihren Liebsten aus einer Gefahr erretten will. Das kennzeichnete auch ihr Wesen: lieb, tüchtig humorvoll, couragiert. Da brauch ich aber zuerst noch ein Umfeld, die Mannsbilder um sie herum. Wird ihr Liebster ein Schlieferl sein, oder ein braver, tüchtiger armer Hund? Wie steht er zum alten Brandner, wie gehört er zu den übrigen?

TRAUDL BOGENHAUSER (Enkelin der Dichterin Annette Thoma), war in Typ und Spiel einerseits bäuerlicher, andererseits weniger sanft und geduldig. Sie lehnte sich gegen Ungerechtigkeiten auf und stürzte sich hilflos verzweifelt in die Gefahr, um ihren Liebsten zu retten.

GUNDI ELLERT verkörperte eine gefestigte junge Bäuerin, die mit beiden Beinen im Leben steht und mit viel Humor und Souveränität die Zügel in der Hand behält.

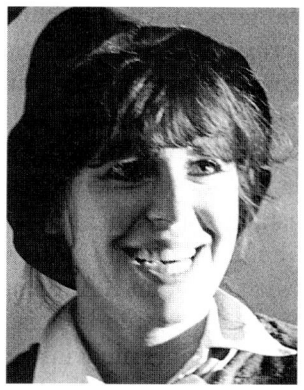

KATHARINA MÜLLER-ELMAU war das zarteste Marei, das mit viel Energie und Charme die rauhe Männerwelt zu bändigen versteht. Auch sie könnte irgendeinen Wittelsbacher unter ihren Ahnen gehabt haben, was im 18. Jahrhundert ja durchaus nichts Ungewöhnliches gewesen wäre.

YVONNE BROSCH spielte ein Marei, dem man in allem vertrauen und auf das man sich blind verlassen kann. Ruhig und ausgeglichen nahm sie die Schicksalsschläge hin, stets bereit zu helfen.

ANNA RIEDL war das jüngste, fröhlichste, unbekümmertste Füllen in der Marei-Galerie. Ihre dominierende Fröhlichkeit und Lebenslust konnte jäh in Angst und Besorgnis umschlagen. Aber nie für lange Zeit.

Flori – Mareis Liebster, der Florian, ist der Sohn eines *notigen*, allseits verachteten Bauern, *der auf d' Gant kemma is,* bis zur Versteigerung verwirtschaftete, Haus und Hof verlor und Schulden machte beim Bürgermeister, dem Kaufmann Senftl. Deswegen muß sein Sohn als Taglöhner werken (»jobben« heißt's heute), wird mißachtet und herumgeschubst, weil der Vater *falliert* ist, und vielleicht auch säuft. Gnadenhalber beschäftigt ihn der Senftl als Futterknecht, doch aus böser Laune wirft er ihn im 1. Akt Knall auf Fall hinaus.

Der Flori stünde danach vor dem Nichts, nähme ihn der Brandner nicht in sein – ebenfalls an den Senftl verschuldetes – Haus auf, wo die beiden von nun an gemeinsam werkeln, um schuldenfrei zu werden, und wieder geachtet zu sein.

HENNER QUEST hat die Rolle am längsten gespielt. Sein Flori war gutmütig, geduldig und nachgiebig. Aber liebenswert und eifrig, wenn's drauf ankam.

MICHAEL LERCHENBERG, der einige Jahre mit Quest alternierte, nahm die Rolle härter und souveräner. Er war nicht der junge, etwas hilflos-brave Bursch, sondern ein Unterprivilegierter, der jede Chance wahrnahm, sich emporzuarbeiten. Auch wenn es dabei nicht ganz sauber zuging. Das war eine etwas andere Interpretation der Rolle als die geschriebene, aber eine ebenso überzeugende. Lerchenberg hat meist den »Simmerl«, den dumpfen Widersacher gespielt, und war dabei ebenso glaubhaft wie in der Liebhaberrolle. Ein Komödiant muß eben alles können.

WOLFGANG MARIA BAUER unterschied sich schon in seiner Erscheinung von den anderen Floris. Sehr groß, ein wenig ungeschlacht und plump verkörperte er einen ungeschliffenen Naturburschen, der im Leben wenig Gutes erfahren hat und sich tapfer gegen alles wehrt, was sich ihm in den Weg stellt. Bauer, ein Interpret der modernen neunziger Jahre, der auch Theaterstücke schrieb,  brachte ganz andere Farben in die Liebesszenen als die sonstigen Floris.

Senftl – der intrigante Gegenspieler, will dem Brandner das Anwesen abknöpfen. Er ist der Dorftyrann, ein ruacherter Kaufmann. Daß er reich sein mußte, verstand sich von selbst. Im Theater sind ja die Reichen immer die Bösen. Das ist ein Urgesetz.

In der Szene wird gesagt, daß er nach der Napoleonzeit als Hausierer (*mit Knöpf' und Bandl und allerhand Graffel und Glump*) durchs Land zog, ehe es ihm gelang, sich beim Herzog durch allerlei Dienste anzuwanzen. Er wurde seßhaft in Albach und eröffnete einen Kramerladen. Handelte mit Vieh und Saatgut, man bekam alles bei ihm, Werkzeug, Gewürze, Petroleum, Waffen, Wagenschmier und Heiligenbilder. Er vermittelte Gründe und Höfe, half beim Konkurs, beim »Zertrümmern« von Anwesen, und weil er auch Geld auf Zinsen verlieh, machte er seine Schuldner, vornehmlich kleine Leut, Krattler, abhängig von seiner Gnade. Hohen Herrschaften gegenüber war er stets hilfreich und siaß – doch trauten auch die ihm nicht über den Weg.

So einer mußte dieser Senftl sein, den Albach wider Willen zum Bürgermeister wählte. Schon mit Beginn des 1. Bildes macht er sich wichtig bei der Hofjagd und kujoniert die Untergebenen.

Beim Schreiben hatte ich an den Typus Walter Sedlmayr gedacht, der ebenso süß wie schön fies sein konnte. Der Walter aber war nicht frei. Drum hat von der Premiere an Joseph Saxinger den Intriganten über hundertmal überzeugend gespielt. Ihm folgten Rolf Castell – und manchmal Kurt Wilhelm (aber nur als Notnagel, wenn Castell krank war).

JOSEPH SAXINGER war ganz im Sinne der Rolle »hinterfotzig«: einer, der oben buckelt und nach unten tritt. In seiner Betriebsamkeit und den Zornesausbrüchen fast albern und lächerlich, aber dennoch Respekt heischend. Eine hervorragende Charakterstudie.

ROLF CASTELL spielte den Senftl eher grantig-nervös. So als sei er ein pensionierter Beamter, der nun am Tegernsee wohnte und in Albach fast aus Versehen zum Bürgermeister gewählt worden war, obwohl ihm sein Magenleiden genug zu schaffen machte.

Simmerl – Der Jäger Simon Haller, Floris Rivale, ist ein schwerfälliger, humorloser Bursch. Seine Liebe zum Marei ist tief und echt. Von ihr erhofft er sich Erlösung von seinen Hemmungen. Doch wer so verzweifelt liebt, liefert sich hilflos aus. Der Simmerl empfindet nur noch Eifersucht und Verzweiflung, als dieser scheinbar leichtsinnige Charmeur, der Flori, auftaucht. Er gesteht dem Brandner:

Nix tut so weh, wie wenn eine, die ma so verzweifelt zum Leben braucht, ei'm anderen alles gibt. Jahrelang war sie gut mit mir – und jetzt muß i zuschaun, wie sie dem Andern anhängt. Nix tut so weh!

Wie wahr das ist, weiß ein jeder, der so etwas erlebt hat. Das steckt man nicht locker weg. Das nagt.

Er versteht das Mädchen nicht. Er wäre gewiß ein guter Ehemann, grad und redlich. Das Marei ist arm, er hat als herzoglicher Hofjäger einen sicheren Posten. Könnte ihr und dem Kaspar ein Auskommen bieten. Aber sie hört gar nicht zu vor lauter Liebe zu dem Habenichts, dem Luftikus Flori – der noch dazu ungeniert in jenem Revier wildert, das dem Simmerl anvertraut ist, und es gelingt ihm nicht, ihn zu erwischen. Das ganze Dorf lacht schon drüber. An Brandners Geburtstag singen sie Spottverse, höhnische Gstanzl über ihn. Wenn er den Flori nicht fängt, kann er außer dem Marei auch noch seinen Posten verlieren. Drum siegt die Rachsucht über die Redlichkeit. Er legt dem Flori einen Hinterhalt und erwischt ihn. Der Rivale soll für Jahre im Zuchthaus verschwinden.

Daß das Marei zu Tode kommt, als es den Geliebten warnen und zurückholen will, läßt den Simmerl zusammenbrechen. Er hat gewiß die Nacht durch geheult, als er, innerlich um Vergebung flehend, dem Kaspar sagen will, das habe er nicht gewollt.

Er ist eine tragische, tief empfindende, wenn auch fürs Publikum wenig attraktive Figur. Würden die Simmerldarsteller all die Hemmungen und Verzweiflungen verdeutlichen, die in dieser Rolle stecken, sie hätten gewiß größeren Erfolg, als dies meist der Fall ist.

JOSEPH BIERBICHLER, der erste Simmerl, kam von den Kammerspielen. Der Wirtssohn aus Ambach am Starnberger See war ein dumpfer Typ, dem kein Lachen auskam. Er blieb um die hundert Vorstellungen dabei, ehe ihn moderne Theaterrevolutionäre entdeckten und zu einem ihrer Protagonisten machten.

PETER PIUS IRL spielte einen freundlich tuenden Widersacher, der scheinbar nicht so leicht aus der Ruhe zu bringen war. Er verbarg seine wahren Absichten.

BERND HELFRICH, der sich mit MICHAEL LERCHENBERG als Flori und Simmerl abwechselte, brachte einen eigenen Ton ins Spiel. Helfrich, ein großes, aufrechtes blondes Mannsbild, war scheinbar ohne große Emotionen, wo Lerchenberg geschmeidiger, persönlicher reagierte. Als Simmerl brachte Helfrich jene Verschlossenheit zum Ausdruck, die ihn zum Verlierer werden läßt. Als Flori war er ein Fels für das Mädchen, ein Muster an Gradheit und Verläßlichkeit.

ALFRED KLEINHEINZ hatte es nicht leicht im Ensemble. Daß er ein Tiroler war, nutzten die bairischen Kollegen zu Spott und Hohn. Der nun im Stück verächtlich genannte »Tiroler« muß nach Mareis Tod einsehen, daß er am Tegernsee ewig ein Fremder bleiben würde. Kleinheinz, eher fröhlich wirkend und zu leisen Tönen neigend, wußte dagegen anzuspielen.

Der Tegernsee. Nach diesem Gemälde von Scheuchzer wurde der Hintergrund der 1. Szene des Stücks gestaltet.

Zeit – Welt – Umgebung

Ehe ich den neuen »Brandner« zu schreiben begann, mußte ich mir klar sein über das Jahr, in dem das Stück spielt, den genauen Ort am Tegernsee, die Umwelt mit den Voraussetzungen des Lebens zu dieser Zeit, und die Art, wie die Menschen miteinander umgingen.

Die Ur-Erzählung spielt in Kobells Lebenszeit. Brandners Söhne sind am Berg Isel bei Innsbruck gefallen, also 1809 (Andreas Hofer). Da ist es noch gar nicht so lang her, daß Napoleon Europa durcheinanderwirbelte, 1806 Bayern zum Königreich machte, und 1812 mit 30 000 bairischen Burschen gen Rußland zog, von denen keiner wiederkehrte. Wenn all das noch im Gedächtnis des Volkes lebt, dann liegen auch die Revolutionsjahre von 1830 und 1848 noch so nahe, daß das Volk ermessen kann, wieviel besser es einem jetzt geht. Unsere Gschicht sollte also um 1856 spielen. Daraus errechnet sich: Der Kaspar muß Jahrgang 1784 sein.

Sein Vater hat bis 1802 noch für das Kloster Tegernsee »scharwerken«, als Leibeigener schuften müssen. 1803, als die Leibeigenschaft abgeschafft wurde, war sein Sohn schon 18. Der Kaspar lebt im Jahre 1856 unter dem vierten Landesvater. Nach dem guten Kurfürsten Max III. war 1777 aus der Pfalz der grausliche Karl Theodor gekommen (in seinem Gefolge die Familie Kobell). Der ließ sich von einem Amerikaner den Englischen Garten anlegen und die Armee modernisieren.

Nützte nichts. Bei Hohenlinden (wo jetzt oft Stau auf der B 12 ist) besiegte Napoleon Bayern und Österreich. Revolutionsideen zogen aus Frankreich herüber. Karl Theodor ließ den Grafen Montgelas Bayerns Klöster plündern, die Geistlichkeit verjagen, verbot die Zünfte und führte den Schulzwang ein – bis ihn 1799 der Sparifankerl holte. Es war schon was los in diesen Jahren. Und, wie meist, wenig Schönes.

Der gute erste König, Max Joseph, lavierte sein Land ungeschmälert durch die Befreiungskriege, die Völkerschlacht bei Leipzig und den Wiener Kongreß. 1825 folgte ihm sein Sohn, der sparsame Ludwig I. Auch er war beliebt. Trotz seines Griechen-Ticks, mit dem er München zum Isar-Athen mit Propyläen und Glyptothek auszubauen begann. Erst als er für die Lola Montez spann, rebellierten jene gegen ihn, die traditionell immer alles besser wissen: die Studenten. Angesichts der Unruhen und weil auf amal alle demokratisch sein wollten, dankte Ludwig 1848 ab. Sein nach ihm regierender Sohn, Max II., Kaspars vierter Landesvater, spinnt wieder anders. Der holt so viele Nordlichter nach München, daß einem das Grausen ankommt.

Auch wenn es nach dem Napoleon friedlicher wurde in Europa, nie war eine Ruh. Immer war irgendwo Revolution. So einer wie der Kaspar kam auf keinen grünen Zweig.

1838 fuhr die erste Eisenbahn zwischen Nürnberg und Fürth. Prompt wurde ganz Europa mit Schienen überzogen, über die Fremde zuhauf daherkamen, weil Reisen nun so mühelos war, man keine Pferde mehr wechseln mußte, sondern höchstens den rußigen Hals und die Pratzen waschen, wenn man aus dem Dampfwagen stieg. Die Überschwemmung Bayerns mit Fremden begann.

Die Pest war zwar ausgestorben, der einst ganze Landstriche erlagen. Doch wütete noch die Cholera. Brandners Eheweib ist jung daran gestorben, so wie 1854 in München unter 3000 Bürgern auch Königin Therese, die Gemahlin Ludwigs I., nach der die Theresienwiese benannt wurde, auf der seit damals noch immer ungemindert alljährlich das größte Volksfest der Welt gefeiert wird – zu Füßen der damals größten Statue der Welt, der Bavaria des Erzgießers von Miller.

Im Kloster Tegernsee residierte zu dieser Zeit als ungekrönter König des Tals Prinz Carl, der Halbbruder Ludwigs I. Der Hof aus München, samt dem Herzog Max in Bayern von der Wittelsbacher Seitenlinie, dem Vater der Sissi, der Kaiserin Elisabeth von Österreich, waren oft Carls Jagdgäste. Da hat der Kaspar in allem behilflich sein müssen, weil er sich ausgekannt hat wie kein zweiter, denn die Jagd war auch seine Leidenschaft.

Kloster Tegernsee, damals. Vom Berg rechts im Bild fließt der Albach in den See. Nach ihm hat der Dichter Kobell den Wohnort seines Brandner Kaspar benannt: Albach.

Stich aus Kobells Buch »Wildanger«

Die Jagd – spielt in Kobells Urerzählung ebenso eine Rolle wie im Leben des Verfassers. Der passionierte Jäger Franz von Kobell hat 1859 sogar ein Buch veröffentlicht, das lange Jahrzehnte als »Bibel des Waidwerks« galt. »Wildanger« wird auch heute noch als Kompendium geschätzt. Auch manche seiner Gedichte handeln von der Jagd.

Um möglichst kobellisch zu sein, habe ich als Auftakt des Stücks eine Hofjagd erfunden und in die Handlung verwoben. Aber nicht nur als Zeitkolorit, sondern auch gleich, um das gespenstische Erscheinen des Boanlkramer sowie die Konstellationen Brandner – Senftl – Marei – Flori – Simmerl zu etablieren.

Daß der Boanlkramer dabei den Schuß auf den Brandner fehllenkt, weils ihn grad so friert *(Weil i grad so hab schäbern müassen – naa, i bin doch der ärmste Bolandi …)*, machte den Tod zu einem fast bemitleidenswerten Knecht des Jenseits. Dadurch gewann die Geschichte an Logik.

Im 1. Bild steht im Mittelpunkt ein jagdliches Mißgeschick, das ich – ein Jagdlaie – in »Wildanger« auf Seite 57 fand:

> *Der Prellschuß »ist ein Schuß, der einen Hirsch auf den Fleck niederwirft. Der Hirsch ist dann oft nur am Kreuz geprellt oder unter dem Rückgrat, wie man sagt, ›hohl‹ durchgeschossen, und eilt man nicht, ihm einen zweiten Schuß zu geben, so steht er wieder auf und ist meistens verloren. Von solchem Prell- oder Hohlschuß erholt sich ein Stück bald wieder und geht selten eines darüber ein.«*

Das paßte zu einer Hofjagd am Tegernsee – zu Ehren des Königs von Belgien – als turbulenter Anfang vor einem ruhigen, elegischen 2. Bild.

Warum Belgien? – Dieser Staat der Flamen und Wallonen, erst 1806 von Napoleon aus Teilen von Holland

27

und Frankreich künstlich konstruiert, wählte sich nach Revolutionen 1831 einen Deutschen aus dem Hause Sachsen-Coburg-Gotha zum ersten König. Der sprach, heißt es, unverkennbar fränkisch. Mißlang etwas, stöhnte Leopold I.: »Was is des für e Gwerch!«

1856 war dieser beliebte, beleibte, fast sechzigjährige wichtige Regent unter den Herrschern Europas mit seiner 17jährigen Tochter Charlotte unterwegs nach Wien, um sie dem österreichischen Erzherzog Maximilian, dem Bruder des Kaisers Franz Joseph, zu verloben. Das führte zu einer romantisch-gemütvollen Ehe. Bis 1864 Maximilian zum Kaiser von Mexiko gewählt wird, wo ihn drei Jahre später sein Feind, der Rebell Juárez, hinrichten läßt, was auf dem berühmten Gemälde von Manet zu sehen ist. Charlotte lebte danach noch viele Jahrzehnte verwirrt und trauernd.

Ich fand es hübsch und historisch richtig, wenn dem Leopold, der ja mit den Wittelsbachern gut Freund war, auf dieser Brautreise beim Zwischenaufenthalt eine Hofjagd ausgerichtet würde. Da läßt man dem alten Herren den Schuß – pumpsti, der Hirsch stürzt –, aber es ist bloß ein Prellschuß.

Hofjagd – Das edle Waidwerk war seit Urzeiten der meisten Herrscher Zweitschönstes. (Erstschönstes war vermutlich das gleiche wie für alle Leut.) Mancher Regent war tage- und wochenlang (also eigentlich nur) auf der Jagd. Das war gesund, so an der frischen Luft, zu Pferde und zu Fuß. Aber stets auch gefährlich, denn so ein bejagter Hirsch nahm zu Speer- und Lanzenzeiten den Jäger an und machte ihm rücksichtslos den Garaus, wenn's ging. Solche Gefahren stählten Instinkte und Physis der Jäger.

Faule allerdings setzten sich auf eine Bank oder in ein Prunkboot und ließen sich vom gemeinen Volke das Wild lärmend in die »Fürlege« treiben. Im Barock

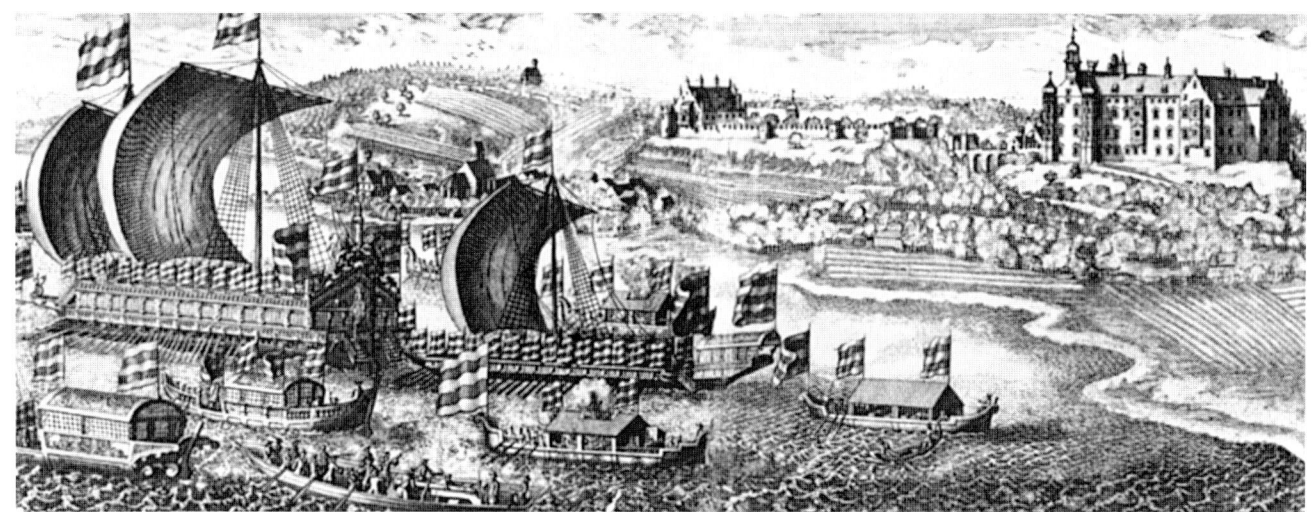

schwamm das reich geschnitzte Prunkschiff »Bucentaur« auf dem Starnberger See. Dorthin ließ sich die tändelnde männliche und weibliche Hofgesellschaft mit ihren Puderperücken, Reifröcken und Schönheitspflästerchen das Wild klappernd, trommelnd und schreiend bequem ins Wasser und vor die Flinten servieren. Damit es stets Beute genug gab, waren die Jagdgesetze streng. Nur hohe Herrschaften durften schießen.

Die meisten Bayernherrscher indes, mehr Großbürger als Feudalherrn, jagten als Jedermänner, aus Leidenschaft und nicht aus Angabe, Prestige oder Langeweile. Nur wenn andere Herrscher als erlauchte Jagdgäste zu Besuch kamen, wurde geprunkt und in die »Fürlege« getrieben.

Übrigens – solche Veranstaltungen gibt es unter dem Namen »Staatsjagden« bis heute. Im Dritten Reich prunkte in München ein dicker Ratsherr namens Christian Weber, ehedem Hausknecht im »Blauen Bock« (nichts gegen dieses Lokal), nun passionierter Jäger. Er lud einst einem französischen Politiker so eine Jagd. Als ein Hirsch auf die Lichtung trat, sagte der Franzose höflich: »A vous.« Weber, der keinen Pieps französisch konnte, sagte gar nichts. Erst als bald darauf ein zweiter Hirsch sichtbar wurde, sagte er zum Franzosen nur: »Zwoa Wuh!«

Gibt König Max II. zu Anfang des Stücks dem alten Belgier, der nicht mehr gescheit laufen kann, solch eine Prestige-Hofjagd, müssen alle Mannsbilder der Gegend als Treiber antreten. Frauen war das streng verboten, weshalb sich das Marei als Bub verkleidet, um auch was zu verdienen. Der kurzsichtige Gemeindediener, der den Treiberlohn auszahlt, wird sie gewiß nicht erkennen.

Doch dann geht alles schief. Der Kaspar wird angeschossen, der Senftl erkennt das Marei, ärgert sich derart über seinen Futterknecht Flori, daß er ihn fristlos hinausschmeißt – woraufhin Brandner und Flori als Revanche Jagdfrevel begehen. Sie finden den geprellten Hirsch tot auf und verkaufen ihn auf eigene Rechnung an den Wirt in Scharling.

Der Handlungsanteil im turbulenten 1. Bild ist, trotz Hörnerklang, Hundegebell und Herumschreierei, gering. Da gibt es nur die Exposition des Stücks, das Bekanntmachen der handelnden Personen – und jenen Fehlschuß, der alles ins Rollen bringt, und den schließlich der Boanlkramer verantworten muß. Die nächsten Jahre über wird der Brandner daraufhin ein tollkühner, nicht auf frischer Tat zu fangender Wilderer sein, weil er sich vehement und furchtlos gegen Senftls Willkür auflehnt. All das nimmt hier seinen Anfang.

Wilderer – Darüber ist viel Romantisches geschrieben worden. Selten aber wird der Grund genannt, warum die Bauern wilderten. Weil sie nämlich nicht einsehen konnten, wieso sie Schädlinge, wie Maulwürfe, töten durften, nicht aber Rehe und Hasen, die Anpflanzungen verbeißen und Jungsaat abäsen. Die richteten mehr Schaden an als Maulwürfe.

Sie sagten: Was in der Natur frei herumrennt, gehört niemand Bestimmtem, sondern dem, der es erwischt. Also auch uns Bauern! Es ist doch ein Schmarren, daß ein Bock, der über eine unsichtbare Reviergrenze wechselt, dadurch vom Besitz des einen Jagdherrn in den eines anderen übergeht! Das haben die Großkopferten bloß erfunden, damit sie was zum Strafen haben, wenn nicht sie ein Wild erwischen, sondern kundige Anwohner. Das ist reine Willkür. Schlimmer noch als Zölle und Steuern.

Das Bauernleben war hart, und Fleisch für einfache Leut eine Rarität. Ihr Vieh stand zu Erwerbszwecken im Stall, das Fleisch war für die Käufer. Wild, nicht im Stall zu halten und zu züchten, war in Not- und Hungerzeiten eine erreichbare Kraftnahrung. Sollte man hungern, während einem die Schädlinge vor der Nase herumliefen und die Felder kahlfraßen? – Nein: Jagdgesetze sind harter, willkürlicher, ungerechter Egoismus der Gwappelten, folglich muß man sie nicht befolgen. Man muß wildern.

Brandner und Flori sind in Not. Der Senftl will ihnen das Gütl, ihre Lebensgrundlage abluchsen. Sie müssen Geld herschaffen. Also wildern sie und verkaufen die Stücke an Wirtshäuser, die nicht lang fragen, woher sie stammen. Auch die Wirte müssen so handeln, denn ihre Gäste möchten eines, aber die Großkopferten verkaufen keines.

Diese Tatsachen enthalten zwar wenig Wildererromantik. Wohl aber faßbare Motivationen auf der Bühne. In diesem Sinne hab ich versucht, mein Eröffnungsbild so knapp und charakteristisch als möglich aufzubauen. Ende Mai war es in Erstfassung fertig.

Das 2. Bild – Mit der wichtigsten Szene, dem Auftauchen des Boanlkramer in der Hütte, hatte ich zu schreiben begonnen. Das ging leicht, weil das meiste schon dastand. Ich konnte ein langes Stück Kobellschen Dialoges übernehmen, ehe ich wohlüberlegt in seinem Sinne (hoffe ich) weitermachte. Dabei entwickelten sich wie von selbst der zuerst feierlich-pastose Ton des Boanlkramer und seine altmodischen Formulierungen *es ist Dir aufgesetzt* oder *das hab ich nicht bedenket*. Die verwendet er aber nur, bis ihm der Brandner einen Schnaps anbietet. Das verblüfft ihn so, daß er gleich viel weniger pathetisch daherredet und sagt *Des hat ma do no koaner 'boten* usw. Auch die weitere Handlung war von Kobell vorgegeben. Sogar die Warnung beim Abschied, nicht in den Bach neben dem Haus zu fallen, stammt von ihm. Ebenso die Gedanken über die Ewigkeit, die Kürze des Menschendaseins, das Verrinnen der Zeit und andere philosophische Wendungen, wie die in dem Gedicht »Di alt Uhr«, diesem Gleichnis von Treue und Vergehen.

DI ALT UHR

I hon an alti Uhr dahoam,
ho s'vierzg Jahr jetz scho,
Die hat so redli d' Stundn zoagt,
Daß is grad lobn ko.

O mei! Viel Stunden voller Freud
Und etli aa, meinoad,
Wies unser Herrgott halt so wolln,
Voll Kümmernus und Load.
Jetz is d' Uhr alt, am Zifferblatt
Kennst kaam die Rosn mehr,
Die aufgmalt gwest san in die Eck,
Schaugts alls verschwumma her,
Und d' Zoager wackln,
d' Gwichtschnur rutscht,
Es geht ihr woltern schlecht,
Und dengerscht arbet s' fleißi furt
Und moant, sie machts no recht,
Und tuat so gschaafti dipp und dapp,
Muaß aa der Gugu raus,
Sie irrt ihm freili gnua dabei
Und aber, laßt nit aus.
Dees gfallt ma und drum plag i s' nit;
Von Richtn is koa Red,
Ob s' nacha zfruah geht oder zspat,
I freu mi, wann s' no geht,
Und grad daß's geht, versaam i nix
Und hilf ihr allzeit gern –
Es werd bei mir wohl aar amal
Wie bei den Ührl wern.

Ins Stück eingefügt wurde daraus im 2. Bild die Stelle, an der der Boanlkramer droht, genau wie die alte Uhr auch Kaspars Lebensuhr anzuhalten:

BOANL: Schau, die Uhr da – *(erhebt sich, taumelt, hält sich fest)* – Hui, da wackelt was. Der Boden hebt si – da nüber.
BRANDNER: In einer Stund is er wieder eben! *(läuft voraus zur alten Uhr hinüber und stellt sich schützend davor, als der Boanlkramer die Hand danach ausstreckt)* Lang s' net an. Die hat so redlich die Stunden 'zeigt – die voller Freud' und die voll Kümmernis.
BOANL: *(wankend)* – Alt is's. Schau. Am Zifferblatt kannst kaum mehr die Rosen sehn, die aufgmalt g'wen sind, da, im Eck. Und d' Zeiger wackeln, d' Gwichtschnur rutscht –
BRANDNER: Und dengerscht arbeit s' fleißig fort – und tut so g'schafti dipp und dapp –
BOANL: Sie irrt eahm freili g'nua dabei.
BRANDNER: Und aber laßt net aus!! – Ob s' z'früh geht oder z'spät
BOANL: (kichert) Du gfreust dich, daß s' noch geht. Und siechst ihr alle Fehler nach und hoffst dabei, daß dir die künftigen Jahr' akkrat so nachgsehn wird, wenn dir die Zoager wackeln, d' Gwichtschnur rutscht. Haha – *(lacht sehr über seinen Scherz)*
BRANDNER: *(reicht ihm ein volles Glas)* – Trink – und laß mir die Sorg, wie's weitergeht.

Ich fügte Bühnenwirkungen ein, wie die leise Himmelsmusik, die auf Boanlkramers Wink verlockend erklingt. Oder Darstellerisches, das in dieser Form bei Kobell nicht vorgegeben ist, wie die Angst des Brandner vor dem Sterben und seine Ausreden, mit denen er zu entkommen sucht.

G'fallt's? – Obwohl noch nichts endgültig formuliert war und manches fehlte, beschloß ich, die Bilder 1 und 2 erst einmal dem Theater zum Lesen zu geben. Ich wollte hören, ob man es bühnenwirksamer fände als die früheren Versionen des Stoffs, ob ich auf dem rechten Weg sei.

Die Antworten waren ermutigend. Schon nach zwei Tagen, am Pfingstmontag, dem 11. Juni 1973, rief Meisel abends an, fröhlich und ermunternd. Ich solle so weitermachen. Es wäre schön, wenn ich im Herbst, nach den Theaterferien, weiteres, vielleicht sogar das Stück fertig hätte. So etwas beflügelt.

Neben viel Regie- und Redaktionsarbeit für meinen Arbeitgeber, das Bayerische Fernsehen, war in diesen Monaten zur Weiterarbeit viel Nachdenken, Geduld, Konzentration und Fantasie nötig. Und Zeit. Die fand ich in Zügen, auf Bahnhöfen, Flughäfen, bei Außenaufnahmen und eigentlich überall. Ich arbeitete, besser gesagt, in mir radelte es fast ohne Unterbrechung, denn nun ging's um die Wurscht. Bisher waren noch Bestandteile und viel Anregung durch Kobell verwendbar gewesen. Nun ging's, allein auf weitem Feld, ums Selbstfinden.

Schwieriges 3. Bild – Auf der Bühne muß gezeigt und gesagt werden, was sich aus Brandners Grasober-Betrug entwickelt. Wie nutzt er die gewonnenen Lebensjahre? Nicht sterben zu können muß ihn doch tollkühn und waghalsig machen. Wie reagiert seine Umwelt auf seine Veränderung? Verhält er sich für sie unbegreiflich? Was tut er, was stellt er an, was geschieht durch ihn und an ihm?

Dafür gab's bei Kobell keine Anhaltspunkte. Ich mußte eine komplette Bilanz von Kaspars nächsten drei Lebensjahren erfinden, in denen man ihn insgeheim für einen Teufelsbruder hält. Der einst so Beliebte wird vielen verhaßt, weil er unwillentlich und unbewußt dem natürlichen Ablauf alles Lebendigen im Wege steht. Weil er nicht mehr hergehört. All das mußte deutlich werden. Dazu kam die Notwendigkeit der Exposition kommender Katastrophen.

Es dauerte, bis ich endlich Floris Verhaftung, verursacht vom intriganten Senftl und dem eifersüchtigen Simmerl mit Mareis Tod auf der Reihe hatte. Das 4. Bild mußte ja kobellgetreu im Himmel spielen, als das Marei ums Leben gekommen war. Am Ende gar an Kaspars Stelle? Und wie und wodurch? Wer ist letztlich schuld an diesem Tod, der für alle Betroffenen alles verändert? Welche Funktion erfüllt der Bürgermeister dabei? Ist die Rivalität zwischen Flori und Simmerl der Anlaß?

Im 3. Bild, dem Angel- und Drehpunkt des Stückes muß alles logisch und, wenn möglich, spannend untergebracht werden, ohne daß man den dramaturgischen Aufbau klappern hört. Drum war es das am schwersten zu schreibende Bild. Wo soviel Information verpackt sein mußte, blieb für Handlung wenig Raum.

Der cholerische Bürgermeister Senftl, Brandners ewiger Widersacher, der den Alten aus seinem eigenen Haus vertreiben soll, keift wieder einmal auf ihn ein.

Gemälde von Lorenz Quaglio, 1853, »Scheibenschießen im Oberland«. Vorlage für die Dekoration des 3. Bildes

Das Fest – Ich überlegte: Wenn das 4. Bild das himmlische Behagen zum Inhalt hat, muß vorher als Kontrast das irdische vorgeführt werden. Mit allem, was bairisches Behagen umfaßt. Und was war um 1850 das Schönste? Wahrscheinlich ein großes ländliches Fest, von dem man in dieser genügsamen, bescheidenen Zeit noch jahrelang schwärmte. Wie wär's, wenn auf der Feier des 75. Geburtstags des Brandner alle Fäden zusammenlaufen? Auf dieser verräterisch und höhnisch ausgerichteten und trotzdem würdigen Geburtstagsfeier, die in Wahrheit eine Falle für Kaspar und den Flori ist. Da kann das Marei zu Tode kommen.

Damit hatte ich den Rahmen. Den Inhalt noch nicht. Das Puzzle, sämtliche Handlungselemente in einen Akt zusammenzudrängen, führte allzuoft ins Abseits.

Ich fand in den nächsten Wochen keine Lösung, die einen logischen Aufbau ergab. Es war jenes schmerzhafte Gewürge um Dramaturgie, das jeder Bühnenautor kennt.

In den ersten drei Fassungen stand das Wildern und die Rivalität Flori/Simmerl im Vordergrund, aber Senftls Rolle als Gegenspieler und Anstifter der Hetzjagd auf den Flori war noch nicht durchgeführt. Seine heuchlerische Rede existierte, in der ich meine Vorliebe für Geschichtliches ins Spiel brachte, was später bei den Aufführungen stets gestrichen wurde. Angeblich, weil es zu lang sei. Die Rolle der Theres fehlte noch ganz und damit die Gerüchte über Brandners angeblichen Teufelsbund, daß die Leut Angst vor seiner Vitalität haben und viele andere Details.

33

Kobell wo nur möglich – Das Kernstück, Brandners Rede über die Vergänglichkeit und die Notwendigkeit menschlichen Zusammenhalts war da – Kobells Gedanken in Gedichten und Prosa entnommen. Wie im 2. Bild die »Alte Uhr« wollte ich auch weiterhin meinen Ahnherrn wortgetreu zitieren, wo immer es möglich und handlungsfördernd war. Am fündigsten wurde ich in seinen philosophischen Gedichten, wo er das Leben mit einem Juchtenstiefel vergleicht oder über die Angst vorm Sterben, den Humor, das leichte Denken meditiert. Zum Beispiel:

GEDANKEN

Wenn alles schö staad is und still in der Nacht
Und i aus'n Fenster die Stern so betrachte
So denk i mir oft und sag ma: ha mei,
Wie werds wohl da droben in Himmi sei!

Wohl sagn s', daß dortn a Herrlikeit
Wie's koani herunt auf der Erdn geit,
Und dengerscht, so kimmts do an jedn hart o,

Wann er halt amal nimmermehr dableibn ko.
Ja ja, es is bsunders dees Leben dahier,
Daß oana gern da waar, was kann er dafür,
Und do muß er furt, muß gar gschwindi dahi,
Oft wunderts mi, daß i so lusti bi –

Das hört sich in Brandners Rede so an:

BRANDNER: An so am Tag macht ma sich halt so seine Gedanken. Heut nacht – habts ihr des aa schon g'habt, daß ihr zum Himmel nauf schauts und denkts: wie werds wohl da drobn sein? Wie's der Herr Pfarrer verspricht, eine Herrlichkeit wie's keine gibt auf Erden? So schön – so ewig – ? Mhm? – Warum pressiert's na koam da hin? Am Jeden kommt 's Fortgeh a so hart an, wie wenns hier was ganz B'sunders waar? – Und do hilft nix. A Jeder muß furt – oft auf oan' Schlag, und ganz g'schwind. Wer weiß, wie viele von Euch ich noch gehn sich – Oft wundert's mi, daß i lustig bin –
MAREI: (verwundert) Aber Großvater, grad die Lustigkeit ist doch Dei Bests –
BRANDNER: Freili: wer an guaten Hanswursten macha ko, der ko was Bessers auch, sagt der Spruch. Mit der Lustigkeit schadst neamd, und des ist freili nötig, daß Du deine Nachbarn net zum Schaden bist – denn alloa bist nix – füranander samma da – erst mitanand werd alls was wert –

Anmerkung: Kobells Gedichte spiegeln den Ton und die Anschauungen seiner Epoche. In den zahlreichen Betrachtungen, Kritiken und Würdigungen wird immer wieder hervorgehoben: »Seit Johann Peter Hebel hat keiner das Genreartige so naturgetreu aufzuzeichnen verstanden als Kobell in seinen ausgezeichneten und wahrhaft originalen Dichtungen voll höchst glücklichem und behaglichem Humor«.

Für den schriftdeutschen Gedichtband des Professors der Mineralogie »Urzeit der Erde« bedankte sich der Dichter Justinus Kerner also: »Ich wollte nur noch ›Die Urzeit der Erde‹ erleben und mir vorlesen lassen, ehe ich in die Unterwelt steige. Es ergoß wieder mehr Wärme in mein abgestorbenes Herz. Welche Kraft und Farbenpracht und Lieblichkeit. Wie hat mein Inneres die zum tiefen Nachdenken stimmende Endstrophe bewegt…« Und Alexander von Humboldt schrieb: »Sie haben mut- und geistvoll in den Kreis poetischer Darstellung gezogen die Urzeit der Erde von der Bergerhebung an durch die Reaktion des Inneren auf die Erdoberfläche erzeugt, bis in die jetzige Epoche der veredelten Schöpfung, wo neue Keime sich drängen und alles sich regt zu neuem organischem Entstehen und Gestalten«.

Musik – Zu einem ländlichen Fest gehörte damals (wie heute wieder) echte, klassische Volksmusik auf Saiten- oder Blasinstrumenten und ein Zwei- Drei- oder Viergesang, jener Volks-Vorläufer der Andrew-Sisters. Nobel, leise und festlich würdig mußte es sein. Mein erwünschtes Vorbild war der berühmte »Andachtsjodler« aus Sterzing. Brandners Leiblied mußte sein Credo enthalten, folglich die Vertonung eines Kobellgedichts sein, was denn sonst. Da gab es sein Bekenntnis zum genügsamen Leben. Dessen letzte Strophen mußten zum »Brandnerlied« werden:

Bi zfriedn davontwegn

Mit vier Roß wirf i nit leicht um, i ho nit oas,
Mir geht nit leicht a Kalbi krumm, i ho ja koas.

Mir fallt koa Haus sei Lebta zsamm, es ghört koas mei,
Ho koani Schaf, drum schlagt mir aa der Blitz nit drei.

Mei Troad, dem tuat koa Hagl nix, i ho koa Feld,
Verlier nit leicht Dukatnfüchs, i ho koa Geld.

Viel Habn, viel Sorg, es is scho gwiß, wie leicht hos i,
Grad daß mei nix oft zweni is, dees irgert mi.

Und dengerscht's hat mir Gott ja gebn a fröhlis Bluat,
Unfragst, wie stehts mit Leib und Lebn, sag allzeit:
»Guat!«

Die letzten Zeilen mußte das ganze Dorf als Geburtstagsständchen für ihn singen, ehe getanzt wurde. Würdige Volks-, Reigen- und Figurentänze gehören zum altbairisch-noblen irdischen Behagen. Getanzt von einer echten Laiengruppe, nicht von Komparsen oder Ballettänzern. Die treffen's nicht.

Als dramatisches Element durfte auch das Aussingen nicht fehlen: die Gstanzl (vom italienischen »stanza« = Strophe), mit denen unliebsame Personen, in diesem Fall der täppische Simmerl, öffentlich derbleckt werden. Kobell hat selbst eine große Anzahl Gstanzln verfaßt, deren einige ins Stück übernommen wurden. Solch gesungener Spott führt meist zur Rauferei, die der Brandner hier mit dem Satz verhindert: *Für des is's no z'fruah.*

All das mußte wirken, als sei das Stück 120 Jahre alt. Es durften keine Wörter und Begriffe gesagt werden, die es 1856 noch nicht gab, und aktuelle Anspielungen oder gar Witzchen auf unsere Gegenwart waren und sind streng verboten.

Geburtstag – Mich irritiert heute noch meine einzige Konzession dabei: das Geburtstagsfest. – Wo Bayern doch nur Namenstage feierten. Aber es ging nicht anders. »Kaspar« ist am 6. Januar, weil er mit Melchior und Balthasar einer der Heiligen Drei Könige ist – und im Winter konnte ich das Bild nicht gut spielen lassen. Da wäre die Jägerei unmöglich gewesen, alle Zeitangaben im Text, samt dem Fest im Wirtsgarten und dem die Katastrophe auslösenden Gewitter. Außerdem ist ein Schneebild mit dicken Kostümen dekorativ grauslich. Ich mußte also die Tradition ignorieren und behaupten: Einen 75. Geburtstag können Bayern schon auch feiern, wenn's unbedingt sein muß.

Aufbau – In Theaterstücken muß alles, was gesagt wird und geschieht, dem Fortgang der Handlung dienen. Da braucht's nachdenken, ausprobieren, kürzen, kürzen, kürzen – und dazu ständig notieren, durchstreichen, überschreiben, abtippen, wegwerfen – neues Blatt. Noch einmal alles von Anfang an …

Zum Aufbau gehörte ja auch noch ein origineller Dialog und eine einigermaßen spannende Handlung. Nach über fünf Wochen Aufbau entwerfen, Personen einführen und wieder verwerfen, Figuren und Funktionen zusammenfassen, Motive von A bis Z vereinfacht durchführen, auf Reisen Textteile schreiben, standen erst ein paar Seiten einer ersten Fassung da.

Sie waren leider nicht zufriedenstellend. Ich war wie eine Lokomotive, die auf einen Prellbock geknallt ist. Es ging einfach nicht weiter. Also legte ich Bild 3 beiseite und beschloß, es erst wieder vorzunehmen, wenn ich den Rest des Stücks einigermaßen fertig hatte. Es würde leichter sein, die Voraussetzungen vom Ergebnis her zu konstruieren.

Meisel aber wollte trotz meiner Warnung das Bisherige noch im Vorstadium lesen. So saß ich voll Unbehagen am folgenden Tag mit Tommi bei ihm im Intendanzbüro und wurde zu meiner Überraschung – gelobt. Ich konnte es kaum glauben. Beide waren angetan und wollten das Stück schon im nächsten März herausbringen. Ich fühlte mich erhoben, anerkannt, bedeutend und freute mich sehr. Das Leben war schön. Es war Sommer, ich hatte nach einer interessanten Fernseharbeit 14 Tage Urlaub vor mir. Da wollte ich so weit

vorankommen wie möglich. Wenn ich stramm dran blieb, konnte ich vielleicht Mitte September fertig sein. In Rohfassung. Verbessern konnte ich immer noch, wenn alles fertig erfunden war.

G'STANZL
Text: Kurt Wilhelm
Volksweise

Manch an

Ja- ger, der koan Wui- der-er fangt, er --

geht's nin- dersch schee, jetzt laßt'n neu-er-dings beim

Tan- zen 'as Dirn- dl glatt steh'.

Das Jenseits

(Es muß ein Stück vom Himmel sein …)

Vom Lob beflügelt, begann ich mich in mein Himmelsbild zu träumen, wo es, als Kontrast zum Diesseits, so schön, vergnügt und originell zugehen sollte, wie ich es mir dereinst erhoffte. Kobells gläserner Palast und Fentschs Engerln auf Bayerns Wiesen waren mir zu wenig. Ich wollte ein himmlisches, ewiges Bayern als Synonym für Vernunft und Glückseligkeit ohne Schmus und Krampf darstellen.

Daß die bäuerliche Geschichte von Armut und Altern zur gültigen Behandlung von Sterben, Ewigkeit, Verheißung, Schuld und Sühne wurde, bewirkt die vom Urdichter stammende Wendung hinauf in den Himmel. Sie macht den Reiz und die Originalität des Stoffs aus. Erst in der besseren Welt der ewigen Gerechtigkeit wird die gradlinige irdische Handlung zur hintersinnig-ethischen Komödie, die sogar Verächter des Volkstheaters und Anhänger intellektueller Sphären goutieren.

Auf altbairisch gesagt: Im Himmel zoagt si erscht de wahre Gaudi und da Zwunz vo dera G'schicht.

Bei Kobell gibt es im Himmel wenig aktive Handlung. Als der Portner spannt, was der Boanlkramer verbockt hat, befiehlt er nur die Sache in Ordnung zu bringen. Lutz hielt sich an diesen Verlauf. Erna Fentsch führte einen spaßigen Preußen ein und erweiterte die Rolle des Portner für den wunderbaren Gustl Waldau zu einem noblen Geheimrat. Das war logisch und lustig, aber war nicht hier Gelegenheit, Bayern, wie ich es verstehe, vorzuführen? Jenes, das schon ein Paradies auf Erden wäre, wenn nicht – wie formulierte der kleine Preußenkönig Friedrich II. – leichtfertig »der Große« genannt – dereinst den Zustand seines Nachbarn im Süden?: »Baiern ist ein irdisches Paradies, bewohnt von Tieren …«

Der Bayernhimmel ist nicht lächerlich – Dort geht es gesittet und freundlich zu. Selige sind selig. Heilige sind heilig, alles hat stets seine Ordnung, und wenn es wirklich mal Sorgen gibt, so nur um das, was auf Erden an Dummheiten geschieht.

Und nun diese eine Ausnahme: Daß der Boanlkramer, dieser Knecht, der nur auszuführen hat, was man ihm anschafft, der keinesfalls jemanden länger leben lassen darf als im Weltenplan vorgesehen, eigenmächtig handelt, ist ein Panne, ein Evenement, eine Havarie, die ungeahnte Auswirkungen haben kann. Weil dadurch die Himmelsmechanik, die Logik der gesamten Schöpfung in Unordnung kommen kann. Die irdische Chaosforschung konstatiert, daß der Schlag eines Schmetterlingsflügels in China einen Wirbelsturm in der Karibik auslösen kann, oder ein umfallendes Fahrrad in Sydney eine Regierungskrise in Stockholm. Weil alles was geschieht, immer tausend Auswirkungen nach sich zieht.

Kai-Uwe von Zieten aus Greifswald kann das ersehnte Bauernhäusl am Tegernsee nicht erwerben, weil der Brandner noch drin lebt. Da wird er sich kränken und nicht nach Bayern ziehen. Folglich kommen keine preußischen Freunde zu ihm, denen es hier so gut gefällt, daß ihnen allmählich (Chaosregeln über Lawinenabgänge gleich: Flügelschlag eines Vögleins verschüttet ein ganzes Dorf) Hunderttausende nachfolgen, bis Bayern so überwuchert ist von Fremden, daß es sich freiwillig mit Preußen vereinigt zu einem Staat, und zwar anno 1871 im Spiegelsaal zu Versailles. Das wäre eine Welt-Katastrophe! Man bedenke nur: Bayern bliebe bairisch, ein selbständiger Staat, wie seit 1500 Jahren! – Der nach preußischer Meinung überhaupt nicht lebensfähig wäre – oder wie oder was?

Daß angesichts solcher möglichen Auswirkungen im Himmel der Seligen jäh ein Aufruhr ausbricht, daß der Portner wütend wird, darf nicht verwundern, denn sowas war ja noch nie da!

Wieso Portner? – Und nicht Petrus? Oder Pförtner? Ist das wieder so eine bairische Schmockerei? Aber nein! Kobell hat es, dem Lateinischen folgend, so geschrieben. Porta heißt Pforte, und weil im katholischen Himmel um 1850 natürlich (außer bairisch) lateinisch gesprochen wurde, wählte Kobell die korrekte Ableitung für den Hüter des Tors: Portner, und nicht die Verdeutschung Pförtner oder gar das französische Portier-Portje.

Als Figur hat der Portner der üblichen Petrus-Vorstellung des Volkes zu folgen. Kanzleichef, ehrfurchtgebietend, streng, aber gütig. Daß der im Baky-Film ein bissel »gaga« war, liegt am damaligen Alter des Gustl Waldau, der stets so ganz er und immer richtig war, egal in welcher Rolle und welchem Kostüm. Ich wußte, daß ich die Rolle für den Gustl Bayrhammer schrieb. Ich hatte mit ihm schon so oft gearbeitet, daß ich seine offenen und geheimen Stärken als Darsteller kannte. Dadurch ergab sich gewissermaßen ein gewisses Maß an Maßarbeit von selber.

Ein bairischer Heiliger? – So fromm dieses Land ist, landeseigene Heilige sind dünn gesät. Keiner, den ich fragte, wußte einen der Allgemeinheit vermittelbaren, typisch bairischen Heiligen zu nennen. Da war kein Laurentius auf dem Rost, kein Florian (der war Oberösterreicher, er ertrank in der Enns) – und ich brauchte doch dringend einen!

Zum Glück gibt es in München die von Hans Ludwig Held begonnene, und von Ludwig Hollweck zu größter Authentizität ausgebaute »Monacensia« der Stadtbibliothek. Hollweck, der einfach alles wußte, legte mir drei Bücher vor, in denen Bayerns wahre und gemöchtete Heilige beschrieben waren. Über einen gewissen Nantwein fand ich da etwas von 1375 aus dem Stift Beuerberg:

> *1288 kam ein Rompilger namens Naentwin nach Wolfratshausen, unbescholten an Leib und Seele. Ward von einem Richter, der Gaenther hieß, arretiret, soll ein Knaben geschändet haben, und ungerecht mit dem Tode bestraft, wegen Geldes, das bei ihm gefunden, auf einem Rost verbrannt, an der Stelle wo jetzt ein Kirchlein steht.*

Ähnlich hat auch der echte Aventinus, der Turmair, in seiner »Bayerischen Chronik« darüber berichtet. Das paßte prächtig in meine Version eines Bayernhimmels. Vielleicht ließe sich noch Näheres erfahren, dachte ich. Ein Ortsteil von Wolfratshausen heißt ja heute noch Nantwein. Gewiß kann mir der dortige Pfarrer Auskunft geben.

Der Besuch wurde spaßig, weil der Hochwürdige Herr jung, modern, urbairisch und übertriebener Gläubigkeit abhold war. Er erklärte mir seine Sicht, die ich dann ins Stück übernahm:

1288 hat schon fast jede Gegend einen Heiligen gehabt, nur Wolfratshausen nicht. Also haben sie sich einen gemacht. Ob sie ihn deswegen umgebracht haben, oder ob man sich diesen reichen Rompilger, den sie beim Übernachten beraubten, bloß nachträglich geschönt hat, ist natürlich nicht mehr feststellbar. Hochwürden meinte, da habe man halt einem Wohlhabenden nachts einen Schankburschen aufs Zimmer geschickt und behauptet, man habe ihn in flagranti bei der Unzucht erwischt. Der Bua beschwor gegen Honorar eine Vergewaltigung, woraufhin der Stadtrichter die »Einziehung aller seiner Güter« verfügte. Um damit seine eigenen Schulden zu bezahlen und sich was dazuzuverdienen. Nachdem er alle Habe abkassiert

39

hatte, verbrannte man den Nantwein in den Isarauen auf einem Rost. Das war im Mittelalter so üblich, weil jeder Ort seine eigene Gerichtsbarkeit und eigene Gesetze hatte. Mindere Landstreicher kamen an den Galgen, feinere Herrschaften aufs Feuer.

Dann aber passierte etwas Mysteriöses. Als der korrupte Richter kurz darauf über die Stelle von Nantweins Einäscherung ritt, erblindete schlagartig sein Pferd. Wehklagen und Reue brachen aus: Wir haben einen heiligen Mann getötet!

Mein Nantwein – Ich spann mir diese Version noch aus: Da Neid bekanntlich die stabilste Triebfeder in der Menschenwelt ist, wollte man dem Richter Nantweins Besitz wieder abnehmen. Dazu erfand irgendwer die Sache mit dem erblindenden Pferd, und schon hieß es: »Ein Wunder! Ein Zeichen des Himmels!« Man erledigte den Richter, nahm ihm den Raub wieder ab und das Volk betete sich voll schlechten Gewissens den Nantwein schön, damit man es ja keiner Mitschuld bezichtige. Spätere Generationen vergaßen die näheren Umstände. Übrig blieben nur Feuertod und Pferdewunder. Das meldete man nach Rom, zwecks Heiligsprechung.

Wie üblich ließ Rom sich ein paar Jahrhunderte Zeit, ehe es 1676 entschied, das Pferdewunder sei leider zu dürftig. Wolfratshausen bebte vor Empörung, verschwieg aber der übrigen Welt die Ablehnung und

machte sich Nantwein zum regionalen Privatheiligen. Das blieb er bis heute. Heilig im Landkreis, und außerhalb weiß man nichts von ihm.

Erst das Stück holte ihn aus der Vergessenheit. Ich brauchte ihn dramaturgisch in meinem Himmelsmosaik, um die Szene zu beleben. Nun hoffe ich, er legt dereinst drüben zum Dank für die Erweckung ein gutes Wort für mich ein. Ich könnte es brauchen.

Turmair – Meine Himmlischen sollte es nicht nur wirklich gegeben haben, sie sollten dort auch ihrem Wesen und ihrer Vita gemäß handeln und reagieren. Der Nantwein weiß alles über Märtyrer, und der andere alles über Bayerns Geschichte. Der inneren Logik der Handlung wegen, die ja kein Märchen, sondern eine Art Legende sein soll. Darin war ich kindisch penibel.

Große historische Persönlichkeiten, wie der »Blaue Kurfürst« oder Kaiser Ludwig der Bayer hätten von der Handlung unnötig abgelenkt. Es sollten Unbekanntere sei, bei denen nur ein gebildetes Publikum sagen würde: »Ach so – der ist das!« So fand ich den Aventinus. So heißt zwar auch der südwestlichste der sieben Hügel, auf denen Rom erbaut wurde, ich aber meinte:

JOHANNES TURMAIR, *geboren am 4. Juli 1477, der sich als Schriftsteller nach seinem Geburtsort Abensberg in Niederbayern latinisiert Aventinus nannte. Er schrieb das erste große Geschichtswerk in deutscher Sprache, die »Bayerische Chronik«. Als sie 1519 fertig war, durfte sie wegen seiner protestantischen Gesinnung nicht, sondern erst 1566, lange nach seinem Tod (am 9. Januar 1534 in Regensburg) erscheinen Er konnte nur 1523 die erste Landkarte Bayerns herausgeben. Der Chronik wegen gilt er noch heute als bedeutende historische Persönlichkeit.*

Weil ein Aventinus alle Anmerkungen und Pointen über Bayerns Geschichte authentisch sagen kann, erkor ich ihn respektvoll zu meiner zweiten Himmelsfigur. Er weiß, daß Nantwein 1268 verbrannt wurde, weiß des Herzogs Tassilo III. Todesjahr (das die Geschichte nicht kennt), vervollkommnet das himmlische Journal und studiert das Schicksalsbuch. In der ersten Fassung ist er es auch, der dem goscherten Preußengeneral Zieten Rede und Antwort stehen muß.

's Lateinische – Ich fand, wenn zu Anfang der Himmelsszene nur Lateinisch geredet wird, wirkt ein plötzliches Bayrisch um so befreiender und spaßiger. Es mußten aber Wörter und Sätze sein, die auch Nichthumanisten verstehen oder zumindest erraten können.

Leider blieb mir das ehrwürdige Latein zu viele Schuljahre lang das berühmte Buch mit den sieben Siegeln. Ich mochte nicht und konnte folglich nicht. Nur ein paar Floskeln blieben hängen. »Appropinquat quidam« – »es kommt wer«, bekam ich für den Anfang der Szene noch zusammen. Was aber hieß beim Kartenspielen »Herz war Trumpf«? Ging »Cor supremum erat?« Eigentlich nicht, aber schon. Oder – noch schwerer – wie hieß »bei die Weißwürscht« auf lateinisch? Ich fragte herum, vornehmlich bei Hochgebildeten, die gewiß Einserschüler waren, doch niemand konnte »Weißwürscht« gültig übersetzen, weil es im alten Rom keine gab. Daß »albus« »weiß« heißt, wußten mehrere, darunter auch ich (noch) – aber »Würscht«?

Ich fand meinen privaten Umweg über das Französische, wo Würste neben anderen Bezeichnungen auch »saucisses« (»sosißß«) genannt werden (Französisch kann ich fast so gut wie Latein). Daraus konstruierte ich mir ein lateinisches Stammwort, das auch zum englischen »soßedsches« paßte: »Sausicium«– die Wurst, Plural »sausicii«, wobei der Dativ »sausicios« heißen mußte (und wenn's eine Ausnahme wär). Fertig war mein, dem Pidgin-Englisch innig verwandtes Wilhelm-Latein. »Er is bei die Weißwürscht« hieß ganz klar: »ad sausicios albos«. Wie denn sonst?

4. Bild: Der überkorrekte Nantwein (Gerd Anthoff) erinnert den Erzengel streng an seine Pflicht. Marei (Yvonne Brosch) und Turmair (Ludwig Wühr) hören es voll Staunen.

Der Fraunhofer – ist die modernste technische Errungenschaft im Himmel. Konstruiert vom Professor für Physik und Astronomie Joseph von Fraunhofer, sofort nach seinem gloriosen Einzug in die Ewigkeit am 7. Juni 1826, weil er nicht mit ansehen konnte, wie mühsam man bis dahin aus Himmelshöhen die Details im Lande Bayern verfolgte. Der Entdecker der Spektralanalyse und der »Fraunhoferschen Linien« im Sonnenspektrum hatte schon als halbes Kind auf Erden ein verbessertes Fernrohr konstruiert, mit dem er die Astronomie revolutionierte. Nun schuf er hier das umgekehrte Blickgerät, ein Rohr, das alle gewünschten Details und Personen auf Erden so nahe heranholte, daß Kontrolle möglich wurde, die es bis zu ihm nicht gab, woraus sich manches, wie die heilige Inquisition und diverse Religionskriege, erklären läßt. Vieles davon wäre zu vermeiden gewesen, hätte der Portner vordem Erdendetails so erblicken können, wie nun, nach des Genius Eintreffen.

Fraunhofer war ein Auserwählter, durch himmlische Gnade Befähigter. Als halbes Kind war der arme Bauernbua, geboren 1787 zu Straubing, beim Einsturz eines Hauses in der Münchner Innenstadt verschüttet, vom Kurfürsten persönlich ausgegraben und dadurch berühmt worden – nach heiligem Willen, versteht sich, damit er seine bedeutenden Erfindungen zum Wohle der Menschheit vollbringen könne. Des hat doch alles sein Sinn, da herob'n im Himmi.

Portner mit Marei am Fraunhofer

Der Erzengel – ist im Fentsch-Baky-Film nur einmal ganz kurz als Brandners männlicher Schutzengel im weißen Gewand mit großen Flügeln zu sehen. Er sagt nur einen Satz, aber den so bairisch, daß das Publikum jubelt: *Weil er mi b'schissen hat!!*

Um meinen Himmel aufzubauen, brauchte ich als Respektsperson neben dem gütigen Portner einen der Erzengel. Ich dachte zuerst an Gabriel, aber der Pfarrer von Wolfratshausen belehrte mich, die wahre Prachtgestalt, der eigentliche Himmels-Wauwau sei der Michael.

Nun kommen Kirche, Bibel und Klerisei ja mit ziemlich wenig Humor aus. Soviel Erlösendes und Glücklichmachendes es gibt, zum Lachen ist kaum was vorhanden. Dabei ist dieses Gottesgeschenk, das vieles im Leben erträglicher macht, nur uns Menschen gegeben. Nur wir können lachen. Tiere nicht – auch wenn alte Damen es von ihrem Struppi behaupten. Und Lachhyänen können es auch nicht, sondern die können nicht anders.

Mir war ein Himmel ohne Humor nicht vorstellbar. So wenig wie Ludwig Thoma, wie seine berühmte Gschicht vom Dienstmann Hingerl zeigt. Damit's aber wirklich lustig wird, muß einer auf der Bühne sein, der nie mitlacht. Das konnte nur einer aus der obersten Hierarchie sein, der über den Dingen steht.

Nach meinem Verständnis war Erzengel Michael um 1860 noch genauso unerbittlich wie einst, da er und der

Der »Himmelswauwau« Erzengel Michael – aus Versehen freundlich blickend? Nein – angesichts der Marei!

Gabriel den Adam und die Eva aus dem Paradies scheuchten. Mit dem war nicht zu spaßen, den fürchteten alle Seligen, der durfte als Urbild tiefsten bairischen Grants befehlen: *Schleichts Euch ins Paradies!* – und alle folgten widerspruchslos. Auch Turmair und Nantwein derblecken ihn nur ganz vorsichtig, hoffend, daß er es nicht merkt.

Grad der Boanlkramer lamentiert einmal verzweifelt vor dem gar so Unerbittlichen: *Des war doch lustig – hahaha! Habts doch oamal an Humor da heroben!*

All das gab mir für den Schluß des Stückes den dramaturgisch alles wendenden Gedanken ein: daß die Todsünde des Brandner, den Boten des Ewigen, den Boanlkramer, beim Karteln betrogen zu haben, von der heiligen Trinität als Oberster Instanz vergeben wird, weil so was in ihren Geboten gar nicht vorgesehen ist, und sie über den Kerschgeist-Bsuff so lachen müssen. Daß also die Botschaft lauten darf: Humor und Lachen können erlösen. Das kann der Erzengel nicht begreifen. Er wird wohl nach diesem Vorfall nicht mehr der gleiche sein wie vordem.

Doch nun zu etwas völlig anderem. Etwas scheinbar Abwegigem.

Thermodynamik – »Die Summe aller Energie im Weltall ist konstant« haben Mayer und Helmholtz erforscht und als 1. Lehrsatz der Thermodynamik zum Axiom erhoben. Energie bleibt immer und ewig. Sie verwandelt sich nur in unterschiedliche Erscheinungen, in Materie, Stoff, Sichtbares und Unsichtbares.

Manche Leute haben daraus ein Weltbild gebastelt, nach dem sich Energie auch in Lebendigkeit wandeln kann. Ein Mensch besteht zu vier Fünfteln aus Wasser. Der Rest sind Chemikalien im Wert von etwa 20 Mark. Damit so ein Gemenge sich bewegen, sprechen, denken und Nachwuchs produzieren kann, dazu braucht's noch etwas – und das nennt man wohl »die Seele«. Sie ist jene unerforschbare, unbegreifliche Kraft, die jegliches Leben sich entwickeln, bestehen und reproduzieren läßt. Somit das eigentliche Leben, und ganz bestimmt auch eine Kraft, eine Erscheinungsform von Energie.

Darum haben Religionen, die alle auch nicht genau wissen, was sie ist, sie für unsterblich erklärt. Getreu dem 1. Lehrsatz. Wissenschaftlich stimmt das wohl. Wenn Lebendiges stirbt, Pflanze, Wurm oder Mensch, bleiben nur die chemischen Zutaten übrig. Wohin aber verzieht sich das Eigentliche, das dieses Wesen lebendig gemacht hatte? Zu Wärme wird's nicht, sichtbar ist's nicht.

Logisch rechnen – Solcher Schlichtphilosophie folgend überlegte ich: Wenn der Brandner 18 Jahre länger Lebensenergie verbraucht, und die Energiesumme konstant ist, muß die Energie doch anderswo eingespart werden. Muß ein anderer Mensch sich 18 Jahre früher in seine chemischen Bestandteile auflösen. Logischerweise jemand, der die gleichen Gene hat und unter gleichen Bedingungen im gleichen Klima lebt wie der Kaspar. Das trifft nur auf Kaspars letzte Blutsverwandte, aufs Marei zu. Dazu gefiel mir, daß der Portner ihr aus dem Himmelsbuch vorliest *Heimzurufen im 42. Lebensjahr,* und sie ist erst 24. Also akkrat um jene 18 Jahre jünger, die der Kaspar statt ihrer verbraucht. Die Thermodynamik ist damit zwar wieder in Ordnung. Aber so jung sterben müssen?

Dafür hat der Portner einen wahrhaft himmlischen Trost. Er sagt: *auf daß ihr viel Leid und Qual erspart bleibe, so anders den ferneren Lebensweg hätten gekreuzt,* woraufhin das Marei augenblicklich versteht, daß sie sonst Schlimmes hätte durchmachen sollen, vielleicht gar ein langes Siechtum. Drum antwortet sie aus tiefstem Herzen: *Dankschön in Demut.* Damit war für Tüftler wohl auch dieser jenseitige Vorgang befriedigend erklärt.

Die Gene – Noch etwas hab ich aus der Wissenschaft auf die Bühne transportiert: die Vererbung. Wie oft wird irgendwo auf der Welt, egal in welcher Sprache gesagt: »Also wirklich, wie Ihnen das Kind (oder Enkelkind) ähnlich sieht – es ist nicht zu glauben. Wie aus dem Gesicht geschnitten.« Das verwundert heute niemanden mehr. Man weiß, daß die Doppelhelix, die DNS, sämtliche Erbanlagen speichert und an Nachkommen weiterreicht, die ein Trumm davon sichtbar machen, und sei's als Ähnlichkeit.

Folglich, dachte ich, müssen zwischen verstorbenen Vorfahren im Himmel und Nachfolgenden auf Erden ebenfalls Ähnlichkeiten vorkommen. Mitunter sogar gewaltige. Beispielsweise zwischen Vater und Sohn. Demgemäß schaut der Bürgermeister Senftl auf Erden fast genau so aus wie sein verstorbener Vater, der gnadenhalber in den Himmel aufgenommen wurde, obwohl er ein Bazi war. Der Darsteller des Senftl auf Erden kann daher auch seinen eigenen verstorbenen Vater im Himmel spielen. In einem anderen Kostüm, versteht sich.

Himmlisches Alter – Mehr noch. Nachdem ich die These gefunden hatte, daß jeder im Himmel das Alter wählt, das ihm am besten gefällt (weshalb so viele Engel kleine Kinder sind), ergab sich folgendes: Das Marei wünscht sich, von jemandem aus ihrem Dorf in die Ewigkeit geleitet zu werden. Es kommt eine schöne Frau, in der das Marei ihre Tante Theres zu erkennen glaubt, der sie kurz zuvor beim Geburtstagsfest noch auf Erden begegnet ist – aber es ist die Afra, die Großmutter der Theres.

Weil sie das Alter annehmen konnte, das ihr am besten behagte, wählte die Afra das angenehme mittlere, und sieht deshalb ihrer Enkelin auf Erden zum Verwechseln ähnlich. Eine logische Erklärung dafür, daß sie von derselben Darstellerin gespielt werden kann, die eben noch die Tante Theres auf Erden verkörperte. Damit habe ich nebenbei, kameralistisch denkend, Theaterillusion im religiösen Bereich zum Nutzen der Darstelleretats (zwei weniger zu engagieren) wissenschaftlich fundiert zusammengefügt.

Das Paradies – Wie sieht das wohl aus? Ein schwieriger Gedankenschritt? Die Lösung ist einfach: genau wie die Heimat – bloß ohne Fehler. Keine scheußlichen Bauten, Gefängnisse, Polizeistationen, Steuerämter, Bahnhöfe an einschnürenden Gleisstrecken und keine überfüllten Straßen. Alles unnötig, weil alles überall zugleich und ewig ist. »Zum Raum wird hier die Zeit« dichtete Wagner im »Parsifal«, und Einstein rechnete nach, daß das stimmt. Der Himmel und das Paradies sind die wahre Welt. Das Irdische nur ein trübes, fleckiges Spiegelbild, ein Abglanz der idealen Pracht und Harmonie. Dort erst kannst du die Welt genießen, ohne dich dauernd über etwas ärgern zu müssen oder von irgendwem an irgendwas gehindert zu werden. Dort erst kann sich das Individuum endlich seiner Bestimmung gemäß entfalten.

Ich fand, das alles zusammen ergibt einen erstrebenswert schönen Himmel, und ging, von meiner Märchen-Philosophie erfüllt, ans Werk.

A Preuss muass eini! – Dietrich Thoms, der Berliner, der meinen von ihm veranlaßten Mühen freundlich und gespannt folgte, sagte: »Schreibste aber 'ne schöne Szene rein, wo die Preußen verkohlt werden. Det gehört dazu.« Mhm.

Es durfte aber keine übliche Derbleckerei in bekannter Manier sein (Wie bringt man einen Preußen zum Weinen? Indem man ihm seinen Trachtenanzug wegnimmt … usw.) Die Tratzerei mußte zum altbairischen Kobell-Stil in Sprache und Handlung passen. Ohne Wörter, Begriffe oder Anspielungen auf unsere prussifizierte Gegenwart.

Die Logik der Szene und die Motive waren etwas kompliziert und vielschichtig. Bürgermeister Senftl will den Brandner nicht bloß aus Bosheit um sein herrlich gelegenes Anwesen mit Blick über den Tegernsee bringen. Er muß es, weil ihn die bairische Regierung nach göttlicher Eingebung wissen ließ, ein reicher Preuß wolle sich dort ansiedeln, er solle dem hochgestellten Piefke beim Erwerb helfen, das läge im Staatsinteresse.

Das war aber nicht möglich, solange der Kaspar dank des Grasober-Betrugs noch munter in dem Haus lebte und mit Flori und Marei seit drei Jahren derart fleißig werkelte (und wilderte), daß sie fast schuldenfrei waren. Sie brauchten und mochten ihr Anwesen nicht verkaufen. Kai-Uwe von Zieten aber will schicksalhaft just dieses (Dialog: *Ausdipfit des mei'? – Koa anders.*) Weil der Brandner, der gar nicht mehr leben dürfte, aber nicht sterben mag, ist der Weltenplan in akuter Gefahr.

Und wie erfährt der Portner das? Wer beschwert sich im Himmel über Brandners Fortleben auf Erden? Wer außer Tegernseern kennt ihn überhaupt? Wem ist er ein Dorn im Auge? Seinen Landsleuten doch nicht. Wem sonst? Ganz einfach:

Zieten – Ein verstorbener Vorfahre des Kaufwilligen muß das Verklaghaferl sein (als logischer Anlaß für eine Preußenszene). Ein Prominenter, den zwar die Geschichte kennt, der aber nicht so preußisch-komisch klingt, wie »Piefke« (Militärmusiker, Komponist des Marschs »Preußens Gloria«). Nach passenden Tatsachen zur logisch erfundenen Handlung suchend, entdeckte ich im Lexikon jenen Reitergeneral, den ich, und sicherlich auch andere, nur per Namen kennen:

»Hans Joachim von Zieten, geboren am 24. Mai 1699 in Wustrau bei Ruppin, gestorben zu Berlin am 27. Januar 1786, führte am 20.5.1745 in Friedrichs des Großen Schlesischem Krieg mit seinem Husarenregiment den berühmten ›Zietenritt‹ durch die österreichischen Stellungen aus, und hieß danach ›Zieten aus dem Busch‹. In den vielen Kriegen Friedrichs vielfach bewährt entschied er im Siebenjährigen Krieg den Sieg bei Torgau am 3.11.1760. Er war die Urbevölkerung und Friedrichs volkstümlichster General.«

Der paßte. Dessen Urenkel hatte der Himmel die Übersiedlungs-Idee in den Kopf gesetzt. Und was im Kopf eines Zieten ist, muß er durchboxen, klar doch. Was mußte Uropa droben dieserhalb klagend vorbringen? Nun – vor allem mußte er lamentieren, daß sein Urenkel die Brandnerhütte nicht kriegt, wo er doch laut Weltenplan der Herold von Millionen kalter Eroberer Bayerns werden sollte. Dies sei ihm schließlich vom Heiligen Geist eingegeben. Welch eine Katastrophe, wenn Zieten junior nicht Waggonladungen Preußen in Ferien einladen könne, die sich dort »fürt Jebirje« begeistern, Bauernhäuser aufkaufen und sich das Land so einrichten wie bei ihnen »zehause in Schöneberch im Monat Mai«. Als Vorboten der preußischen Landnahme am Tegernsee zwischen 1871 und übermorgen – denn dort wohnen noch immer in Bayern vereinzelte Bayern.

Piefkes – Auf unserer Halbkugel sind Südvölker meist erkennbar vergnügter und lebenslustiger als Nördlinge, die daher, einem inneren Drang folgend, wie Zugvögel in Rudeln im Süden einfallen, was jedes Reisebüro bestätigen kann. Sie lieben den Süden so sehr, daß sie dort nur die Urbevölkerung stört. Sie halten sie, weil sie sie nicht verstehen, für olle dofe Seppls. Das Land, nicht die Bewohner innig liebend, haben sie die These erfunden: »Bayern wäre ohne Preußen nich lebensfehig.« Daß es seit 1500 Jahren souverän am selben Fleck existiert, lassen sie »außen vor«. Ebenso, daß es Preußen erst seit 300 Jahren gibt, als in der Welt der Slogan umlief: »Kein Mensch wird Preuße – es sei denn in der Not.«

Deutschland als Schicksalsgemeinschaft ist erst Bismarcks spätem »Einigungswerk« von 1871 zu danken (das zwei Weltkriege verursachte). Vorher gab es souveräne süddeutsche Kulturländer sowie nördlich davon ein Kleinstaaten-Durcheinander nahe Holland.

Inzwischen entdeckte Gesetze der Evolution und des ökologischen Gleichgewichts besagen: Die natürliche Balance zu stören ist für Teile der Schöpfung tödlich. Vornehmlich höher organisierte Lebewesen leiden darunter, denaturieren oder sterben ganz aus.

Preußen ziehen nach Bayern um jener Qualitäten willen, die durch ihren Zuzug absterben (Freizeitwert, Eigenarten, Naturschönheit, Bräuche und vor allem Sprache). Sie überwuchern Bayern aus Liebe zum Land, bis alles hin ist. Eine, scheint's, so im Buche des Schicksals vorgesehene ethnische Katastrophe. Sonst wäre es nicht so gekommen.

Gesandter – Reitergeneral Zieten muß dem Portner die historische Tragweite der Kerschgeistsünde klarmachen. Er kommt als Gesandter des Preußenhimmels. Die haben als Evangelische natürlich einen eigenen, wär ja noch schöner. Jeder Stamm und jede Glaubensrichtung braucht einen eigenen, sonst wär's ja kein Paradies. Fragt man Zieten leichtfertig, wie ihr Himmel ausschaut, beginnt er strahlend und mitteilungssüchtig, alles ganz genau zu schildern. Redegierig wie's halt san, die sellern. Grad ihr Moltke soll diam staad gwen sei. Soll hie und da geschwiegen haben, wird behauptet.

Zieten (Hans-Jürgen Diedrich) beschwert sich beim Portner.

46

Da Preußen genügsam sind, unterstellte ich, ihr Himmel sei gewiß nicht der luxuriöse siebente, sondern
eher eine Vorstufe zum ersten. Da sie aber auch unendlich neugierig sind, würde Zieten vermutlich spionie-
ren, wie es im Bayernhimmel aussieht. Denn daß es da
Unterschiede geben müsse, war ihm klar.

*Det sieht man schon an Euren Kürchen drunt auf Er-
den, so voll mit Gold und Putten und Jemukel. Die unseren sind karg.* – Nun ja.

Mit welchen Worten und in welchem Ton sollte ich
Uropa General dem Portner begegnen lassen? Gewiß
nicht in Berliner Jargon. Wie sprach wohl der historische Zieten seinerzeit? Mit dem Alten Fritz gewiß französisch, denn der konnte kaum deutsch. Aber Französisch, so komisch es von Berliner Zungen klingt, ist
nichts fürs Theaterpublikum. Ich suchte ein literarisches, ein Sprach-Vorbild – und fand im folgenden Jahr
ein erlauchtes, nach dem es sich wie von selbst ergab,
daß er seine Beschwerde in klassischer Rede vorbrachte:

Kleist – Heinrich von, oberster Sprachmeister unter
den großen Dramatikern. An dessen Genie, Aus-
druckskraft und Spracheleganz durfte ich mich natürlich nicht versündigen. Ich konnte höchstens einige seiner Eigenheiten in Satzstellung und Wortwahl
respektvoll nachahmen. So dezent »kleisteln«, daß
Kenner den Spaß bemerken können. Allerdings mußte
es kleistisch mit ein paar Berliner Ausdrücken sein. Es
war eine schriftstellerische Gratwanderung: den satiri-
schen Inhalt der Szene in gehobener Sprache zu vermitteln, ohne Kleist zu parodieren oder gar zu profanieren
– Sakradi.

Nebenbei angemerkt: Das geschah in Ungarn, in einem
Turnsaal in Szeged, während der Proben zu einem Bal-
lettfilm. So etwas inszeniert der Choreograph. Der Regisseur muß nur hie und da sagen, was die Handlung
ausdrücken soll. Ich saß also die ganze Zeit daneben.
War was zu klären, fragte er mich auf deutsch. Das allgemeine Ungarisch rauschte an mir vorbei. Die ständig
laufende Musik von Johann Strauß aber stimulierte in
mir eine poetische Rhythmik, ein kleistisierendes Versmaß:

Preußens Überlegenheit verkündend

*Wie sagt ihr doch mit breit behäb'gem Grinsen?
Berje von unten, Kürchen von außen, Kneipen von
innen – haha –
Das dünkt uns so verschwendet, daß wir unser
Paradies, die Fehler Eures Stamms vermeidend,*

47

uns dergestalt nun eingerichtet, daß – ich weiß,
ihr werdet Neid empfinden müssen –
uns an der Zugspitz' riesigem Massiv
Liegt – was wohl – ? Leuchtend klar: das ew'ge
Potsdam!

In sträflichem Stolz meinte ich, eine Parodie von ironischem Niveau zu machen. Aber nein! Nix war's. (Könnte man so was selber beurteilen, wüßte man im vorhinein was dem Publikum gefällt, wäre man König der Branche.)

Der ausgelassene Preuß' – Trotzdem der beliebte Komödiant Hans Jürgen Diedrich (in allen Rollensätteln bewährter Komiker der »Lach- und Schießgesellschaft«) auf dem schmalen Grat Klassik/Gaudi dezent spielte, kamen weder die satirische Gegenüberstellung Preußen/Bayern noch der Kleiststil beim Publikum an. Die Szene bremste als Fremdkörper die himmlische Fröhlichkeit. Auch Kenner mochten den literarischen Spaß nicht.

Nach fast hundert Vorstellungen mußte »Dietsch« eines anderen Engagements wegen ohnehin aufhören. Sollten wir's mit einem neuen Preußen noch mal versuchen? Da ich die Szene schon in der Fernsehfassung aus Längegründen durch einen kurzen Dialog mit den bewährten Pointen der zu langen Szene ersetzt hatte, beschloß man kurzerhand Zietens Ende.

Daß von ihm nur noch gesprochen wird, erwies sich als bühnenwirksamer. Mir tut's leid. Autoren lieben meist besonders jene Geisteskinder, die vor dem Publikum keine Gnade fanden – warum sollte es mir anders ergehen. In diesem Buch aber soll der »ausgelassene Preuß« noch einmal auferstehen. Im Bühnentext ist diese Szene nachzulesen (Seiten 183 bis 186). Die Kurzfassung steht auf Seite 198.

Vielleicht erkennt ein gütiger Leser nach meinen Erläuterungen, was ich meinte, und warum ich die Szene samt Formulierungen, Pointen und Stil immer noch mag. (Des werd a Autor ja dengerscht no derfa.)

In Ötigheim ritt er gar mit Eskorte ein …

Niederschrift – Nach Meisels Lob für das Festbild hatte ich das Himmelsbild sogleich begonnen. Mit dem stummen Kartenspiel, dem »Appropinquat quidam«, dem Flammenschwert (*Herrschaft, allweil wieder ver-giß i's*) und Mareis ersten Sätzen.

Dann aber durfte/mußte ich für »Cockpit«, meine Fernsehserie über Verkehrsfliegerei, ein paar Tage ins noch friedliche Beirut. So kam es, daß die ersten Szenen mit dem christkatholischen Portner im bayrischen Himmel ausgerechnet im Libanon in der klimatisierten Hotelhalle in unerträglicher Mittelmeerhitze in Byblos entstanden. Merkt man das?

Meinem norddeutschen Fernsehchef hatte ich mal geantwortet, als er mich anflaxte, daß ein Bayer wie ich nach Norddeutschland verreiste: »Wo ich bin, ist Bayern.« War's diesmal Beirut und Byblos?

Daheim befaßte ich mich trotz vieler Abhaltungen weiter mit dem Himmel. Läßt man so was liegen, gehen leicht Formulierungen und Aufbau verloren, als ob sie altern würden. Beim 4. Bild ging alles glatt. Die große Szene Portner/Boanlkramer gelang sogar wie diktiert, in einem Zuge, nach einer gemütlichen Kaffeejause. Das später erfolgreichste, meist belachte Bild hatte sich am leichtesten geschrieben.

Gern hätte ich gleich das 5. Bild angefangen, aber »Cockpit« erforderte noch eine Woche Casablanca. Da waren die Trainingsflüge mit dem Lufthansa-Piloten-Nachwuchs zu spannend. Ich kam über ein paar Notizen nicht hinaus. Erst Anfang September ging's weiter. Vom Bruder ins Feriendomizil Duna Verde bei Caorle auf zwei Wochen eingeladen, bei warmem sanftem Wetter, ohne Telefon und Ablenkung – solche Bilder-buchtage kamen dem Finale zugute.

Trauer und Trost – enthält das 5. Bild in Brandners Hütte, das ernsteste des Stücks. Für die tiefe Trauer nach Mareis Tod, die reuevolle Verzweiflung Simmerls und Floris, der, beim Wildern ertappt, gefesselt hergeführt wird, fand ich bei Kobell abermals ernste Gedanken.

Eins lebt durchs andere, und eins stirbt durchs an-dere … Weitergehn mußt! Gehts net übern Berg, gehts außen rum … oder in der Haßszene Flori/Simmerl:
Du wenn die Welt gmacht hättst, Du sparerst beim Tag mit'm Sonnenschein und bei der Nacht mit'n Mond

… sind wörtliche Zitate (hier nur die Anfänge) aus sei-nen Gedichten. Sie fügen sich nahtlos ein.

Da man vor der Pause gesehen hat, wie gut es dem Marei im Jenseits ergeht, bewirken die Szenen der irdi-schen Trauer mehr als Teilnahme. In ihnen liegt ver-mutlich ein Angelpunkt jener tröstlichen Wirkung, die das Stück auf die Zuschauer ausübt. Gesehen zu haben, wie es weitergeht, auch wenn es nur »Theater« war, berührt jeden, der schon einmal mit dem Sterben kon-frontiert war, und läßt so etwas wie Trost und Hoff-nung keimen. Diese Kontrastwirkung wird noch ver-stärkt, wenn der Boanlkramer mit sanftem Überreden versucht, den Kaspar befehlsgemäß in den Himmel zu bugsieren. Auch diese von Kobell in Umrissen ange-legte Komödienszene enthält Gedichtzitate (*Die Zeit, die hat an woltern Biß. Die kaut die größten Trümmer zamm …*), wodurch der Urautor auch hier den Ge-sprächsverlauf und die Argumente bestimmt. Boanl-kramers List, den Widerspenstigen *mit Retourbillet* ein Stünderl ins Paradies schauen zu lassen, genügte nicht, ihn zu bewegen. Erst daß er das Marei in der Seligkeit sehen darf, stimmt ihn um.

Dies ist die bildliche Umsetzung jenes Trostes, den Hinterbliebene im Glauben finden, wenn die Kirche ih-nen verheißt, der Verewigte sei nun in die Gemeinschaft Gottes, in die Seligkeit, eingegangen, in die sie ihm einst folgen dürfen. Ein Wiedersehen ist gewiß! Ein zweiter immanenter Angelpunkt des Stückerfolges.

Theaterzauber – 1973 war das »moderne« Regie-theater schon dominant. Man inszenierte mit Vorliebe in Klassikern die aktuelle Gegenwart mit. Dazu paßten keine erkennbaren Dekorationen. Altbewährten Thea-terfreuden zugetan bedauerte ich das. Ich liebte stilsi-chere Dekorationen, Bühneneffekte, offene Verwand-lungen, kleine Lichtzaubereien, Milieu und Lebensluft.

Mir waren nach 1945 schon die zur Kunst erhobenen »Nur's« ärgerlich gewesen. »Nur« ein Stuhl, »nur« ein Vorhang, »nur« eine runde Scheibe auf der Bühne, sonst nichts – der Zuschauer sollte sich alles dazuden-ken. Gut, aus dem Mangel nach dem Krieg hatte man eine Tugend gemacht. Aber jetzt waren Brandmauern und Seilzüge statt Dekors und Bluejeans statt Kostü-men, kurz, »nichts« statt »nur«, doppelt ärgerlich.

Von der Himmelfahrt im Theater gibt es kein Foto. Sie war selbst für empfindliches Filmmaterial zu dunkel. Diese Zeichnung stammt aus der Erstveröffentlichung des Kobellschen »Brandner« in den »Fliegenden Blättern« anno 1871.

Gemälde von Josef Wahl, angeregt von der Fernsehfassung

Dem Kino sind Tricks selbstverständlich. Aber auch ein bissel Zauberei auf offener Bühne kann verblüffen und Spaß machen. Im Brandner war ein bissel Theaterillusion nötig und möglich, wenn der Kaspar auf den Totenkarren mit dem Pferd aufsitzt, und der Boanlkramer ihn durch die Luft gen Himmel kutschiert. Das auf offener Szene darzustellen war möglich und amüsant. Wenn dabei noch die Brandnerhütte sichtbar versinkt, ist etwas von jenem Theaterzauber da, den ich schätze. Kobell hat für diese Reise sogar ein paar Dialogsätze vorgegeben, die ihm wichtig waren. So schrieb ich einen Vorschlag für eine optische Auflösung als 6. Bild ins Textbuch. Sie wurde bei der Premiere zum Gaudium des Publikums von Elisabeth Urbancic ironisch und ein bissel romantisch verwirklicht.

Als Silhouette rollen Pferd und Totenwagen herein, die beiden sitzen auf, rollen hinaus und erscheinen gleich darauf noch zweimal, immer kleiner werdend, als Silhouette durch die Luft dem Himmel zu schwebend, während die Hütte versinkt.

Das wurde im Residenztheater stets mit vergnügtem Gelächter und Szenenapplaus belohnt. Im Cuvilliéstheater und auf vielen anderen Bühnen war es leider technisch nicht zu machen, weil sie zu klein sind und ohne adäquate Bühnenhäuser. Da mußte der Dialog vom Tonband die Illusion ersetzen.

Bild 7 – Nun war der Brandner glücklich auf dem Weg in den Himmel. Wie aber würde man ihn dort empfangen? Ich kiefelte am Schluß herum, ich mußte doch fertig werden, sollte das Stück tatsächlich schon Anfang des kommenden Jahres gespielt werden.

Dramaturgie ist auch, wenn's anders weitergeht als erwartet. Der alte Sünder Brandner hat auf Erden zuviel angestellt. Er kann nicht so einfach in den Himmel kommen wie einer, der allzeit fromm nach den Geboten lebte. Der grimmige Erzengel Michael wird ihm sein Sündenregister vorhalten, der Portner als Richter fungieren und ihm in einer Art »Verhandlung« fast alles vergeben. Nur das eine nicht, daß er sich durch den Grasober-Betrug gegen den Willen des Allerhöchsten versündigt hat. Dazu muß der Portner dessen Entscheidung einholen. Wobei die Heilige Trinität über den Kerschgeist so lachen muß, daß sie alles verzeiht.

Daß Lachen, Güte und Großzügigkeit auch schlimme Prestigeprobleme in nichts auflösen können, schien mir ein akzeptables Fazit des Stückes zu sein. Als ich die Varianten dieser Konstellation durchdacht hatte, schrieb sich der Schluß wie von selbst. Punkt, Ende.

Übrigens: Portners Feststellung, *Das Sechste Gebot ist vor der Ehe kein Dogma, sondern lediglich eine Empfehlung,* ist eine Pointe, auf die ich erst nach zwölf Jahren kam. Sie erfreut das Publikum im Schlußbild ungemein, vermutlich weil mancher mit diesem Problem persönliche Erfahrungen hat. Der freut sich, wenn es von der Bühne herab scheinbar kompetent heißt: »Te absolvo.«

Fertig – Befreit und glücklich feierte ich für mich den Sieg über die Materie. Natürlich war die Schreiberei noch längst nicht aus. Nun mußte überhobelt, ausgeglichen, gekürzt und sorgsam abgetippt werden. Aber das waren nur mechanische und kosmetische Arbeiten. Die Hauptsache war geschafft.

Daß daraus ein so lang anhaltender Erfolg würde, der mich für meine letzten Lebensjahrzehnte vom Brumml- zum Brandnerautor macht, hätte ich damals in den kühnsten Träumen nicht gedenket.

Nach der Korrektur gab ich die saubere Abschrift Mitte September dem Theater und ein paar Leuten zu lesen. Ich wollte erste Eindrücke hören. Meine getreue Sekretärin Resi Hoiß meinte, sie habe es ganz und mit Vergnügen gelesen, und der Pfarrer Burkes in Wolfratshausen, von dem ich en detail hören wollte, was stimmte oder was an Kirchlichem präzisiert oder verändert werden müsse, wußte nichts zu nennen. Auch er fand das Stück gelungen.

Dann rief Tommi an: »Meisel ist begeistert und will es ab Februar im Cuvi fast en suite spielen.« Hurra! Was wollte ich mehr?

Ich hatte in meiner Euphorie die feine Nuance nicht beachtet, daß Meisels Jubel nur übermittelt wurde. Er war nicht so urgewaltig wie nach Lektüre der ersten Bilder. Ich bin gleich etwas angegangen, das ich für wichtig hielt, und das mich heute lächert: Ich hab einen Zahntechniker befragt, wie man den Boanlkramer recht zahnlos erscheinen lassen könne. Die Antwort lautete: »Einzelne Zähne schwarz schminken. Dafür gibt's eine Schmiere, die nicht gleich abgeht.« Die ältesten Theatertricks sind und bleiben die besten, na was denn. Hatte ich wieder was gelernt.

Zweifelhafter Kaiser – Vom Kenner bairischen Brauchtums, Wilfried Feldhütter, erbat ich mir konkrete Korrekturen über Bayerns Geschichte und Bräuche. Er schlug auch einige Detailänderungen vor. Eine ist mir besonders in Erinnerung. Es ging um Karl den Großen. Von diesem Eroberer und Massenmörder – 6000 Sachsen ließ er in Verden an der Aller abschlachten, Italien hat er erobert und gebrandschatzt, ehe er dort den Papst zwang, ihn zum Kaiser zu krönen, halb Bayern ließ er verwüsten, und den vernünftigen Bayernherzog Tassilo III. heimtückisch zu ermorden –, von diesem Raubkäfer ließ ich sagen, der sei immer noch ganz drunten im Fegfeuer.

Feldhütter gab zu bedenken, Karl sei immerhin heiliggesprochen, folglich wäre meine mißachtende Erwähnung im Himmel kirchlich falsch. Da fiel mir auf der Stelle eine Erweiterung meiner Pointe ein: Heiliggesprochen? – *Ja, von Rom! Des gilt doch bei uns nix.* Das wurde viel belacht, hat mir aber auch Gegner eingebracht. Dem Innsbrucker Intendanten zum Beispiel mißfiel just diese flapsige Bemerkung so sehr, daß er das Stück bald wieder aus dem Spielplan nahm.

Revision – Fast vier Wochen nach Ablieferung des fertigen Stücks wurde bei Meisel besprochen, wie es weitergehen solle. Ich war sehr gespannt auf seine eigenen Worte über das Stück. Seine Freude war tatsächlich geringer als vordem. Neben ihm und Tommi saßen die zwei Dramaturgen des Theaters, Peter Merz aus Preußen, und Jörg Dieter Haas aus Rosenheim. Beide waren unzufrieden, kritisierten aber nicht handfest und konkret. Sie fanden bloß vor allem die Bilder 1 und 3 nicht gelungen, an denen müsse noch einiges getan werden. Als ich fragte, was genau, meinten sie, sie müßten's erst durcharbeiten, heute könnten sie das nicht sagen. Sie würden Vorschläge machen.

Daraufhin seufzte Meisel, er könne keinen Probenbeginn festlegen, ehe nicht die Umarbeitung fertig sei. Auch er wisse nicht konkret zu sagen, was nicht stimme, nicht passe, falsch oder fad sei, und was ich wie umarbeiten solle. Das sei von nun an Sache der Dramaturgie.

Tommi versuchte zu vermitteln, indem er vorschlug, die Änderungen gemeinsam mit den Schauspielern auf den Proben zu machen. Da sähe man doch am besten, wo's hakte. Aber er kam damit nicht durch. Ich war deprimiert und unsicher, doch Tommi richtete mich auf. Er fand das Stück prima, alles werde sich einrenken, ich solle abwarten, was die Dramaturgen konkret daherbrachten.

Und? – Nix und. Sie brachten nichts daher. Sie hatten nie Zeit dafür. Ich mußte selbst aktiv werden. Hans

Baur, der den Brandner spielen sollte, lud mich nach der Lektüre zu sich zum Essen ein, um ausführlich zu debattieren. Er war vom Stück angetan, sagte »Des kann ein Gustostückl werden« und hatte nur ein paar konkrete kleine Umformulierungen in 1 und 3 vorzuschlagen. Gegen diese beiden, vornehmlich das Festbild Nummer 3 richtete sich stets die Hauptkritik. Baurs Einwände waren einsehbar. Mit denen konnte ich was anfangen. Sie griffen nicht in den Aufbau ein, sie waren nur Kosmetik am Behang. Ich hab sie dann auch gleich formuliert, um bei der nächsten Unterredung im Theater etwas vorzuweisen, das meinen guten Willen zeigte.

Keine Zeit

Da ich in diesen Tagen im Theater ohnehin die Wiederaufnahme der Thoma-Einakter zu proben hatte, war Gelegenheit zu einem zweiten Gespräch. Entweder mit den Dramaturgen allein oder mit Meisel allein, oder mit allen. Ich bat um einen Termin, aber Meisel ließ mir antworten, sie hätten jetzt gar keine Zeit.

Mich packte kalte Wut ob solcher Mißachtung. Schließlich war ich kein aufdringlicher Bittsteller. Ich hatte in Meisels Auftrag geschrieben und seine Zusage, das Stück aufzuführen. In einem moderaten Brief bat ich ihn, mich nicht einfach wegzuschieben, ich sei bereit zu Umarbeitungen, man müsse mir aber sagen, zu welchen. Ich würde sie umgehend erledigen. Seine einlenkende Antwort enthielt leider wieder nichts Konkretes. Ich solle auf die Dramaturgen warten, schrieb er, und als wir auf der Generalprobe der Einakter nebeneinandersaßen, versprach er, alles in meinem Sinne zu veranlassen. Die Thomastücke wurden wieder bejubelt und versprachen weiterhin ausverkaufte Häuser, aber sonst passierte nichts. Merz und Haas waren überlastet, stellten sich tot, und Meisel war nie erreichbar.

Nervositäten

Es war der Monat der Ölkrise. Deutschland erfand in stammestypischer Hysterie die »autofreien Sonntage«. Niemand durfte fahren (außer, ebenso typisch deutsch, viele mit Sondergenehmigung). Die Straßen waren ausgestorben, die Bürger saßen daheim, langweilten sich und sorgten für Nachwuchs. Ich schrieb eine Neufassung des 1. Bildes, die

ich dann gleich ins Theater schickte, damit sie was sehen und sich äußern können.

Sie äußerten sich nicht. Ein Vierteljahr verstrich ungenutzt. In den Weihnachtstagen rief Meisel an und fragte, ob ich im Januar 1974 »Geliebter Lügner« inszenieren wolle. Natürlich wollte ich und holte mir an Silvester das Buch ab. Über den Brandner kein Wort. Was war los?

Was los war?

Heute kann ich mir's zusammenreimen. Meisel wurde von allen Seiten angeschossen. Vornehmlich die einflußreiche Fachzeitschrift »Theater heute« hatte ihn im Visier. Sie machte ihn lächerlich, wo er nicht in ihrem Sinne »progressiv« agierte. Chefredakteur Rischbieter hatte soeben der Berliner »Schaubühne« und Regisseur Peter Stein die »absolute Spitzenstellung im deutschsprachigen Theater« eingeräumt. Und so begab es sich, daß jedermann nach diesem Gebot geschätzet wurde, als käme es vom Kaiser Augustus. Die Theaterwelt hatte ihre Richtschnur erhalten.

Spielte Meisel nun ein neues bayrisches Stück, war er der Häme schutzlos ausgeliefert. Außerdem galt er als Wiener den Bayern als inkompetent, weil das österreichische Volkstheater anders ist als das bayrische. Da wollte er wenigstens den Rückhalt, nicht er habe entschieden, sondern seine Dramaturgen hätten das Stück umgearbeitet und spielbar gemacht. Die seien verantwortlich, nicht er.

Dramaturgie

Ich habe in meinen Berufsjahrzehnten bei Theater, Funk und Fernsehen nur wenige Dramaturgen getroffen, die etwas vom Aufbau und der Gewichtung der Szenen, dem eigentlichen Sinn ihres Metiers, verstanden. Die meisten waren verhinderte Intendanten, Regisseure oder Schauspieler. Ich hielt wenig von diesem Berufsstand, weil ich selbst mal Dramaturg am Theater war, und wußte, was da zu tun ist und wie überflüssig – nun ja.

Klassische Antwort eines sächsischen Theaterdirektors, den ein Student der Theaterwissenschaft anflehte: »Ich wäre so gern Ihr Dramaturg.« Er antwortete: »Nur zu – mich stören Se nich.«

Neben den Wiederaufnahmeproben der Thoma-Ein-akter mit neuer Besetzung im Theater am Vormittag hatte ich in diesen Wochen ab Nachmittag bis meist in die tiefe Nacht den großen Spielfilm *Goldfüchse* für den Bayerischen Rundfunk zu drehen. In der Staatlichen Münze am Alten Hof und in Ambach, denn der dortige Gasthof Bierbichler am Dampfersteg hatte noch eine unrenoviert holzgetäfelte alte Gaststube im Stil von 1905. Dort servierte der Filmcrew, zusammen mit seiner Schwester Annamirl, der Sohn des Hauses, der bald als Schauspieler eine Riesenkarriere am Theater machte. Damals war er noch Schauspielschüler. Ein

Jahr später hab ich ihn als »Simmerl« für die Brandner-Uraufführung engagiert.

Als die Theaterreformer später seiner bajuwarischen Urgewalt verfielen, ließ ihn der Peymann am Wiener Burgtheater neben anderen klassischen Hauptrollen sogar den »Tell« spielen. Den von Schiller. In angebaiertem Hochdeutsch.

Doch so weit sind wir noch nicht. Erst mal hieß es für mich Abschied nehmen von dem Jahr, in dem der Brandner entstand, und von dem ich erhofft hatte, er werde auch aufgeführt.

1973 war ein politisch unruhiges Jahr (gibt's auch ruhige?). In Nahost verlor Israel im Jom-Kippur-Krieg alle seit 1967 besetzten Gebiete, woraufhin Araber im Siegestaumel Passagierflugzeuge entführten und sprengten und ganz Europa, auch Deutschland, mit Raketenangriffen drohten. Bundeskanzler Willy Brandt suchte auf Nahostreisen die Wogen zu glätten, was die OPEC mit Ölsperre und anschließender Preis-Verdopplung beantwortete. Daraufhin Baubeginn mehrerer Kernkraftwerke in der BRD.

Der Ostblock unter Breschnew verstärkte derweil wieder mal den Druck auf West-Berlin. Präsident Nixon erklärte den Waffenstillstand in Vietnam. Trotzdem fielen auf beiden Seiten noch weitere 50 000, und Nixon wurde daheim durch den Watergate-Skandal neutralisiert. China zündete eine Wasserstoffbombe, als die USA und Rußland ein Abkommen gegen Atomkrieg schlossen.

In Griechenland führten Studentenkrawalle zu einem neuen Militärputsch. In Argentinien riß General Perón die Macht an sich und ernannte Ehefrau Evita zur Vizepräsidentin. In der DDR starb Altkommunist Ulbricht, und Erich Honnecker wurde sein würdiger Nachfolger.

Bankraub und Geiselnahmen wurden Mode. Kriminalität und Rauschgiftkonsum stiegen sprunghaft an. Gewerkschaftsstreiks lähmten die Wirtschaft überall in Europa. Fluglotsen machten zwecks Erhöhung ihrer Bezüge »Dienst nach Vorschrift«, was zu enormen Verspätungen und Ausfällen führte. Erste große Umweltskandale wurden angeprangert, das Wort »Dioxin« wurde populär.
Die Technik bot erste tragbare Farbfernsehgeräte und erste Video-Recorder sowie Quadrophonie an. Umgeben von solchen Zuständen glitten wir ins 1974.

Abwarten

Im Januar 1974 durfte ich also im Cuvilliéstheater »Geliebter Lügner« inszenieren. Mit Elfriede Kuzmany und Hans Quest als Stella Campbell und George Bernard Shaw in ihrem für die Bühne bearbeiteten Brief-

wechsel. Eine schöne, ruhige Aufgabe. Zwei Vorleser an zwei Stehpulten, ein bissel freie Rede und gegenseitige Reaktionen, das ist Regie-Kammermusik. Der Abend gefiel dem Publikum dank der niveauvollen

Sprecher und der spritzigen Texte. Daß es kein übermäßiger Erfolg werden konnte, lag wohl daran, daß vor einiger Zeit die Stars Elisabeth Bergner und O. E. Hasse auf ihrer ausgedehnten Deutschland-Tournee im gleichen Hause gastiert hatten. Da interessierte vor allem die legendäre Bergner, die nach der Londoner Emigration erstmals wieder in Deutschland auftrat. Hasse, einst Star der Münchner »Kammerspiele«, war ohnedies ein Publikumsliebling dank seiner vielen Filme.

Da die drei Thoma-Einakter weiterhin gespielt wurden, konnte ich manchmal mit kindischem Stolz das Bewußtsein genießen, daß an einem Abend in beiden Häusern des Staatsschauspiels Inszenierungen von mir zu sehen waren. Ein Hochgefühl für einen Fernsehregisseur.

Nur – über den Brandner ein halbes Jahr lang: kein Wort.

Warum nicht? – Gegen Ende der Spielzeit, im Juni, wollte ich wissen, wie es weitergeht. Meisel hatte das Stück für 1974/75 nicht angekündigt. Wollte er es am Ende gar nicht aufführen? Er war doch so entzückt davon gewesen – und nun das? Was war da passiert?

Ich ahnte immer noch nichts von seinen Problemen mit Kritikern und der progressiven Branche. Als ich ihn mal en passant erwischte, sagte er ausweichend, Dramaturg Haas sei mit der Bearbeitung beauftragt, habe aber soviel anderes zu tun, daß er nicht dazu komme, ich solle mich gedulden. Dramaturg Merz sagte, er wisse nur, daß die Premiere im Januar oder April 1975 sein solle, »wenn die Bearbeitung gut wird«. Da konnte ich nur gegenfragen: »Was, bitte, ist in diesem Zusammenhang ›gut‹? Wer entscheidet das, und nach welchen Kriterien?« Da es keinen Zweifel gab, daß ich selber inszeniere, konnte es ja keine Regiebearbeitung durch einen Dritten sein.

Schließlich lauerte ich Haas förmlich auf und ließ ihn nicht los, ehe er nicht Konkretes sagte. Seine Einwände betrafen lediglich Details. Manche hätten nichts besser gemacht. Nur verkehrter. Die meisten galten ohnedies dem leidigen 3. Bild, das niemandem gefiel. Auch mir noch nicht. Dabei hatte ich es schon viermal neu geschrieben.

Wie sollten wir vorankommen? Ich überlegte: Zehn Monate waren seit der Fertigstellung vergangen. Da hatte ich Abstand genug, um selbst Fehler zu finden, Schwächen zu sehen und Längen auszumerzen. Ich würde das Ganze noch mal durcharbeiten. Mein Ergebnis konnte man dann mit den Vorschlägen der Dramaturgie vergleichen.

Dramaturgie – ist ja nicht, wie moderne Regiegenies damals manchen Mädchen einredeten, sich »aus dramaturgischen Gründen« nackert auszuziehen, sondern die Lehre vom wirkungsvollen Aufbau der Handlung, von der richtigen Verteilung der Spannungsbögen und Motive. Das klingt einfach, ist aber schwierig. Auch bei Theater, Film und Fernsehen sind Leute, die sie beherrschen, selten. Sie müssen nicht mal besonders originelle Autoren sein. Wenn der Aufbau ihrer Stoffe stimmt, können sie erfolgreich sein.

Ein Fachmann war mein Freund Kurt Nachmann, der unzählige Drehbücher geschrieben oder repariert hatte. Da ich möglicherweise, an Autorenblindheit leidend, Naheliegendes übersah, weil ich alles schon so oft im Hin und Her gewendet hatte, bat ich ihn um schonungslose Durchsicht. Er kritisierte exakt, vereinfachte einige Motive und Handlungsfäden, stellte ein paar informierende Dialoge um – es kann entscheidend sein, ob etwas früher oder erst später erklärt wird – und gab seinen Segen.

Ein zweites Urteil bekam ich vom berühmten Theaterkritiker, Satiriker und Essayisten Hans Weigel. Ihn störte nur die viele Jägerei. »Das brauch ich nicht, aber sonst«, meinte er, sei es originell und gewiß bühnenwirksam. Er gratulierte, und wollte das Stück in Wien unterbringen, was ihm jedoch nicht gelang. Bayerische Autoren haben's in Österreich nicht leicht.

Mit solch kompetenter Rückenstärkung konnte ich ans erneute Durchfieseln gehen, das hochkünstlerische Künstler heute »directors cut« oder »Fassung letzter Hand« nennen. (Natürlich nicht, wenn es »nur« ein bayrisches Stück betrifft.) Dabei fiel mir vieles auf und manches ein. Nicht nur die kleistelnde Zietenfassung in gehobenem Versmaß, auch Kürzungen und Verknappungen erfand ich. Es gibt eben nur selten einen Text, an dem der Autor selber nichts Verbessernswertes fände.

Zu Beginn der neuen Spielzeit lieferte ich eine saubere, neu bearbeitete Version im Theater ab. Und?

Wieder kein »und«. – Ich blieb vier Wochen ohne Reaktion. Hatte man gar nicht gelesen? Oder wollte man alles »ad Calendas Graecas« verschieben, auf den Sankt Nimmerleinstag? Ich kannte die Branche – es sah so aus.

Hans Baur lud abermals Dietrich Thoms und mich zur Besprechung bei Kaffee nach Hause ein. Er fand die neue Fassung »zu glatt«, hatte ein paar einleuchtende Änderungsvorschläge, war aber guter Dinge: »Das wird gespielt, und ich freu mich drauf.«

Als trainierter Pessemist sah ich schwarz, während der Rest-Optimist in mir weiterhin hoffte.

Eine höhere Macht – griff ein, anders läßt sich das nicht erklären. Ganz offensichtlich der Himmel selbst. Und zwar zugunsten Bayerns. Er wollte das Stück unbedingt jetzt, zum richtigen Zeitpunkt aufgeführt haben. Dazu bewirkte er folgendes:

Ein Gast-Regisseur aus der DDR bekam die »Konzeption« seiner Inszenierung und die hiesigen Schauspieler nicht in Einklang, drei Monate Proben waren ihm eh zu wenig, es gab Krach, und er reiste beleidigt

zurück in seinen real existierenden Sozialismus. Nun fehlte ein Stück fürs Abonnement, was für ein Theater äußerst unangenehm ist. Da rief mich Meisel zu sich: »Könnten Sie den Brandner denn jetzt gleich machen?«

Und ob ich konnte!

»Ich kann Ihnen aber nur acht Wochen Probenzeit geben.«

Na und? Als ich beim Theater anfing, waren drei Wochen die Norm. Nur für überlange und personenintensive Stücke brauchte man vier. Außerdem war ich vom Fernsehen an konzentriertes Arbeiten gewöhnt. Also los!

Nachträglich überlegt: Hätte das DDR-Genie seine Premiere herausgebracht und Meisel folglich nicht rasch ein Stück fürs Abonnement gebraucht – er hätte den Brandner mit hoher Wahrscheinlichkeit liegenlassen und statt dessen, wie er es bald nach dem Brandner tat, ein ausprobiertes, sicheres Ludwig-Thoma-Stück inszenieren lassen. Und zwar nicht von mir.

Hätte Jahre später eine andere Bühne den Brandner uraufgeführt, er wäre kaum ein solcher Erfolg geworden. Im Januar 1975 stimmte alles: das richtige Stück – zur richtigen Zeit – in richtiger Besetzung – am richtigen Theater. Anderenfalls verweste er vermutlich heute noch in meinem Schreibtisch, so wie meine anderen Stücke.

Alsdann – auf geht's!

Was die Besetzung betrifft, so hatte ich mir beim Schreiben bestimmte Schauspieler vorgestellt. Hans Baur als Brandner und Gustl Bayrhammer als Portner. Der intrigante Bürgermeister sollte Walter Sedlmayr sein. Der aber war fest engagiert an den Kammerspielen. Meisel konnte ihn infolge Übereinkunft der Inten-

danten nicht wegengagieren, auch wenn der Walter druben bloß kleine Rollen spielte. Außerdem begann soeben seine kometenhafte Fernsehkarriere. Da wollte er nach Lektüre des Senftl eh nicht kommen. Meisel sah daher einen Neuen aus seinem Ensemble vor. Den Toni Berger, den er soeben aus Berlin geholt hatte, wo er jahrelang an Barlogs Theatern tätig war. Ich hatte mit ihm schon die Neubesetzung der Thoma-Einakter geprobt und folglich nichts dagegen.

Für die »Theres« wünschte ich mir die wunderbare Eva Vaitl, aber die war unaustauschbar in anderen Stücken besetzt. Meisel sah Viktoria Naelin vor, eine Fränkin, die zwar nicht die Eigenart der Vaitl besaß, sich aber bis 1994 geschmackvoll bewährte.

Als ich sagte: »Der Erzengel ist natürlich Heino Hallhuber«, war Meisel entsetzt: »Dieser Dänzer? Das muß doch ein erster Schauspieler sein. Mit dem Hallhuber machen Sie sich doch die hübsche Rolle selber kaputt.«

Freilich – der Heino war international geschätzter Solotänzer an der Münchner Staatsoper gewesen.

Hallhuber verwandelt sich in einen Erzengel mit Flügeln aus vergoldeten Gänsefedern.

Ebendrum konnte er sich vollendet elegant bewegen und Posen einnehmen, wie man sie von barocken Engelsfiguren in Kirchen kennt. Ich wußte aber auch, daß er nicht nur engelschön aussehen, sondern auch ein prächtiges Bairisch sprechen konnte. Drum blieb ich hier stur. Zum Glück, denn Heino wurde eine der Säulen des Erfolges.

Für die drei jugendlichen Rollen konnte ich Yvonne Brosch und Henner Quest benennen, mit denen ich schon Fernsehen gemacht hatte: Simmerl wurde der Anfänger von den Kammerspielen Josef Bierbichler, dessen Dumpfheit ein guter Kontrast zu den hellen Figuren Marei und Flori war.

Wer wird wer? – Und wer ist der Boanlkramer? Paul Hörbiger hatte diese Figur im Film nachhaltig geprägt. Ich hatte als Regisseur mit ihm »Bauer als Millionär« im Fernsehen machen dürfen, und fragte drum bei ihm an. Er hatte aber so kurzfristig keine Zeit, und fand sich auch zu alt für ein längeres Theatergastspiel außerhalb Wiens.

Da sagte Hans Baur plötzlich: »Dann spiel ich eben den Boanlkramer!« Gut, aber wer wäre dann der Brandner? Rudolf Fernau las und hatte keine Lust, und Carl Wery war krank. In diesem Fach gab es damals nur wenige erste Darsteller, die für ein Staatstheater gewichtig genug waren. Baur resignierte und war wieder zum Brandner bereit. Man beschloß, der bisher noch wenig bekannte Toni Berger sollte sich, statt als Bürgermeister Senftl, als Boanlkramer versuchen. Gustl Bayrhammer, Tonis Freund und Kollege aus gemeinsamen Anfangsjahren, versicherte, er wäre gewiß ausgezeichnet. Und läge er wirklich nicht auf der Rolle, stelle sich das bald heraus. Dann müsse man eben weitersuchen.

Es kam zu einem Kompromiß. Baur und Berger sollten abwechselnd beide Rollen proben, dann wollte man entscheiden, oder sie vielleicht sogar abwechselnd den einen oder den anderen spielen lassen, wie das manchmal mit Faust und Mephisto geschieht.

Cici

Die Schauplätze hatte ich recht unbeküm-
mert um die Möglichkeit der Reali-
sierung gewählt und beschrieben:
Wald, Hütte, Fest im Gasthaus, Himmel, Himmelfahrt, Vorsaal des Paradieses. Über
den Stil hatte ich mir wenig Gedanken
gemacht, denn mir war eine der
geschmackvollsten und versiertesten
Bühnenbildnerinnen des Landes zugeteilt: Elisabeth Urbancic, Wienerin –
allseits liebe- und respektvoll »Tschit-
schi« genannt. Ich war darob sehr glücklich. Wir hatten schon mehrmals zusammengearbeitet, sie hatte mir vor zwei Jahren auch
die Ausstattung der Thoma-Einakter gemacht. Ich wußte,
sie findet die optimalen Lösungen.

1974 verachteten die Modernen schon seit zehn Jahren alle Dekors, denen
man ansah, wo und in welcher Zeit das Stück spielt. Alte Griechen liefen bei ihnen in langen Westernmänteln à la »Spiel mir das Lied vom Tod« herum, Fesches
war als bourgeois-»reaksionehr« verpönt. Frisuren folgten der privaten Zottelei
der Jugend. Unsauber und versträhnt war »in«. Und da kam ich
mit etwas so Altmodischem daher.

Cici ging den logischen Weg. Der Name Kobell führte sie
zu den Malern der Münchner Schule des vorigen Jahrhunderts, den drei Kobells, Scheuchzer, Dillis, Wagenbauer,
Grützner, Quaglio usw. Dort fand sie Vorlagen, Motive, Details und Anregungen. Und weil sie Kulissenbühnen

mochte, die ja auch ganz modern gestaltet sein können, kam sie auf jene Lösung, die ich bejubelte. Alles sollte sein wie um 1856: fein gemalte Hintergründe im Stil der Münchner Schule. Überdeckende Kulissen, Soffitten, drei Auftrittsgassen, wie einst auf den Theatern. Damit schuf sie die Atmosphäre von 1856 optisch ebenso verantwortungsvoll und perfekt, wie ich sie im Text auszudrücken mich bemüht hatte.

Ihr Hauptproblem waren die knappen acht Wochen bis zur Premiere. Dekorationen malen dauert, und in keinem Theater gibt es mehr so viele Dekorationsmaler wie einst. Sie lieferte zwar ehestens ihre Vorlagen ab, und alle beeilten sich. Trotzdem mußte noch die private Dekorationsfirma Ostermaier zugezogen werden, damit die sieben Bilder mit ihren jeweils drei Soffitten und sechs Gassen geschafft werden konnten. Es war aber nicht nur der Wettlauf mit der Zeit. Auf den Vorlagen im Maßstab 1 : 20 konnten auch nicht alle Details so genau vorgemalt sein, wie es dann auf der Vergrößerung, die eine Vergröberung war, erkennbar wurde. Laub, Gräser, Pflanzen, Säulendetails im Himmel usw. mußten im Großformat erst noch dazugemalt werden.

Daß die Cici mit ihrem berühmten Geschmack auch perfekte Kostüme im Stil der Tegernseer Trachten Mitte des vorigen Jahrhunderts schneidern ließ, versteht sich von selbst. Für den Himmel waren ihr die Figuren des Ignaz Günther und anderer Meister ideale Vorlagen. Einige davon hat sie genau nachschneidern lassen, wobei sich Detailfragen ergaben. Welche Farbe haben zum Beispiel die Engelsflügel? Gold? Weiß? Nein, irisierend, schimmernd wie Perlmutt erwies sich am überzeugendsten.

Mit all dem half sie meinem Bestreben, einen Legendenstoff heutig zu machen, ohne ihn aus der Zeit zu lösen, in der er spielt. Sie sagte: »Durch dieses Stück hab ich endlich mal die Details der Malerei in Barockkirchen genau studiert, und auch das technische Können der Maler der Münchner Schule bewundern gelernt. Erfahrungen, die ein Ausstatter sonst selten machen kann. Daß, zum Beispiel, Goldfarbe auf der Bühne schwarz wirken kann, wenn sie nicht aus dem richtigen Winkel schräg beleuchtet wird. Daß man den Goldeffekt besser erzielt, indem man Ocker mit weißen kleinen Lichtpunkten malt. Das sieht goldener aus als Gold. Dank solcher und vieler anderer praktischer Details hab ich davon für künftige Arbeiten profitiert.«

Hörner und Himmelsmusik – Ich hatte nicht geahnt, wie viele unterschiedliche Jagdsignale es gibt und daß jedes, wie ein akustisches Telegramm, Nachricht vom Jagdverlauf verbreitet. Sie klingen dem Uneingeweihten alle ähnlich, weil Jagdhörner nur vier Naturtöne haben. Damit kann man keine schmissigen Merk-Melodien spielen, sondern eben nur Signale.

Ich brauchte als turbulenten Stückbeginn ein Tohuwabohu. Auch akustisch, mit den echten Signalen: Hirsch tot – Verfolgen die Spur – Sammeln – zur Fürlege kommen – usw. Passionierte Jäger, deren es in Bayern viele gibt, sollten gleich zu Anfang eine Freud haben. Wir nahmen eine Menge Signale auf, mischten Gebell der Meute und Freiakustik dazu, und das gewünschte Durcheinander, die Jagdatmosphäre war da.

Zeitlebens der Musik verfallen (nicht Schlagern, Pop, Rock und Synthesizer-Surrogaten, sondern Musik), brauchte ich auch für dieses Stück viele die Stimmung unterstützende Klänge. Seit Berufsbeginn 1945 arbeite ich mit meinem Bruder Rolf zusammen, der, anders als mancher Fernseh-, Bühnen- und Filmkomponist sein Metier wirklich erlernt hat, so daß er, wie der Musikerscherz lautet, nach C-Dur zurückfindet, wenn man ihn in E-moll allein läßt. Daß er in allen Stilen firm ist, hat er in über 80 großen Filmmusiken (u.a. »08/15-Trilogie«, »Nibelungen«-Filme, »Dr. Faustus«, Bergmans »Schlangenei«) ebenso bewiesen wie in zahlreichen Fernsehserien. Ich war dem Hauskomponisten des Staatsschauspiels, Herrn Baumann, dankbar, daß er zugunsten meines Bruders zurücktrat.

Wenn der Brandner im 1. Bild vom Schuß gestreift auf die Bühne taumelt, brauchte ich schon einen musikalischen Akzent, der etwas Unwirkliches signalisiert. Im 2. Bild mußte der Boanlkramer auf Wink als Trost und Lockung eine ferne zarte Himmelsmusik erklingen lassen, die Widerspenstige spenstig zu machen imstande war.

Wichtig war als Leitmotiv fürs ganze Stück ein »Brandnerlied«. Die drei Schlußstrophen des Kobellgedichts »Bi zfrieden davontwegen« schienen mir seine Lebensphilosophie vollendet zu charakterisieren. Rolf komponierte es im Stil einfacher Volkslieder. Im 3. Bild feiert Albach Kaspars 75. Geburtstag mit diesem seinem Leiblied. Im 2. Bild singt er es verzweifelt dem Tod vor, um Lebenszeit zu erlangen. Er könnte das sogar mit grotesker Orchesterbegleitung tun, die skurrile »Himmelsmusik« (vom Tonband) ist dazu passend komponiert. Nur hat es bis heute kein Brandner gemacht, weil Einsatz und Tempo schwer zu finden sind.

Ein Gustostückl wurde die Übergangsmusik zum 4. Bild, vom Gewitter am Geburtstag hinauf in den Himmel. Rolf kontrapunktierte Händels »Halleluja« mit einem Landler und dem Bayrischen Defiliermarsch so dezent, daß nur Kenner es hören, während andere Freude an festlichen Himmelsklängen finden.

Im Jenseits unterstützt Musik die Auftritte und Abgänge der Personen. Beim Nahen des Preußen erklingt die »Locke« preußischer Militärkapellen, zu ebenfalls kontrapunktierten Preußenschlagern. (Wir nannten es »Marschkompott«.) All das hat sich als stimmungsfördernd und poetisch erwiesen.

Vom Himmelsbild an wird Musik bis zum Schluß immer wichtiger. Sie illustriert die Schrecken der Himmelfahrt, sänftigt die Vision der himmlischen Heimat und unterstreicht die Festlichkeit, wenn der Kaspar in den Himmel einziehen darf.

Rolf Wilhelm

Anmerkungen des Komponisten – Rolf erinnert sich der Arbeit vor einem Vierteljahrhundert: »Die ersten Überlegungen galten dem ›Brandner Lied‹, das sich als Hauptthema anbot. Eigentlich ist die gesamte Musik auf diesem Brandner-Thema aufgebaut.

Die Jagdhörner des 1. Bildes, die Gstanzl und die Danzlmusi des 3. waren selbstverständlich und kein Problem. Im Wirtshausbild hat sich die Verwendung einer Ziach (vulgo Ziehharmonika) auf der Bühne live gespielt, als die beste Lösung inzwischen an die 900mal bewährt.

Eine besondere Klangfarbe benötigte ich, um die unheimlichen, schattenhaften Auftritte des Boanlkramers im 1. und 2. Bild zu unterstützen. Auch die überirdische Musik, mit der er den ungläubigen Brandner von der Herrlichkeit himmlischen Lebens überzeugen will, verlangt einen gläsernen, irrealen Klang, den ich mit elektronischen Instrumenten realisieren konnte.

Nun aber: Der Himmel! Zunächst dachte ich, hier nur eine Orgel zu verwenden, fand aber bald die ›Königin der Instrumente‹ zwar unbedingt passend, jedoch allein verwendet zu kirchlich wirkend. Nun, Jagdhörner hatte ich ja bereits auf meiner Orchesterdisposition, warum nicht Bachtrompeten und Pauken dazunehmen, es handelt sich schließlich um einen bairischen Barockhimmel. Das bedingte als letzten Schritt noch ein Streichorchester dazu. Nun hatte ich ein wahrhaft prachtvolles Barockensemble, um den Himmelsbildern den nötigen Glanz zu geben.

Was einen geeigneten Aufnahmeort betraf, hatte ich Glück. Der ideale Konzertsaal, der Platz für Orchester und eine veritable Konzertorgel sowie eine fest installierte Tontechnik aufweist (von den stets ausgebuchten üblichen Konzertsälen abgesehen), der große Saal in der Hochschule für Musik in der Arcisstraße, war in den Semesterferien nicht belegt. Da ich Absolvent dieses Instituts gewesen bin, kannte mich sogar noch der Hausmeister und gewährte uns freundlich Einlaß. So konnte ich am 27. Dezember '74 mit den Münchner Philharmonikern die Musikaufnahmen durchführen.«

Soviel Musik – für ein Volksstück?« fragte Meisel schon bei der Vorbereitung. Ihm schienen meine Anforderungen übertrieben. Schließlich untersagte er sogar alles, was mit Musik zu tun hatte. Beginnend mit der Aufnahme der Untermalungs- und Übergangsmusiken durch die Tontechnik des Theaters. »Zu teuer. Das sind Extravaganzen, die ich nicht bezahlen kann.«

So mietete ich eben den Saal der Musikhochschule samt Orgel und 25 erstklassigen Musikern, meist Philharmoniker, auf meine Kosten. Wenn ich schon die Chance habe, ein eigenes Stück am Staatsschauspiel zu inszenieren, mach ich's so, wie ich es mir vorstelle. Für Band und Musik sagte mir das Theater eine kleine Leihgebühr zu. Amortisieren wird sich das nicht,

dachte ich, egal, das Wichtigste ist, daß die Sache stimmt.

Inzwischen hat sich die Ausgabe sogar gelohnt. Das Tonband wird mit der Aufführungsgenehmigung sämtlichen Theatern komplett samt den Originalgeräuschen auf MC oder CD geliefert. Das hilft den Bühnen, die gewünschte Atmosphäre zu erzeugen.

Kümmerliches Fest? – Damit begann aber erst das Dilemma, das im Festbild kulminierte. Echte, klassische Volksmusik, von Saiteninstrumenten und als Zwei-, Drei- oder Viergesang vorgetragen, ist nobel, leise und würdig. Genau das wollte ich zu Brandners Geburtstagsfeier haben. Mit wirklichen Volkssängerinnen, weil ausgebildete Stimmen anders, sozusagen uncharakteristisch klingen.

Ebenso war für die klassischen Volks-, Reigen- und Figurentänze auf dem Fest eine echte Volkstanzgruppe. Es mußte ein leises altbairisches Festbild sein, das nichts von Ruhpolding, Watschentanz und Krachleder hatte – aber mach das einem Großstadt-Wiener begreiflich, der, an Heurigenseligkeit gewöhnt, bairische Feste grob findet, und beim Wort »Volks …« das Freiselfieber bekommt.

Mir gelang es nicht. Einem jungen Regiestar hätte jeder Intendant widerspruchslos auch Raumanzüge mit Barockmusik oder Jazzbands auf der Bühne bewilligt. Einem bairischen Autor und älteren Fernsehregisseur erklärte Meisel kläglich: »Wenn ich Folklore auf meiner Bühne zulasse, muß ich meinen Hut nehmen und gehen.«

Warum? Meisel war ein wirklicher Theatermann und vorbildlicher Intendant. Wieso fehlte ihm ausgerechnet dafür das Gespür? Es wäre doch das Gegenteil von gscheert geworden …

Heute erkläre ich mir das mit der Hetze gegen ihn als Theaterleiter: »Nun bringt er noch ein Volksstück mit Volkstanz von einem Nicht-Klassiker in Landessprache? Das ist doch das Letzte!« Meine Vermutung gründet sich unter anderem auf die wütend »progressive« Kritik in der »Süddeutschen Zeitung« und andere Hetzartikel gegen ihn nach der Uraufführung. Vielleicht hatte er noch andere Gründe. Die aber kennt niemand. Er hat niemandem seine Aversion erklärt.

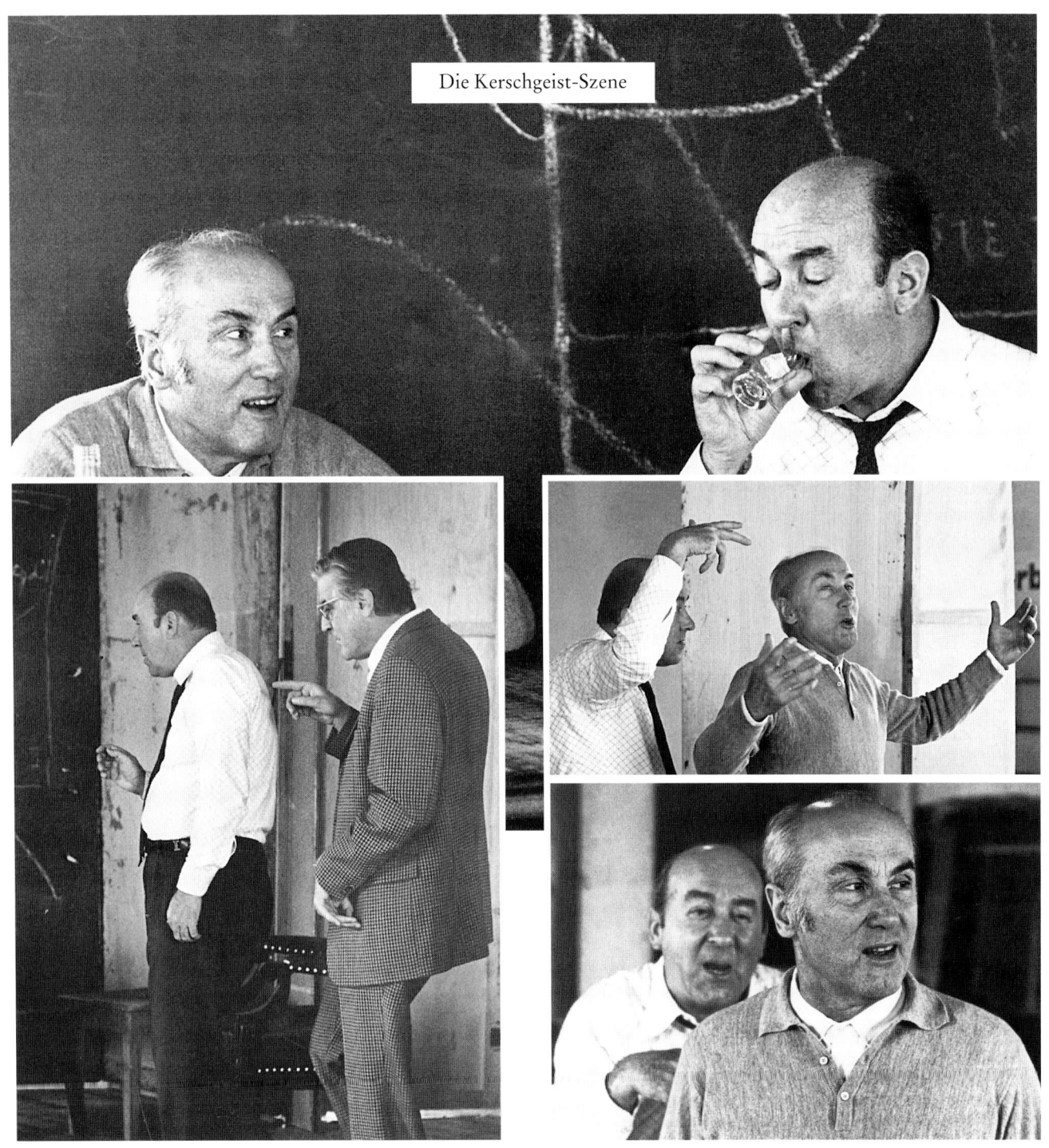

Die Kerschgeist-Szene

Probe mit Baur und Berger. Der Autor/Regisseur Kurt Wilhelm probiert mit dem Boanlkramer die krumme, gichtige Haltung aus.

Uraufführung

Schöne Proben – Wir begannen Ende Oktober mit den Duoszenen Brandner/Boanlkramer. Baur probte mit Feuereifer, hektisch und heftig sowohl den Brandner als auch den Boanlkramer. Berger interpretierte gelassener und abwartender. In einer Separatprobe mit ihm hatte ich besprochen, vorgeschlagen und intern ausprobiert, wie er vermeiden könne, Paul Hörbiger zu imitieren. Mit anderem Tonfall und anderem Auftreten trotzdem das zu spielen, was Hörbiger verkörpert hatte: den gedemütigten himmlischen Knecht.

In der ersten Szene erwies sich das als logisch und leicht. Er trat souverän, erhaben und sanft-bedrohlich als würdevoller Gevatter Tod in die Stube, und antwortete routiniert auf alle Einreden, die er schon abermillionenmal so hat hören müssen.

Erst als der Brandner ihm den Schnaps einschenkt, ändern sich sein Betragen und sein Ton. Das Angebot überrascht ihn angenehm, das Ablehnen fällt ihm schwer. Später, im Himmel, gesteht er sein Dilemma. Da er den Schuß, der den Alten töten sollte, fehlgelenkt hatte, mußte er versuchen, den Brandner zum freiwilligen Mitgehen zu überreden. Mit diesem Gefälle »erhaben bis skurril« legten wir die Szene an, und Tonis vielfarbige, tenorale Stimme umriß sogleich bis hinauf zum Falsett gültig die bizarre Figur. Wechselnd zwischen erhabener Würde und kläglicher Erbärmlichkeit.

Baur spürte, daß der Brandner zwar die Titelrolle ist, aber der Boanlkramer die wirkungsvollere. Er war fair genug einzusehen, daß dem Toni das Skurrile besser lag als ihm selbst, und entschied sich nach ein paar Tagen für den Brandner. Allerdings begann sich seine euphorisch-kooperative Laune zu trüben. Wäre ich feinfühlig, hätte ich das Kommende ahnen können.

Neun Tage befaßten wir uns ausschließlich mit den Duoszenen und kamen zu guten Ergebnissen. Als dann Bild 1 drankam, ging's schon ein wenig los. Kleine Änderungen, kleine Striche, kleine Umstellungen – teils positiv für die Wirkung, teils meine Intention abschwächend. Wie es halt auf Proben zu sein pflegt, wenn die Schauspieler sich den Text »mundgerecht« machen.

Das Ensemble war kooperativ. Da das Staatsschauspiel nur wenige Bayern im festen Vertrag hatte, waren die meisten per Stückvertrag dazuengagiert. So neben den drei Jungen Yvonne Brosch, Henner Quest und Joseph Bierbichler, als Senftl Joseph Saxinger, den ich von einer früheren Inszenierung kannte und schätzte. Von den Himmlischen war nur Gerd Anthoff ein festes Mitglied des Hauses.

Soweit ging alles einigermaßen glatt. Doch nun tauchte es wieder auf, mein:

Sorgenkind 3. Bild – Es war zum Verzweifeln. Nicht nur, daß es schon das am schwersten zu schreibende war, Meisels Musikverbot hatte auch noch den Charakter des Ganzen verändert. Es wirkte dramaturgisch konstruiert und zu lang, auch wenn es das nach Minuten gar nicht war. Mußte ich wirklich auf das so wesentliche belebende Element verzichten: das Musikalische? Zu schlechter Letzt hatte Meisel nicht nur Volksmusik und Tanz verboten, sondern auch noch das dramatische Element: die Gstanzl, das Aussingen, jenen bayrischen Brauch, unliebsame Personen öffentlich zu derblecken. Die durften nicht gesungen, sie mußten gesprochen werden, wodurch alles nicht nur gröber wurde, sondern auch wirkungsloser.

Als einzige Konzession gestattete er das Brandnerlied, von einer Ziehharmonika begleitet, die unsichtbar hinter den Kulissen bleiben mußte. Volksmusikanten kriegte ich keine, singen mußte die Komparserie. Es klang wie Gemeindegesang in der Kirche, schleppend und larmoyant. Schlimmer mit jeder Vorstellung, weil meist Komparsen dazukamen, die keine Proben mitgemacht hatten, sondern nur oberflächlich instruiert waren.

Von der ersten Probe an wurde geändert, gestrichen, umgestellt und Neues hinzuerfunden. Ich saß beinahe täglich, vor allem aber vier Sonntage lang an der Maschine, schrieb und stellte um und suchte zu retten. Es gelang mir nie zu Dank. Dramaturg Haas schaltete sich ein und verfaßte Neues. Vergebens. Er war der Sache zu fern, es konnte nicht passen und nichts verbessern. Die Darsteller spürten, daß nichts ankommt, und begannen eigene Texte, Zusatzpointen und Erklärungen einzufügen, was alles nur noch ärger und lahmer machte. Schuld war natürlich – wer wohl? Das Bild tauge eben nichts, hieß es. Auch als ich's mit ihnen später in der Fernsehaufzeichnung im Studio richtig mit Musik, Volkstanz und Originaltext inszenierte, wurde ihnen immer noch nicht klar, woran es lag. Daß nämlich der wohlkalkulierte Aufbau verwässert und durch das Musikverbot ruiniert war.

Der elende Behelf wurde dann 18 Jahre lang gespielt. X-mal sagten Zuschauer »Was ist bloß mit diesem Geburtstagsbild los? Das ist ein langweiliges Durcheinander – wenn danach nicht die schöne Himmelsszene käme …«

Ich will später erklären, warum ich das am Staatsschauspiel nicht reparieren konnte, obwohl ich das Richtige inzwischen bei Inszenierungen an anderen Bühnen ausprobiert hatte, wo niemand fragte, was das solle. Na – seit 1994 ist es ja auch in München in Ordnung.

Schlimme Proben – Inzwischen war die Freude am Stück und damit die Stimmung von Tag zu Tag gesunken. Nun passierte etwas von mir ganz Unvorhergesehenes.

Ich kann nicht sagen, wer ärger ist: Intendanten, die selbst inszenieren, oder Intendanten, die nicht inszenieren. Meisel war entsetzt, als er die Proben sah. Das war nicht neu, das war er meist, wenn er nicht selbst Regie führte. Diesmal kam er ausgerechnet zu dem unglücklichen 3. Bild und griff sofort ein.

»Ihr müßt viel intensiver und komödiantischer sein. Grimmiger! Ihr seid so lahm – ihr müßt euch hassen.«

Rolf Wilhelm hält Gesangsprobe mit Victoria Naelin und Komparserie.

Freilich, als Wiener maß er ein »Volksstück« an Johann Nestroys grimmigem Humor. Der ist ja auch herrlich – bei Nestroy. In Kobells und – in gehörigem Abstand – meinem Stil war alles gelassener, weniger intellektuell, ruhiger, weniger elegant und intrigant.

Ich hörte seinen Einreden eine Weile verblüfft und stumm zu und dachte nur: Wenn er nicht bald aufhört, künstlich hochzuheizen, was gemäßigt sein muß, dann schrei ich! Da stand er plötzlich auf und verließ wie ein Betrogener, Bestohlener, Verzweifelter, den Raum.

Die Schauspieler hatten, wie Schauspieler damals waren, stumm zugehört. Heute sind sie gegen Regisseure und Intendanten aufmüpfiger, wenn auch nicht notwendig kompetenter. Ich probte weiter und suchte jenen Komödienton zu halten, der in diesem Stück herrschen muß. Hatten die Darsteller bisher so einigermaßen getan, was ich vorschlug, und hatte ich übernommen, was mir von ihren Vorschlägen richtig schien (Regie ist ja nicht Dressur, sondern ein Miteinander), so verloren sie nun die Lust am Ausprobieren und Spielen und wurden unsicher. Ich war vor ihnen diskreditiert.

In den letzten Probenwochen lief alles aus dem Ruder. Die Schauspieler machten Sachen, bei denen ich mich fragte: Was haben sie sich da bloß seit der gestrigen Probe ausgedacht? Unmögliches hab ich gleich wieder korrigiert, manches war auch gut und wirkungsvoll. Sie machten es dann einigermaßen so, wie ich es sagte. Jedoch leer, zögernd, unlustig.

Ich war ahnungslos wie der Depp Parsifal, weil ich so was in meinen damals 35 Berufsjahren noch nicht erlebt und darum nicht für möglich gehalten hatte. Meisel hatte nachmittags und abends Geheimproben abgehalten, von denen ich nichts erfahren sollte. Daher spielten sie auf meinen Proben noch so ungefähr meine Version, kamen aber manchmal in die Meiselschen Änderungen hinein, die ich dann wieder korrigierte. Es war unwürdig. Die Atmosphäre war vergiftet. Kaum jemand hörte mehr auf mich. Dazu kam noch etwas, von dem ich nichts wußte.

Gotteslästerung – Mit Hans Baur mußte ich schon seit Wochen Auseinandersetzungen durchstehen.

Nicht um Regie oder Interpretation, sondern um Philosophie und Religion – und um Nebensätze.

Daß Brandner in seiner Trauer um Mareis Tod sagen soll: *Die Uhr dappt weiter, und a jede Stund bringt di weiter weg von dera Todesstund,* brachte ihn auf: »Das klingt ja grad so, als könne die Zeit heilen. Die Zeit heilt nichts, nichts!!!« schrie er.

Nun ja, das war halt seine Ansicht. Dagegen stand zwar die Erfahrung von Millionen Menschen, aber wenn er meinte? Ich versuchte ihm klarzumachen, daß die Sätze *Aber die Schinderei werd net gringer. So a Trauer is a Hilflosigkeit, aus der's koan Ausweg net gibt* fast eine Bestätigung seines Einspruchs bedeuteten. Da ging er wieder hoch: »Trauer ist keine Hilflosigkeit!« – »Sondern?« – »Jedenfalls keine Hilflosigkeit – Sie plappern Phrasen nach, Sie haben nichts durchdacht – und keine Ahnung von Philosophie und Religion – das ist alles nur Wischiwaschigeschwätz! – Umformulieren hilft da nichts.«

Ich wußte, daß er vor Jahren nach irgendeiner Nervenkrankheit aufbrausend, unnachgiebig, schwierig und mimosenhaft geworden war und wollte aus dieser Mücke keinen Elefanten werden lassen, aber er blieb grimmig und redete kaum mehr mit mir.

Ganz arg wurde es, als wir den Schluß des Stückes probten, wo dem Brandner von der Heiligen Trinität vergeben wird, weil sie so lachen mußten über den Kerschgeist – *d' Maria lacht no'* – Da rollte er kochend vor Empörung die Augen wie ein Stummfilmdarsteller, und knirschte mit den Zähnen vor Wut.

Kurz darauf saß in einer Probe ein geistlicher Herr in einer rückwärtigen Reihe und hörte sich geduldig das ganze Stück an. Ich fand daran nichts Besonderes, es waren ja öfter Zuhörer da, warum nicht auch einmal ein hoher Geistlicher. Daß der Text kirchlich unbedenklich sei, hatte ja der Pfarrer von Wolfratshausen befunden.

Erst nach der Premiere erfuhr ich, daß Baur sich zunächst mehrmals bei Meisel über Blasphemie, besonders über *d' Maria lacht no* beschwert hatte. Als der das Stück nicht augenblicklich absetzte, zeigte Baur mich beim Erzbischöflichen Ordinariat an. Wegen des Straftatbestandes »Gotteslästerung«.

Man schickte einen Herrn zum Augenschein. Der soll berichtet haben: »Lustig, durchaus in unserem Sinne, sogar eine schlichte Veranschaulichung katholischer Jenseitsverheißung.« Baurs Anzeige wurde somit nicht zur Strafanzeige bei Gericht.

Immer noch trabte Parsifal ahnungslos, bedrückt vom Verfall der guten Laune im Ensemble auf die Proben, umknirscht von Baurs ohnmächtiger Wut, schlimmen Gerüchten, wachsendem Mißtrauen, übler Nachrede und Meisels steigendem Entsetzen über einen Inszenierungsstil, den er, gelinde gesagt, verfehlt fand.

Endspurt – Zehn Tage vor Weihnachten war Baur vier Tage lang krank. Das 3. Bild war noch nicht mal fertiggestellt. Wir traten auf der Stelle, weil in diesen Tagen auch Gustl Bayrhammer, der ja nur in zwei Bildern dran war, Verpflichtungen außerhalb Münchens hatte und darum nicht bei uns proben konnte. Die Premiere, für Silvester geplant, wurde vorsorglich in den Januar verschoben.

Und nun kam es hageldick. Als Baur wiederkam, bekam er beim Proben der überarbeiteten Szenen im 3. Bild einen derartigen Wutanfall, daß er davonstürmte und die Probe abgebrochen werden mußte.

Regie an Simmerl: »Wie legst du ihn an?«

Das Basl Theres (Viktoria Naelin) gibt dem Brandner ungern die Hand, weil er doch ein Teufelsbruder sein soll.

Statt dessen die Himmelsbilder zu probieren war unmöglich, denn nun war Ludwig Schmid-Wildy krank. Und zwar wirklich.

Dabei muß der Regisseur so kurz vor der Premiere mit dem Darstellerischen fertig sein. Er muß sich den Umbauten, Licht, Requisiten, Kostümen, Perücken, Masken und Tonzuspielungen widmen. Ich hatte also eigentlich andere Sorgen als die Nervenkrisen meines Umfelds. Die nagelneue moderne computergesteuerte Beleuchtungsanlage, die man in der Sommerpause eingebaut hatte, war so modern, daß die Theaterleute sie, wie das mit der Computerei so ist, noch nicht im Griff hatten. Das hemmte. Hatten wir ein Bild schön stimmungsvoll eingeleuchtet und abgespeichert, kamen bei der Wiederholung ganz andere Werte zum Vorschein, manchmal sogar Einstellungen für eine andere Inszenierung. Tippte jemand aus Versehen auf den falschen Knopf oder legte unachtsam so etwas wie sein Textbuch auf die Tastatur, war mit einem Schlag alles weg, man sah die Nullstimmung vor der Einleuchtung und mußte wieder von vorn beginnen. Meist waren Ingenieure der Lieferfirma anwesend und suchten die häufigsten Fehlerquellen zu eliminieren.

Frohe Weihnachten – Am 19. Dezember erschien, grimmig genug, Hauptdarsteller Baur wieder. Am 20. mußte das ganze Stück auf der Bühne mit Licht, Dekors und Kostümen erstmals durchlaufen, um zu kontrollieren, was noch fehlte. Es fehlte viel. Meisel explodierte wieder und erklärte, ab sofort übernehme er die Proben, er sei als Intendant verantwortlich, ich dürfe bloß dabeisitzen. Entzückend.
Was tut man als Autor-Regisseur in so einem Fall, umzingelt von Gegnern? Hilfreich wäre gewesen, hätte er mit seiner Autorität die Bühnentechnik in Schwung gebracht. Die lahmte vornehmlich ob der »gewerkschaftlichen Errungenschaft« namens »Schichtbetrieb«. Was bedeutet, daß bei Proben und Aufführungen jeweils Arbeiter da sein können, die gar nicht mitgeprobt haben und daher nichts von Neuerungen und Änderungen wissen können. Ein heute allgemeines Theaterleiden.

Meisel begann aber am Samstag, dem 21. wieder nur mit Hochheizen und Bösermachen der Darstellung. Da ich neben ihm saß und dauernd Einspruch erhob, kam es zu wienerischen Gefühlsausbrüchen, die niemandem nutzten. Mitunter mußte die Cici oder ihre sanfte Assistentin Cornelia von Seidlein Botschaften hin- und hertragen. Wir trennten uns unentschieden.

Am Montag, dem 23., konnte ich endlich auf der Bühne den Schluß des Stückes stellen und proben. Meisel suchte derweil auf der Probebühne die Bilder 1 und 3 so zu gestalten, wie er es meinte.

In o du fröhlicher, o du seliger, kerzenumglänzter Weihnachtsstimmung trennten wir uns, um jenes Fest zu feiern, das Friede auf Erden und den Menschen ein Wohlgefallen verheißt.

Himmlischer Bart – Oje – das liest sich jetzt leider so, als sei alles negativ gewesen. Das war's naturgemäß nicht. Es gab auch schöne Stunden und fröhliche Episoden, wie etwa die folgende: Erzengel Heino Hallhuber trug auf den Proben noch einen schicken Kinnbart. Zwei Wochen vor der Premiere rasierte er ihn ab.

Meisel war entsetzt: »Wo ist der schöne Bart hin?«
Heino erklärte: »Mei – alle ham g'sagt, es gibt keine
Erzengel mit Bart.«

Meisel spontan: »An meinem Theater schon!«

Es blieb bei ohne Bart. Die Dreitage-Bartmode gab's
noch nicht. Dreitage-Bärte hießen einfach: Der ist un-
rasiert, der schaut verkommen aus, der muß sich wieder mal …

Zielgerade – Von Weihnachten besänftigt wollten alle
weiteren Streit vermeiden und gingen mit den Mienen
Betrogener seufzend Kompromisse ein – auch ich. Man
versuchte, noch das Beste herauszuholen.

Auf der allerletzten Probe vor der Generalprobe
wurde nicht unterbrochen. Es lief sogar recht ordentlich, wenn es lief, und nicht irgendwas Technisches
klemmte. Ich konnte mir endlich ungefähr vorstellen,
wie es wirken könnte. Zufrieden konnte ich nicht sein.
Das kann kein Regisseur in der Endphase, weil stets
nur ein Teil dessen erreicht wird, was ihm vorschwebte.

Wenn ich mich daran erinnere, fällt mir stets Mozarts
200. Geburtstag im Januar 1956 ein. Da inszenierte ich
im Fernsehen die »Entführung«. Vor der abendlichen
Live-Original-Direktsendung holte mich nach der Generalprobe am Vormittag mein Fernsehdirektor in sein
Büro, schloß die Tür, und eröffnete mir, das sei so grau-
enhaft, so überhaupt nicht gestaltet und so total unmöglich, daß er die Sendung am Abend absagen würde,
wenn nicht halb Europa per Eurovision dranhinge.
Darum könne er mir leider die Blamage nicht ersparen.

Abends kamen bereits nach dem 1. Akt die ersten
Glückwunschtelegramme aus dem In- und Ausland.
Die Telefonzentrale mußte bis ein Uhr nachts begeisterte Anrufe und immer wieder Telegramme aus halb
Europa entgegennehmen, die Kritiker waren freudig
überrascht, und Zuseher schrieben lange Briefe. Es
war der erste wirklich große Erfolg des Bayerischen
Fernsehens. Der Fernsehdirektor hat mir das nie verziehen.

Generalprobe – Normalerweise sitzen da viele Neu-
gierige im Parkett. Diesmal waren es nur wenige. Anscheinend gab's eine Mundpropaganda: »Schaut euch
bloß den Schmarrn nicht an.«

68

Kurt Wilhelm

Der Brandner Kaspar und Das ewig' Leben

Komödie nach einer Erzählung, Motiven und Gedichten
von Franz v. Kobell

Inszenierung: Kurt Wilhelm

Bühnenbild und Kostüme: Elisabeth Urbancic

Musik: Rolf Wilhelm

ab 12.2.1975 STRASSNER
bis 24.1.1975

Brandner Kaspar	Hans Baur
Marei, seine Enkelin	Yvonne Brosch
Florian, Knecht	Henner Quest
Simmerl, herzoglicher Jäger	Joseph Bierbichler
Alois Senftl, Bürgermeister	Joseph Saxinger
Therese, Wirtin	Viktoria Naelin
1. Bauernbursch	Georg Luibl
2. Bauernbursch	Konrad v. Beust
3. Bauernbursch	Hubert Gertzen
Herzoglicher Hornist	Manuel Mosbacher
Gendarm	Hubert Gertzen
Musikant	Georg Schwenk

Der Boandlkramer	Toni Berger
Der heilige Portner	Gustl Bayrhammer
Nantwein	Gerd Anthoff
Turmair	Ludwig Schmid-Wildy
Michael, Erzengel	Heino Hallhuber
Afra	Ruth Markus
Der alte Senftl	Joseph Saxinger
Hans-Joachim von Zieten	Hans-Jürgen Diedrich

Regieassistenz und Abendregie: Manuel Mosbacher
Inspektion: Hansgeorg Eder
Souffleuse: Heidi Scherer

Kostümgestaltung: John Fricke
Maskenbildner: Jost Lefin
Technische Einrichtung und Leitung: Wolf Wallo von Wallpach
Bühnentechnik: Konrad Mühlthaler
Beleuchtung: Frithjof Elbertzhagen
Ton: Rüdiger Neumann
Requisiten: Ferdinand Mühldorfer
Malarbeiten: Alfons Ostermaier, Heinrich Schwarzmeier
Anfertigung der Dekoration in den eigenen Werkstätten

Bühnenrechte: Kurt Wilhelm

Zwei meiner verehrten Freunde waren da. Marliese Ludwig, die berühmte Schauspiellehrerin vieler Prominenter, wie Juhnke, Buchholz, Koczian, eine springlebendige witzsprühende Lady von damals 90 (!) Jahren, und ihr Ehemann Oskar Heinz Wuttig, Autor zahlloser Filme und erfolgreichster Fernsehserien, wie »Alle meine Tiere« »Salto Mortale«, »MS Franziska«, »3 Damen vom Grill« u.a. Zwei Fachleute also, zwei Berliner. Sie konnten nicht zur Premiere bleiben, wollten aber sehen, was ich ermurkst hatte.

Ich hielt, was sie nachher sagten, für Freundestrost: »Originell, vielfarbig, anrührend, spannend, gescheit – wird todsicher ein Riesenerfolg.« Ich wagte nicht, dieses Verdikt den Kollegen zu übermitteln, weil ich dachte, vielleicht hat die altbairische Welt für Berliner den Reiz des Exotischen, und sie haben wenig vom Dialog verstanden. Wie sehr ich irrte, sollte sich ehestens herausstellen. Beide waren im Gegenteil die wahren Propheten.

Premiere – Am 5. Januar 1975 war ich in jeder Hinsicht fertig. Und unsicher. War am Ende doch alles falsch, uninteressant, provinziell und hielt Vergleiche mit Lutz und Fentsch nicht aus, die gewiß angestellt würden? Die Münchener Zeitungen hatten freundliche Vorberichte gebracht. War man doch neugierig, wie das würde?

Ich war nervös, schlief schon seit Wochen schlecht und träumte von Pannen und Problemen. Seit der Generalprobe glaubte ich zu wissen: Das wird matt und lau, und günstigstenfalls freundlich und nachsichtig aufgenommen, weil 's so bairisch und hübsch bunt war. Mehr erhoffte ich mir nicht. Vielleicht sollte ich heute gar nicht ins Theater gehen. Die können mich eh nicht mehr sehen, und wären gewiß froh, wenn ich weit weg wäre. Da könnten sie so spielen, wie sie und Meisel es für richtig hielten.

Nein, nicht hinzugehen wäre »wie a Schuldei'-gständnis«, eine Kapitulation. Kommt nicht in Frage, ich muß da durch.

Ich ging sogar frühzeitig hin, sah Meisel auf der Bühne noch einmal die raschen Umbauten proben, machte meine Toi-toi-toi-Runde durch die Garderoben und schaute draußen im Foyer nach der Familie und wer von meinen Bekannten gekommen war. Dort war die Stimmung winterlich gut, man freute sich auf was Neues, Bayrisches, wenn man sich auch nicht viel davon versprach. Dann ging es los.

Wie es lief, hab ich zu Anfang dieses Buches bereits geschildert. Nach dem großen Schlußjubel war mit einem Schlag alles ganz anders. Alle waren wie erlöst, daß sie das Stück gerettet hatten. Einige bezogen auch mich in die allgemeine Freude ein. Nur für Meisel und Baur blieb ich Luft. Zur obligaten Premierenfeier zogen unterschiedliche Gruppen in verschiedene Lokale.

Bühnenmodell von E. Urbancic

69

Presseecho – Das Publikum der zweiten Vorstellung am nächsten Tag war nicht ganz so lachlustig, doch stand der Schlußjubel dem gestrigen nicht nach. Anschließend war man sehr gespannt, weil nun, wie man's aus amerikanischen Filmen kennt, die Kritiken kamen. In Amerika kommen sie zwar schon am Premierenabend, also wenige Stunden nach Schluß der Vorstellung. Bei uns erschienen sie mit 24 Stunden Verzögerung. Die Interessierten eilten gleich nach der Vorstellung ins Hotel »Vier Jahreszeiten« hinüber, wo die nächtlichen Zeitungsausträger meist zuerst hinkamen. Wir lasen dort erstaunt die »Süddeutsche Zeitung«, die »Abendzeitung«, die »Tageszeitung« und den »Münchner Merkur«.

War unser Stück denn wirklich so vielschichtig, daß derart divergierende, erregte Urteile darüber gefällt werden konnten? Ich glaubte damals noch immer, gute Kritiken würden den Besuch fördern und schlechte das Publikum abhalten. Welch ein Irrtum das war, lehrte mich das Brandner-Beispiel. Ganz egal ob verrissen oder gelobt, das Publikum kommt oder bleibt weg, nach ureigenen Gesetzen, die niemand zu durchschauen oder vorherzusagen vermag. Wie oft wird bei Premieren gejubelt, und auch die Kritiken sind ausgezeichnet, und dann bleibt die Bude leer, niemanden interessiert fürder das Weltereignis.

Hier geschah Gegenteiliges. Die meisten Kritiken waren vernichtend. Besonders die in der »SZ«, geschrieben von einem radikalen 68er, einem typischen jungen Kunst-Veredler, Michael Skasa, dem Sohn des gebildeten, feinsinnigen Feuilletonisten Eugen Skasa-Weiß.

Wo das Wildbret rauscht

Vor zehn Wochen erst versprach Kurt Meisel den deutschen Autoren sofort alle Chancen an seinem Theater – und schon haben wir eine Uraufführung im Bayerischen Staatsschauspiel! Ein echtes Auftragsstück für unsere schöne bayerische Gebirgsheimat: Kurt Wilhelm dramatisierte und inszenierte den »Brandner Kaspar«; und damit wird nun endlich einem Genre zum Durchbruch verholfen, das vom Kultusministerium und seinen Bürgern tief im Herzen (und seit je) am meisten geliebt wird: das oberbayerische Wildbretstück, das

Stutzendrama, die hirschlederne Operette – je länger abgehangen, desto besser mundend.

Meisel/Wilhelm haben ja recht, man kann nicht immer Ludwig Thoma inszenieren; da andererseits die Zwischenräume zwischen Thoma, Nestroy, Raimund und Schnitzler gefüllt werden müssen, Kroetz und andere aber bisweilen furchtbar unliebenswürdig sein können, die Dramaturgie aus irgendwelchen Eigenbearbeitungen eh keinen Lustgewinn filtern mag und die dortigen Kulturverwalter für Entdeckungsreisen ins unbekannte Land der dramatischen Möglichkeiten ebensowenig zu begeistern sind wie für Streifzüge ins unbekannte Bayern, was kann da schöner sein, als eine alte Schnurre wieder einmal nachzuerzählen und plattzuwalzen; denn zugegeben, das 100jährige Original von Kobell ist auch 100mal frischer, humorkräftiger, humorvoller als der aufgeblähte Schmarrn von Wilhelm, dafür aber erreicht diese Neudichtung in ihren reifsten Momenten Gipfelpunkte bajuwarischen Witzes aus der frühen Nachkriegszeit:

Dankbar gedenken wir der feinsinnigen Sketche mit Bayern und Preußen (hier: Hans Jürgen Diedrich), wir erinnern an die treffliche Komik besoffener Bayernschädel (»Hick« macht Hans Baur als Kaspar und »Hick« der Boandlkramer Toni Berger), wir stehen nicht an, dem Residenztheater zu bestätigen, daß es in einigen Momenten schon fast die Höhe des »Komödienstadels« erreicht, diese aber nicht halten kann, sondern allzu hastig Zuflucht sucht in Arrangements der ausklingenden Silberwaldepoche.

Das ist ausgesprochen schade, weil eine solche Erinnerung leider irgendwie peinlich berührt (sobald sie bewußt wird!), und dabei ist es doch gerade Aufgabe des neuen Staatsschauspiels, Aufführungen herauszubringen die zwar überflüssig sind und nichts mit Kunst zu tun haben, die aber keinesfalls diesen Tatbestand sichtbar machen dürfen. Hier scheint mir eine echte Gefahr des derzeitigen Konzepts zu liegen, daß hinter der Nacktheit von Meisels neuen Kleidern das Material der »Kleiderpuppen« erkennbar werden könnte: Pappmaché. (Und dabei sagt der Boandlkramer ausdrücklich, »die ärgste Sünd' von alle« sei »rücksichtslose Dummheit«.)

Wie läßt sich diese Enthüllung verhindern oder doch aufschieben? Nun, wir erwähnten bereits den »Komö-

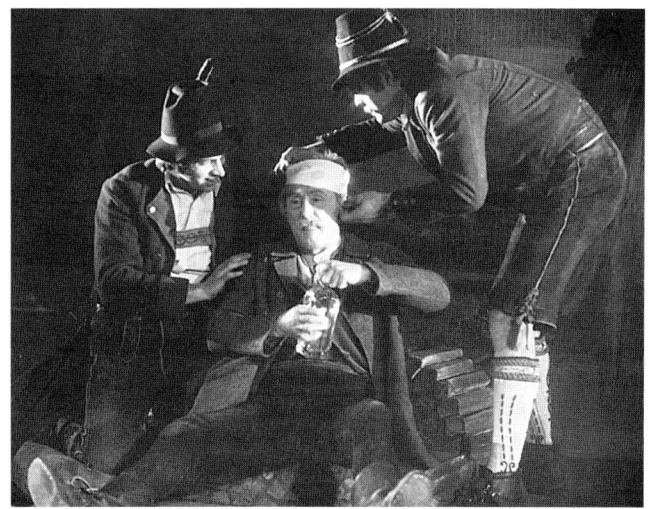

Der Angeschossene (Quest, Baur, Bierbichler)

Die Ratschn Theres warnt das Marei.

Höhnischer Bürgermeister (Bierbichler, Saxinger)

dienstadel« als – freilich schwer einzuholendes – Vorbild. Diese Truppe gastiert hin und wieder im Deutschen Theater, einem schrecklichen Bauwerk mit enormem Fassungsvermögen. Nun mein Vorschlag: lassen wir den Komödienstadel im Resi auftreten (wodurch auch endlich die begehrten Besucherprozente eine Traumgrenze erreichen könnten), und bitten wir Intendant Meisel, die elf Millionen Mark Subvention an die Münchner Kleintheater weiterzureichen.

Jedenfalls scheint die derzeitige Regelung unfair und gewissermaßen ein Fall für ein Kunstkartellamt; erst wird mit massiertem Einsatz boulevardesker Stücklein das Boulevard-Business verunsichert, und jetzt rückt das Staatstheater den Schwankbuden auf den Leib.

Natürlich, mit so urkomischen Erzviechern und prachtvollen Typen wie Gustl Bayrhammer (Petrus), Ludwig Schmid-Wildy (Aventinus), Heino Hallhuber (Erzengel), Hans Baur oder so einem schrulligen Boandlkramer wie dem Toni Berger kann das »Münchner Vorstadt-Brettl« in der Gaststätte »Bayerischer Herold« nicht dienen, dafür aber haben sie da einen Meisterjodler engagiert, und das Resi nicht. Wir müssen mit einer protestantisch barocken Händel-Musik von Rolf Wilhelm zurechtkommen.

Weder mit den wunderhübschen Kostümen noch mit dem artig-niedlichen Kulissenbühnenbild von Elisabeth Urbancic vermag das beengte »Münchner Volkstheater« im Künstlerhaus zu konkurrieren. Aber »Birnbaum und Hollerstauden« von J. M. Lutz (wenngleich nichts weiter wert) ist auch nicht schlechter als Wilhelms »Brandner Kaspar«, der übrigens wiederum nicht besser ist als der »Brandnerkaspar« von Lutz. Und der ist gar nicht gut. Bezaubernd bleibt allein das Original von Kobell (das, leicht gekürzt, im Programmheft abgedruckt ist). Für den einen oder anderen mag das hier Geschriebene sich ein wenig so anhören als wäre am Residenztheater alles irgendwie verstaubt, kaiserlich-österreichisch, königlich-bayrisch, herzoglich-tegernseeisch, altbacken, letschert, dodschad, daikad. Dem ist nicht so, denn wie zu erfahren war, wird beim »Brandner Kaspar« erstmals die »supermoderne vollelektronische Beleuchtungsanlage« eingesetzt. – Michael Skasa.
Anmerkung – Erstens:. Der Kobelltext im Programm war natürlich nicht gekürzt. Skasa glaubte nur, ihn zu

kennen. Zweitens war dies weniger eine Stückkritik, als eine Attacke auf den Intendanten, der nicht einseitig Tendenzen pflegte, sondern Tradition ebenso wie Avantgarde aufführte. Was Weltverbesserer ärgerte und ihren Hohn hervorrief. Der Kulturpolitiker Skasa wollte Meisel unbedingt abschießen, wie er später immer wieder bewies. Ich habe daraufhin die erste und einzige Erwiderung meines Lebens auf eine Kritik an die Zeitung geschrieben:

Mein Gott, hat sich Ihr Kritiker Michael Skasa ärgern müssen, daß im »Bayerischen Staatsschauspiel« ein bayerisches Stück gespielt wurde. Er könnte einen fast derbarmen, daß er nun schon den Komödienstadel als potentiellen Killer des sozialkritischen Problemtheaters ante portas sieht. Kann man ihn nicht beruhigen und ihm sagen, daß unter all den vielen Stücken, die im »Resi« im letzten Jahrzehnt (Thoma-Einakter ausgenommen) gebracht wurden, nur ein einziges bayerisches Stück, eben der inkriminierte »Brandner Kaspar«, aufgeführt wurde; daß es hingegen zur Tradition des Bayerischen Staatstheaters gehört, bayerische Stücke zu spielen, daß dies schon im alten Hoftheater so war. Auch Kobell wurde früher schon oft dort gespielt. Mithin – ein einziges Stück unter über hundert anderen. Er soll sich nicht vor der Tendenzwende fürchten. Auch in Hinkunft werden auf den Bühnen debile Bauerntöchter nackt herumlaufen, Sprachschwierigkeiten haben, geschwängert werden und die Säuglinge ermorden. Das muß es ebenso geben wie eine bayerisch-barocke Komödie, in der die Leute viel zu lachen haben. Das vergnügte Premierenpublikum hat schließlich oft genug jene Toleranz Problemstücken gegenüber bewiesen, die Michael Skasa derzeit »Meisels Mut zum Populären« gegenüber vermissen läßt.

Er soll sich dennoch nicht fürchten. Es war nur ein einziges Mal, ein einziges Stück. Irische Whisky-Freiheitskämpfe, Sozialprobleme, Kapitalistenkritik, Kommunikationsschwierigkeiten, Transzendent-Luzides – all das kriegt er in anderen Stücken wieder zu sehen. Man soll ihn mit Tucholsky trösten:

Nu weene man nich –
Im Ofen stehn Klöße –
Du siehst se bloß nich

Das Festbild

Boulevardblätter – Unfroh war in der »Abendzeitung«. George Salmony, Norddeutscher, nach der Emigration ab 1946 Kontrolloffizier in der »Bavaria«, dann Journalist und Theaterkritiker in Bayern, das ihm, scheint es, ein wenig fremd blieb. Jedenfalls kann er seinen Hohn auf das primitiv-urige Völkchen nahe den Alpen nicht verbergen. Die sind eben so »doof«. Er beschrieb (leicht gekürzt) das –

... verspätete Weihnachtsmärchen, ein ergötzliches Fest-, Faschings- und Frohsinnsprogramm für die ganze Familie.

Wer das Wort »Boandlkramer« mit dem geschnalzenen Zungenschlag alpenländischen Stammesbewußtseins aussprechen kann, der sollte diese Kritik nicht lesen. Denn sie stammt von einem, der trotz nunmehr fast fünfundzwanzigjähriger inniger Verbundenheit mit dem Kulturbegehren und -bemühen dieser Stadt noch heute nur mit der Hand hinter dem Ohr und geballter Konzentrationskraft den politischen und sozialen Auslassungen seiner Zugehfrau zu folgen in der Lage ist. Zweifelsohne ist es nur diesen abqualifizierenden Charaktermerkmalen zuzuschreiben, daß er zunächst lange wenig berührt und teilnahmslos vor jenen umständlich-rührselig-bierfroh-erdverbundenen Sauf-Rauf-Wilderer- und Folklorebildern saß, in denen Hans Baur wie eine Art Kombination von Tell, Störtebecker und Robin Hood der bayerischen Berge wacker sein Altersrecht verteidigt, und jenem Boandlkramer Toni Berger, einem spinnig-schwarzen, schnurrig-diabolischen Klabautermann der Berge ... ein hinterfotziges Schnippchen schlägt.

Im Himmel ist's wonniglich ... vergnüglich, harmlos, naiv und liebenswürdig, und die höhere Ministerschaft im Trachtenlook strahlte wie lange nicht, seitdem Leute

Der Brandner schaut ins Paradies.

wie Kroetz, Bond und Plenzdorf den Spielplan bedrohen. Dort dominiert der köstliche Portner Petrus des avancierten Kommissars Gustl Bayrhammer, wieseln die Brauchtumspezialisten Schmid-Wildy und Anthoff, grantelt umwerfend komisch der bajuwarische Erzengel Michael Heino Hallhubers, schwärmt Hans-Jürgen Diedrich als Zieten aus dem Busch von den Delikatessen der preußischen Küche. Die bloße Erwähnung von »Aal grün« ist der einzige Mißton im weißblauen Himmel ...

Hans Alberts vergab in der »Bildzeitung« fünf Sterne von sechs möglichen: »viel Applaus für des Gesellschaftslöwen Kobell bayerisches Paradies, das viel schöner scheint als die garstige Welt. Ein Super-Erfolg!«

Maurus Pacher ging in der »TZ« strenger ins Gericht mit dem

fast geglückten Volksstück ... Die Preußen bleiben im Himmels-Vorsaal stecken. Premieren-Jubel im Residenztheater um ein behagliches Volksstück, bei dem der Kritiker – weil gut gebaute Volksstücke rar sind, und ein Serien-Erfolg gewiß ist – nur in der Rolle des professionellen Miesmachers fungieren kann? Kein Leichtgewicht, sondern ein großer Wurf, der leider nicht immer so gut ausgearbeitet ist, wie er es verdient hätte. Das Hintergründige, Abgründige wuchert unter dieser Ein-

falt ein Ansatz zur »Comoedia« im Sinne von Carl Orffs bayerischem Welttheater. Im Himmel funkelt der witzige Wilhelm so mit Gags, daß er das Thema verliert. Man lacht sich kaputt, klopft sich auf die Schenkel, würde die Einlage am liebsten als Silvester-Kabarett sehen ... Wie stimmt solcher Klamauk zu der erregenden Szene, in der Brandner und der Boandlkramer mit urhafter Bauernschläue um Leben und Tod ringen? ... Brandners Sünde wider die Natur, wider die Gesetze von Wachsen und Sterben geht im Trubel unter: Als wär's das »Weiße Rößl«... Dabei kann Wilhelm auch tiefer loten, wenn er mehr als zwei Personen führt. Nachtwandlerisch sicher im Ton das Finale im Himmel. Nach der Engel-Klamotte das Seelen-Gericht als drastisches Mysterienspiel. Noch einmal greift der Boandlkramer Berger zur Schnapsflasche – eine apokalyptische Vision: Schade, daß Wilhelm nicht alle drei Stunden so streng mit sich war.

»Theater heute« – Im Bistumsblatt der Bühnenmoderne, ohnedies dem Meisel spinnefeind, dekretierte Gerd Jäger sechs Monate später, als einzige Erwähnung dieses Stücks in 25 Jahren:

Wie tief ist die Münchner Theater-Talsohle? ... Bayrhammer bewahrt Distanz zum Klischee vom Münchner im Himmel. Er setzt, ein Grinsen um die Mundwinkel, seinen bayerischen Petrus dem Publikum vor, indem er selbst daneben, neben dem Vorgesetzten steht. Komik entsteht aus Distanz.

Hans-Jürgen Diedrich demonstriert als himmlischer Militarist das Gegenteil von Bayrhammers Komik: chargierende Identifikation mit einer Klischeerolle. Das ist peinlich und peinigend.

Der Unterschied im Einsatz beider Schauspieler ist symptomatisch dafür, was an diesem Theater nicht stattfindet: Regie. Im Residenztheater ist nicht zu er-

DAS RESIDENZTHEATER brachte zum Beginn des Jahres „Der Brandner Kaspar und das ewig' Leben" von Kurt Wilhelm. Inszenierung: Kurt Wilhelm, Bühnenbild und Kostüme: Elisabeth Urbancic. Inge Auf dem Hövel zeichnete, von links nach rechts, Ivonne Brosch als Marei, Joseph Bierbichler als Simmerl, Hans Baur als Brandner Kaspar, Toni Berger als Boandlkramer, Hans-Jürgen Diedrich als Hans-Joachim von Zieten, Heino Hallhuber als Erzengel Michael und Gustl Bayrhammer als Petrus.

kennen, ob von Regisseuren mehr getan wird, als Schauspieler tun zu lassen, was sie eben können und wollen. Für die Auswahl der Regisseure gilt nämliches Prinzip: zur nächsten Spielzeit sind genauso viele Regisseure wie Stücke angekündigt. Einer von diesen war Kurt Wilhelm …

Die Ideologie von Kobells Erzählung, Fatalismus, Prädestination ist entschieden in historisierende Distanz zu rücken. Wilhelm ist von solchen Überlegungen frei. Die Geschichte geht aus zwei Gründen verloren. Der eine: es wird nur arrangiert, jeder Schauspieler darf, wie er will und kann. Können tun immerhin einige. Strassner als Kaspar in seiner nur leise widerborstigen Art. Berger, der, komisch wie Mephistopheles, händereibend, frierend, das Ewige vertritt, aber dem Weltlichen verfallen ist.

Der andere Grund: Kobells Erzählung lebt vom Atem des Epischen, dessen Struktur immer etwas von Distanz hat, vom Abstand des Erzählers zum Erzählten. Pappstaffagen und himmlisches Zuckerbäckerwerk greifen da viel zu kurz, bleiben in Arglosigkeit und Zufälligkeit stecken. Mit anderen Stücken verhält es sich nicht anders.

(Solche Marginalien nannte Hans Pfitzner: »Edelquatsch«.)

Der Kenner – Der Inhalt einer einzigen Besprechung hat sich über Jahrzehnte bewahrheitet. Ein Münchner, ein Wortkünstler mit großer Theatererfahrung, Armin Eichholz, schrieb im »Münchner Merkur«:

Ja verreck, der Brandner Kaspar!
Überregionale weghören! Gesellschaftsdenker, Volksaufklärer und andere Schiedsrichter ans Telefon. Denn beim Brandner Kaspar aus dem Tegernseer Land wird das Resi zum Freistaatsschauspiel. Die Bayern bleiben hier unter sich wie vor 120 Jahren: hart wie das nach dem »ersten Seppl der deutschen Geschichte« und Münchner Mineralogie-Professor Franz von Kobell benannte Mineral Kobellit – aba glei so, daß der Ausspruch des beschissenen Boandlkramers auch als Drohung gilt für auswärtige Spielverderber: »An dem Volksstamm kannst zerschelln!«

Ururgroßneffe Kurt Wilhelm hat seinem weitläufigen Onkel nach drei Dramatisierungen keine neue Gewalt angetan. Er hat ihn im Gegenteil mit Zitaten aus anderen Werken angereichert, im theatralischen Jesuitenbarock-Stil ausstaffiert und in einen zwiefozeten föderalistischen Bayern-Himmel versetzt, daß der Brandner jetzt beinah noch kobellischer ist als in der Original-Kurzgeschichte.

Der gewesene Schlosser, Jagdgehilfe und Kleinhäusler hat nun Familie. Und wenn er dem Boandlkramer, der ihn mit 72 holen will, mit Kerschngeist und Falschspiel einen 18-Jahres-Vertrag abluchst, dann tut er das auch der Verhältnisse wegen: Er kann sich wieder schuldenfrei arbeiten (unter anderem durch Wilderei, versteht sich).

Beim Ausmalen der Bayernzeit von 1854 hütet sich Wilhelm gewissenhaft vor jedem Lüftchen eines anachronistischen Vorausbewußtseins. Insofern ist ihm eine ungetrübte Restaurierung, ja eine so täuschend erweiterte Einfühlung geglückt, daß selbst der Fälscher Malskat Respekt hätte vor diesem Dramaturgen.

Nichts Denunzierendes zum Beispiel in der ersten Szene, wenn bei der Jagd nach dem Streifschuß auf den Brandner der Herzog angekündigt wird mit dem bürgermeisterlichen Ruf: »Die Herrschaften kommen daher! Die kloane Leit weg! Schleichts euch!«

Den vielgerühmten Dialekt des damals von den zugroasten Maximiliansrittern nicht immer ernstgenommenen »Hoftirolers« Kobell hat Wilhelm ziemlich entlokalisiert. Zum Teil übertragen in ein Standard-Bayrisch, das nicht speziell nach Tegernsee oder Miesbach klingt, weder die gehobene Bürger-, noch die Luke- oder die Ladnerinnen-Sprache imitiert. Und selbstverständlich ein Jahrhundert entfernt ist von dem kokett versteckten, supersozial aufgeladenen Verweigerungs-Bayrisch etwa von Franz Xaver Kroetz.

Hier gibt es keine sprachlich Unterprivilegierten. Dieses Bayrisch ist hörbar eine Hofsprache, in der die feineren Konjunktive aber auch für kloane Leit gemacht sind. »I woass nur grad net ganz genau, ob des gern gsehng wurert«, preßt der Boandlkramer heraus, wenn er

Die Trauer (Baur, Saxinger, Quest)

Finale

zum Stamperl Schnaps greift. Und es sei daran erinnert, wie leicht sich Kobells Schnaderhüpfeln ins Französische übersetzen ließen, zum Beispiel: »Der boarischi Löb hat a sakrisch's Gebiß – Daraus wurde: »Notre lion de Bavière a d'sacré 's grosses dents...«

Wieder erweist sich das sorgfältig abgehörte Bayrisch als wunderbare Theatersprache.

»Ja, wia des?« fragt einer bloß, und schon zieht in den Diphthongen Bedrohliches herauf.

»Oamal in Äonen stellt ma oaner an Schnaps hin«, tönt der gerührte Boandlkramer geradezu homerisch durch die Hütte.

Undurchdringbar eine Abwehrfloskel wie: »Mir ham grad gredt.«

Alarmstufe eins bei dem Viersilber: »Du halt di zruck.«

Und die Hohe Schule der Frotzelei etwa, mit der Wilderer-Frage an den Jäger: »Hams da dein Wald so laar gschossn, daß di fürchst so alloa?«

Des Ururgroßneffen Leistung aber ist der weißblaue (siebte) Himmel, in dem die Heiligen Karten spielen (Cor supremum erat – Herz war Trumpf), dann »ad sausicios albos«, zu de Weißwürscht, gehen und wo der Petrus (Portner genannt) dem Brandner den Erzengel Michael vorstellt: »Muasst a net hinknien, bei uns geht's kommod!«

Rom ist weit (»Heiliggsprochn? Moanst, des guit da herobn?«), und Wildern ist kein Delikt, sondern ein Spaß (»Fallts Viech um, stehts wieder auf und sagt: Pack mas nomal...«).

Es ist ein grüabiger Himmel der bayerischen Ecclesia triumphans – in den übrigens kein Soziologe hineingelassen werden sollte. Denn der sähe hier nur die gleiche repressive Toleranz, mit der auch schon auf Erden die Herrschaften ihr Personal bei ehrfürchtiger Laune und Dienstbarkeit halten.

Als Arrangeur und »Fortschreiber« von Kobell ist Wilhelm jedoch weitaus besser denn als Regisseur auf der Bühne. Da kommt er nicht in Schwung, es reicht weder zum dramatischen Vorführen noch zu irgendeiner Votivbild-Stilisierung. Er beherrscht die Dialoge, aber nicht die gespielten Szenen.

Wenn er sich von Elisabeth Urbancic Bühnenbilder nach einem Original-Quaglio (Wirtsgarten) und Te-

gernseer Tracht von anno dazumal besorgen läßt, wenn er die nachgemachte Barockmusik seines Bruders Rolf Wilhelm verwendet, mit Donner, Blitz und ziehenden Wolken umgeht und den schwarzen Pferdekarren mit dem Boandlkramer märchenhaft durch die Lüfte jagt – so muß das ja nicht heißen, daß auch das Zusammenspiel in Wald und Dorf eine bauerntheatralische Unschuld auszustrahlen hätte. Als TV-Mann wird Wilhelm die Steifheit mancher Szenen, vor allem das erschreckend dilettantische Ende, leicht verschmerzen: Bei der Aufzeichnung wird's die Kamera schon richten.

Legitim sind jedoch gewisse Unbeholfenheitsgesten, die bei Nichtbayern vielleicht so ankommen, als werde eine Figur ihrer Rolle nicht ganz gerecht. Genau das aber ist landeseigener Naturalismus – insofern, als auch in Wirklichkeit ein sogenanntes Rollenverhalten vorliegt: Die Personen suchen den darzustellen, der sie schon sind.

Das ungebrochenste Bühnenbayrisch, oft deklamatorisch angehoben und manchmal von kehlschnürender Ergriffenheit belegt, spricht Hans Baur als etwas junger 72jähriger Brandner Kaspar. Er vor allem hat eine Last der Wilhelm-Bearbeitung zu tragen: Er muß als einziger diese naivstaunende Paradiesgläubigkeit ausspielen, deren Grund jedoch von Wilhelms lustighimmlischer Heerschar (sehr taktvoll, schonend und elegant, aber immerhin:) ziemlich zerwitzelt wird.

Vom ewig' Leben im Schuß gestreift, ist er offensichtlich »ganz ausanand«, faselt auch sonst ein bißchen Alter vor, bleibt aber durchweg schnaderhüpfsicher. Eine bodenständige Mischung aus profitlicher List, gläubigem Grant und allerunterthänigsttreugehorsamst.

Ihm gegenüber hat, wie Mephisto bei Faust, der Boandlkramer ein leichteres, ein populäreres Spiel. Toni Berger macht sich durch gebuckeltes Abdrehen versuchsweise »zaundürr« und schleicht unheimlich verfremdet, bleich, mit geröteten Lidern durch Hütte und Himmel. Wobei sein Spreizdialekt, durch Stockschnupfen zusätzlich stilisiert, exakt das gewisse jenseitige Bayrisch ergibt, das durch hochdeutsche Ansätze eingeschüchtert und auch ein bißchen Kanzelwürde mitbringt, wenn es zum Beispiel mahnend heißt: »... es ist dir aufgesetzet.«

78

Wie hier auf Sprache geachtet wird: Einmal verbessert er sich und sagt nach »kumert i« (gemeint: käme ich) noch einmal »kamert i« – weil er seine Devotion mit einem gewählteren Konjunktiv beteuern möchte. Und wenn er dem Brandner in einer höherenorts anempfohlenen Kitsch-Sprache den Abtransport einredet: »Tu ich sie geleiten in zarter Gnade und die Luft erfüllen mit sanfter Musik auf ihrem Weg ...«, fügt er plötzlich die vertraulich bayrische Höflichkeitsfloskel ein: »... wenn's wollen«. Da lohnt sich genaueres Hinhören.

Himmels-Kommissar Gustl Bayrhammer sieht aus wie ein blau-weiß-goldener Petrus aus dem Adventskalender. »Ja verreck«, sagt er bloß, wenn er im Fernrohr den überfälligen Brandner entdeckt. Und auch sonst erweist er sich als liberaler Bayer, der genau die Gaudigrenze kennt und an ihr sofort umschlägt ins vorläufig Gütige, notfalls ins gschert Autoritäre. (Bundesminister Ertl in der ersten Reihe wird seine Freude an ihm gehabt haben.)

Ihm zur Seite unbedingt besichtigenswert: Heino Hallhuber als wandelnde Ignaz-Günther-Skulptur des Erzengels Michael. Ein flügelschlagender scharfer Anscheißer vom Dienst (»Was is dös für a Ramasuri!«), der aus seinem ausnahmsweise lokalisierbaren Münchnerisch sofort in edle, christkatholische Habachtstellung überwechselt, wenn er für Neuankömmlinge repräsentiert.

Wie hier vor allem ein Sprachspiel betrieben wird, demonstriert Hans-Jürgen Diedrich (Lach & Schieß) als preußischer Zieten aus dem (untergeordneten) preußischen Husarenhimmel, eine Nummer, die das ganze bayerische Unglück mit den Zuagroasten und dem Jahr 1866 enthält. In fast Kleistischen Satzbauten (mit »dergestalt« und »kömmt«) nähert er sich mit martialischem Roll- und Stechauge dem Wort »Potsdam«, dessen Geist er hier kabarettistisch aushaucht, freilich mit höherer Weihe.

Schön zu sehen, wie beim Kirchenlateiner Nantwein (Gerd Anthoff) das Beten ins weißwurschtfreudige Händereiben übergeht. Wie stammtischfest und knautschig-wurschtig der Turmair (Ludwig Schmid-Wildy) im Himmel ist. Wie gesagt, die Irdischen tun sich erheblich schwerer: Yvonne Brosch macht als Enkelin ein volkstheaterhaftes Gschau zu leicht verstellter Sprache. Henner Quest (Knecht Florian), Joseph Bierbichler (Jäger Simmerl), Joseph Saxinger (Bürgermeister Senftl), Viktoria Naelin (Wirtin) kennt sozusagen jeder. Zu schweigen von den Bauernburschen und -madeln, aus denen bei besserer Führung doch mehr herauszuholen wäre als bloß erstarrte Folklore.

Am Siegeszug dieses Wilhelminischen Brandner Kaspar durchs Bayernland ist nicht zu zweifeln. Daran dürfte auch der bei offenem Vorhang weiterschwelende und insofern stilechte Grant zwischen Regisseur und Hauptdarsteller nichts ändern. Er gehört wohl zu jenem reichen Innenleben, von dem der ständig laut denkende Zieten fälschlich behauptet: »Es kommt nischt raus.« Fast vergessen: der bayrisch-einständige Beifall, der offenbar mehr dem zünftigen Himmel galt als den Menschen auf der Erde von 1854. Armin Eichholz

Toni Berger freut sich über seinen Erfolg.

Bloß weg! – Es hieß, Meisel habe nach den entsetzlichen Kritiken und Vorwürfen, die er erdulden mußte, weil er ein solches Stück in den heiligen Hallen des Staatstheaters aufführte, eilends gepackt, um aus der Stadt seiner Schmach zu fliehen. Er sei bereits, das Taxi zum Flugplatz erwartend, auf seinem Koffer gesessen, da habe ihm Verwaltungsdirektor Zierer in letzter Minute die Kassenberichte der ersten Vorstellungen vorgelegt. Daraufhin sei er dageblieben. Das ist eine höhnische Übertreibung. Das Körnchen Wahrheit daran ist, daß die Pressevorwürfe ihn so über alle Maßen deprimierten, daß er mir gegenüber wörtlich klagte: »Ich bin der einzige, der sich über den Erfolg nicht freuen kann. Was glauben Sie, welchen Hohn und welche Vorwürfe ich mir anhören und einstecken muß.« Er war ganz dernepft.

Verkehrte Welt. Ein Theaterdirektor verzweifelt über ein zufriedenes Publikum und einen außergewöhnlichen Erfolg. Was da ein paar progressiv tuende Kritiker schrieben – nebbich. Es war mir unvorstellbar, daß selbsternannte überflüssige Kulturpolitiker aus der Aufführung eines bairischen Stücks die Schlachtung des Intendanten und eine Theaterkrise machen könnten.

Andererseits: Es war Meisels zweites Jahr als Intendant. Vorher war er hier lange Zeit Oberspielleiter gewesen und hatte sich mit dem jeweiligen Intendanten schwergetan. Auch als Oberspielleiter am Burgtheater Wien konnte er seine Ideen nicht so recht entfalten. Sollte er sich nun um eines bairischen Stücks willen abschießen lassen, ehe er beweisen konnte, daß er ein guter Intendant war?

War die Verachtung des Bairischen in München schon so weit gediehen, daß unsere Heimatsprache in öffentlichen Kunsttempeln als Kunstausdruck nur goutiert wurde, wenn Kroetz, Achternbusch und Sperr die Bayern als dumpfe Halbidioten und skrupellose Intriganten vorführten?

Die »normative Kraft des Faktischen«, auf deutsch, der unerwartete Ansturm auf den Brandner ließ die Kampagne zusammenbrechen. Meisel blieb. Auch wenn er fortan mit mir nicht mehr redete, ich werde immer betonen, daß er in meinen Augen ein hervorgender Theaterdirektor war. Ein Praktiker, ein Kollege,

ein Prinzipal, der für und mit seinem Hause und seinen Menschen lebte. Sein Spielplan bot moderne Autoren ebenso wie Klassiker und Bairisches. Alles in erkennbaren Inszenierungen. Dafür sei ihm gedankt.

Die Intrigen und Presseverrisse verpufften, der Brandner wurde weiter gespielt. Von den Gegner mit hoheitsvollem Schweigen übergangen.

Das Stück killen – Der ungewöhnliche Erfolg war offenbar. Auf Wochen hinaus war ausverkauft. Das Fernsehen beschloß die Übertragung. Da war Hans Baur natürlich neben dem deprimierten Meisel die beleidigste Leberwurst. Daß seine klerikale Intervention ein Schlag ins Wasser war, daß er in der Rolle Sätze sprechen mußte, die seinem gefestigten Weltbild zuwiderliefen, machte ihn entweder tatsächlich krank oder aber ließ ihn, Krankheit vorschützend, nach der 7. Vorstellung absagen. Nicht bloß für die nächste, sondern gleich die nächsten vier. Er ließ offen, wann er, wenn je, wieder genesen werde.

Es wurde gemunkelt, er habe Michael Skasa durch Interna ermuntert, den bösen Verriß zu schreiben. Das Munkeln wurde bestätigt durch das, was Skasa an einen Leser schrieb (12. April 1975): *Ich darf Ihnen mitteilen, daß der inzwischen erkrankte Hauptdarsteller mir in jeder Beziehung recht gab und es nur bedauerte, daß ich die Albernheiten dieses Stückes nicht deutlicher gezeigt hätte. Zum anderen war inzwischen zu erfahren, daß der Intendant selbst während der drei letzten Probentage zuende inszenierte, um »die Geschichte noch zu retten«.*

Baurs Absage brachte Meisel in eine Zwickmühle. Einerseits mußte er das Abonnement, das Rückgrat jedes Theaterbetriebs, bedienen, und die Leute warteten just auf diese Vorstellung. Andererseits wäre es ihm wohl recht gewesen, dadurch elegant den »aufgeblähten Schmarrn« trotz der ungewöhnlichen Nachfrage loszuwerden.

Umbesetzen? – Ich, wie immer ahnungslos, wußte zu diesem Zeitpunkt noch nicht mal etwas von Baurs Anzeige beim Klerus. Man hatte es mir freundlicherweise verschwiegen. Fürchtete man, ich könne es herumerzählen und alles würde noch schlimmer? Ich ahnte auch nicht, wie tief Meisels Abneigung gegen das Stück war und bleiben würde. Darum schlug ich frohgemut vor, die Brandner-Rolle umzubesetzen und nannte Namen.

Da Meisel, allseits zum Weiterspielen gedrängt, keinen rundweg ablehnen konnte, probierte ich erst den Schauspieler Giselher Schweitzer aus (den Sohn der »Residenz-Bücherstube«) und fand ihn akzeptabel. Er war aber in Frankfurt fest engagiert und hätte für jede Vorstellung Extraurlaub bekommen müssen. Das war nicht zu machen, weil der Spielplan sich ja auch nach den Nebenbei-Terminen der Münchner Darsteller richten mußte, die nur Stückverträge hatten. Meine anderen Vorschläge halfen auch nicht weiter. Niemand war so kurzfristig frei.

Der Neue – Da hatte ich die Königsidee. (Heute wollen sie fünf andere Leute gehabt haben.) War nicht FRITZ STRASSNER, schon damals im Rundfunk eine »Stimme Bayerns«, nach dem Krieg Schauspieler an den Kammerspielen und Kleinbühnen gewesen, ehe ihn der Funk so vereinnahmte, daß es kaum eine Wortsendung ohne seine ruhige, in Bairisch wie in Schriftdeutsch perfekte Stimme gab? Hatte er nicht überhaupt schon 1950 und 1966/67 kleine Rollen am Staatsschauspiel gespielt, als Externist?

Der kleine Mann war jahrelang so korpulent gewesen, daß man ihn im Fernsehen den Franz Josef Strauß parodieren oder böse fette Bauern spielen ließ. Nun hatte er einer Diabetes wegen derart abgenommen, daß er ein ganz anderer Typ war. Klein, faltig und hager, älter aussehend als seine wahren 57 Jahre.

Ich fragte ihn – er war bereit. Meinte sogar, er könne die Rolle in ein paar Tagen lernen. Meisel war überrascht, wen ich ihm da anbrachte – konnte aber nichts dagegen sagen. Wir hatten drei Probentage. Strassner erstaunte alle durch sein Gedächtnis und die Präzision, mit der er Regieanweisungen für Gänge, Stellungen, Blicke, Pausen usw. beibehielt, und bei allen Proben wiederholte. Er war ein Glücksfall.

Am 11. Februar 1975, dem Aschermittwoch, hatte er vormittags seine letzte Bühnenprobe. Abends spielte er erstmals, und schon nach ein paar Vorstellungen war es, als habe es nie einen anderen Brandner gegeben. Das

Publikum identifizierte ihn fortan mit dieser Rolle bis zu seinem Lebensende, 1993. Er wurde damit berühmt, Staatsschauspieler und Ordensträger.

Hans Baur blieb noch monatelang krank und genas nur stundenweise für einen Funk oder ein Fernsehen.

Armin Eichholz widmete Strassner im »Münchner Merkur« eine eigene Besprechung:

Am Aschermittwoch war abends um halb acht der Weißwurschthimmel (coelum sausiciorum alborum) wieder in Ordnung, Für den erkrankten Hans Baur (als Brandner Kaspar gewiß der jüngste und gesündeste 72jährige im Tegernseer Land) sprang nach kurzem Anlauf Fritz Strassner ein, um den Boandlkramer bei Kerschgeist und Kartenspiel um 18 Jahre zu bescheißen.

Statt des urban veredelten Schwierigen mit dem gestandenen Honoratioren-Bayrisch also ein zwiefozeter Häusler-Typ, vielfältig im Gesicht, aufgestellter Schnurrbart, mit häufigem Griff ans Herz, ein blauaugerter Natur-Kaspar von gemütlicher, leiser Tücke wider das Schicksal. Und das Altersknick-Knie in der ausgebeulten Hose verrät, seine Boandl sind schon bald zum Kramen da. Mit dem landeseigenen Tod (stilisiert zum handkoloriertem Holzschnitt, unheimlich gschpaßig wie am ersten Tag .. stellt er sich sichtlich gut – überhaupt scheint beim zweiten Hinhören herauszukommen, wie sehr eine pointensichere Dramaturgie (KW) das Zusammenspiel fördert. Die in der Premiere registrierten Unbeholfenheiten beim Diskurs im Wirtshaus sind weg. Die Burschen granteln nun ungezwungen beim Bänke-Hereintragen und erkennbar wird sogar ein hinzuerfundener Nebeneffekt im Hintergrund;

daß der Bürgermeister ein verdrängtes Gschpusi haben soll mit dem Madl am Tisch.

Des heiligen Petrus »Ja verreck« beim Anblick des überfälligen Brandner trifft ins Schwarze des Weiß-Blauen, Vor einem wort- und sachverständigen Publikum erweist sich das Stück immer mehr als eine sorgfältig gearbeitete Bayern-Köstlichkeit, in der die Sprache und die Argumente stimmen, im grüabigen Himmel wie auf der mäßig sündhaften Erden (vor 1866). Respekt übrigens vor dem tadellosen Gewitter, es schlägt ein, als habe einen der linke Flügel des Erzengel Michael gestreift. Heftige Zustimmung im ausverkauften Haus, Bravo für den neuen Brandner und den bewährten Boandlkramer (der seinen preußischen Kollegen »Freund Hein« immer noch so vorbildlich angewidert nennt, daß es sich anhört wie »Leckmiam«).

(Im März steht das Stück elfmal am Spielplan.)

So stellte sich der Maler, Graphiker, Schriftsteller und Turmschreiber Hans Prähofer den bairischen Boanlkramer vor. Auf Bühnen äußerst schwer zu realisieren.

Die vier Säulen

FRITZ STRASSNER – 1919 in München geboren, hat schon 1930 beschlossen, Schauspieler zu werden. Man vertröstet ihn: Nach dem Abitur sehen wir weiter. Aber da kommen Arbeitsdienst und Krieg. Er hat Glück, er bleibt in München stationiert und kann nebenbei Schauspielunterricht nehmen. Bis er an die Front muß. 1945 hat er Urlaub. Seine Einheit ist an der Memel abgeschnitten. Er tut das Vernünftigste und Riskanteste, er versteckt sich bis Kriegsende bei Verwandten in Niederbayern, übersteht so den Wahnsinn unversehrt und kann 1946 ein erstes Engagement antreten. Bis 1948 spielt er an kleinen Bühnen, dann gelingt ihm der Sprung in den Rundfunk. Hier ist er Sprecher für klassische und moderne Hörspielrollen ebenso, wie für Hörbilder, Essays und eine eigene Sendereihe mit Wandervorschlägen.

1959 heiratet er. Das Ehepaar bekommt zwei Söhne. 1967 wird eine Zuckerkrankheit akut. Er ändert sein Leben und nimmt mit eiserner Disziplin 30 Kilo ab, die Krankheit kommt zum Stillstand, aber er ist ein anderer Mensch, ein anderer Typ geworden. Keine fetten Bauern oder Intriganten mehr. Der ausgezeichnete Charakterdarsteller kommt zum Vorschein.

1975 beginnt er am Staatstheater eine große Bühnenkarriere, die ihn bald auch zu neuen großen Aufgaben im Fernsehen führt. Aus der Rundfunkstimme wird ein Volksschauspieler, ein Staatsschauspieler.

Er stirbt am 8. Februar 1993 in seinem Haus in Ottobrunn im Schlaf. Eine große Trauergemeinde gibt ihm das letzte Geleit.

GUSTL BAYRHAMMER – Geboren am 12. Januar 1922 in München, am Marienplatz. Sein Vater, ein Schauspieler und bedeutender Schauspiellehrer, wollte seinen Gustl gar nicht so gern auf den weltbedeutenden Brettern sehen. So kam es, daß der Urmünchner während des Krieges die Schauspielerei in Berlin, vornehmlich bei Theodor Loos, erlernte und dort 1944 seine Abschlußprüfung machte.

Als er 1945 in sein erstes Engagement nach Sigmaringen fuhr, lernte er im Zug einen Gleichaltrigen kennen, der das gleiche Reiseziel hatte: Toni Berger. Bis 1948 haben die beiden dann dauernd miteinander auf der Bühne gestanden. Bis der Gustl 1949/52 nach Tübingen ins nächste Engagement wechselte. Dem folgten 1952/55 Augsburg, 1955/64 Karlsruhe, 1964/66 Salzburg und dann endlich sein ersehntes Ziel: die Münchner Kammerspiele 1967/71, wo der Vollblutkomödiant neben klassischen und modernen Rollen auch in bairischen Stücken brillierte.

Funk, Fernsehen und Film engagierten den neu entdeckten schweren Charakterspieler, er konnte sich die Rollen aussuchen, manche wurden auch eigens für ihn geschrieben, und so schloß er nach 1971 mit dem Theater nur mehr Stückverträge ab. Er wurde »freischaffend«, wurde unabhängig. Die Serienzeit des Fernsehens hatte begonnen, der Gustl war in vielerlei Rollen zu sehen, ernsten, heiteren, gewichtigen und schlitzohrigen.

Eine war ihm besonders wichtig: der »Meister Eder« in der »Pumuckl«-Serie, weil er hier die Chance sah, in dieser schrillen amerikanisierten Gegenwart den Kindern einen echten g'standenen Bayern einzuprägen, so wie er ihn aus seinen Jugendjahren kannte, und wie er selber einer war.

Manchmal seufzte er: »Wie i den Portner im Brandner ang'nommen hab, hab i ja net wissen können, daß des Stück zwanz'g Jahr lang lauft – jetzt kann i nimmer aus, wurscht, was mir deszwegen durch die Lappen geht.«

Auch in dieser Rolle prägte er für eine Generation das Bild eines gstandenen Bayern. Diesmal sogar eines ganz heiligen.

Die beiden, die in 25 Jahren sämtliche Vorstellungen gespielt haben sind:

TONI BERGER – Geboren 1921 in München, in der Au. Genau gesagt in der Hochstraße 17. Als halber Bub schon dem Theater verfallen, Statist in den Kammerspielen voller Sehnsucht, dort einst als Schauspieler auf der Bühne zu stehen. Statt dessen im Krieg schwere Verwundungen. Aber immerhin das Glück zu überleben. 1945 am Theater Sigmaringen zusammen mit dem Bayrhammer. Weiter über Bielefeld und das Nationaltheater Mannheim. Dort vom großen Boleslaw Barlog für anderthalb Jahrzehnte nach Berlin engagiert. Stets gefördert als vielbeschäftigter und geschätzter Charakterspieler an Barlogs drei bedeutenden Großstadttheatern.

Meisels Lockruf in die Heimatstadt München konnte er dann doch nicht widerstehen. Am Staatsschauspiel begann eine neue Karriere. Zunächst hier ziemlich unbekannt, wurde er rasch zur vielbeschäftigten »Grande Utilité« und eben auch zum Boanlkramer.

Der Toni hat inzwischen hundert Vorstellungen mehr als der Heino gespielt, weil er der Boanlkramer auch in Wunsiedel, Ötigheim und auf der Deutschlandtournee war. Beim 25-Jahr-Jubiläum werden ihm nur mehr einige Vorstellungen zum vollen Tausender fehlen. Das, behauptet er, solle dann sein letzter Boanlkramer sein, da will er aufhören. Die Kollegen glauben es ihm aber nicht. Ein Komödiant wie der Toni – auf-

hören, eh es biologisch sein muß? Na, man wird ja sehen.

In den ersten Jahren standen immer wieder Autogrammsammler am Bühnentürl und warteten auf die Stars: Bayrhammer, Hallhuber und Strassner. Der Toni stand oft unbeachtet daneben, denn abgeschminkt und ohne Maske kamen die »Fans« nicht drauf, daß der ruhige, elegante Herr der groteske Boanlkramer gewesen war. Erst als durch viele Fernsehrollen bekannt war, wie er quasi »privat« aussieht, änderte sich das radikal. Heute ist er der Favorit des Publikums.

HEINO HALLHUBER – Geboren 1927 in München, war als Kind so zart und dünn, daß man der Mutter riet: »Melden S' ihn bei einem Turnverein oder so wo an, daß er kräftiger wird.« Die Mutter, die sich nicht so auskannte, las, daß die Oper Ballettnachwuchs sucht, und führte ihren Neunjährigen dort vor. Der Ballettmeister fragte: »Kannst was tanzen?«

»Naa -«

»Oder was vorturnen? Was kannst denn?«

»An Purzelbaum.«

»Na machst amal an Purzelbaum.«

Heino erzählt heute: »Dann hab ich einen Purzelbaum gemacht und war daraufhin 35 Jahre beim Ballett der Bayerischen Staatsoper«, nur unterbrochen von NS-Arbeitsdienst und Soldatenausbildung.

Er wurde Solotänzer von internationalem Renomée, war in Paris engagiert und auf Gastspielen in den USA. Arbeitete vielfach als Choreograph und Regisseur. Und nun auch seit 25 Jahren als Schauspieler.

Den Erzengel stellt er derart überzeugend dar, daß gelegentlich Zuschauer sich erkundigen: »Wieso kann der sich so elegant bewegen? Der steht ja förmlich da wie eine Statue von Ignaz Günther. Ist er vielleicht früher mal Tänzer gewesen?« – Allerdings!

Urteile

Ingmar Bergman – Als die schwedische Bürokratie dem Star der schwedischen Theater- und Filmwelt und bedeutenden Devisenbringer die Steuerfahndung ins Haus schickte, die ihn wie einen gesuchten Verbrecher verhaftete und tagelang ins Gefängnis sperrte, verließ er das Land. Emigrierte, wie er damals meinte, für immer.

Hollywood, London, Rom und Paris boten dem weltbekannten Regisseur und Autor Asyl an. Dazu ein Auszug aus einem Interview von 1982:

INTERVIEWER: Die ganze Welt stand Ihnen 1975 offen – und Sie entschieden sich für München?

BERGMAN: *Ich mußte damals hier am »Schlangenei«-Film arbeiten. An einem Abend gingen wir ins Theater zum Brandner Kaspar. Ich war hingerissen. Obwohl ich nur fünf Prozent des Textes verstanden habe.*
Am nächsten Morgen kam ein Telegramm von Meisel mit der Einladung, hier zu arbeiten. Wir hatten schon eine Wohnung in Paris. Aber wir haben uns für München entschieden.

Und es nicht bereut?

BERGMAN: *Wir mögen München sehr. Für mich als Gastarbeiter ist am faszinierendsten die große Tradition des deutschen Theaters. Wahnsinnig stimulierend … ich kann gar nicht sagen, wie schön das ist.*

Peter Zadek – Der gefeierte modernistische Regisseur sagte in einem Interview des Bayerischen Fernsehens zur 400. »Brandner«-Aufführung, 1985 – (Abschrift des gesprochenen Wortes):

ZADEK: *Ich kannte das Stück überhaupt nicht. Eins der ersten Dinge, die ich tat, als ich nach München kam, war, es mir anzusehen. Ich hatte so was gehört und wollte auch mal die Schauspieler sehen – und ich fand es herrlich. Ich hab mich wahnsinnig amüsiert und fand es nicht nur komisch und lustig, sondern es hat eben den Hintergrund von einem wirklichen Volksstück, mit 'ner ganz ernsten Geschichte, eigentlich, die dann ins Komische und Groteske gezogen wird …*
An dieser Geschichte mag ich besonders, daß es eine richtige Legende ist. Ein Wunschtraum: Der Tod kommt, und du siehst zu, daß du ihn ansaufst, damit er dich nicht mitnimmt. Wer will das schon nicht?

INTERVIEWER: *Und das Phänomen, daß Leute sich das nicht nur einmal anschauen, sondern fünf-, sechs-, sieben-, achtmal. Wie kann man sich so was erklären?*

ZADEK: *Ich glaube, erstens weil's gut ist. Aber das ist vielleicht nicht genug Erklärung. Es ist ja nicht normal, daß Leute auch in was Gutes so oft reingehen. Ich denke, es hat mit dem Mythischen, dem Legendären der Geschichte zu tun. Abgesehen davon, daß es amüsant ist. Es ist die besondere Mischung. Eine wirkliche Legende, etwas, was besonders heute Menschen ganz stark brauchen. Etwas, das naiv und optimistisch in seinem Empfinden ist, ohne blöd und albern zu sein. Optimistisch an sich ist nix – aber ein Optimismus in einem Stück, das zur Auseinandersetzung von Mensch und Tod führt – ich glaub, das ist etwas, was man unheimlich braucht. Ich mag's auch sehr. Ich würd's mir jederzeit wieder ansehen. Bestimmt werd ich mir's noch mal ansehen.*

Dies deckt sich mit der allgemeinen Aussage, man höre und sehe bei jedem Besuch neue Nuancen, die man bisher noch nicht beachtet hatte.

Joachim Kaiser – Starkritiker und Feuilletonchef der »Süddeutschen Zeitung« war mit Skasas Verriß nicht einverstanden und erwähnte in den folgenden Jahren in eigenen Kritiken immer wieder den »Brandner«. In der Kritik über Meisels »Liliom«-Inszenierung: (12. Dezember 1975) *Es sei nicht verschwiegen, daß eine Produktion wie des Residenztheaters »Brandner Kaspar« doch überraschender und kräftiger, und, was gewisse Typen und Haltungen betrifft, weit informativer ist.* Am Schluß seiner Kritik des Stücks »Herr Perrichon« (22. Dezember 1977): *Weil Humor auch eine große Kunst sein kann und großer Kunstanstrengung bedarf, und weil das Residenztheater – dessen »Brandner Kaspar« beispielsweise durchaus im Sinne solcher Kunstforderung gearbeitet und akzeptabel war – sich einem solchen Humor-Kunstanspruch allzu wenig stellte.*

Franz Josef Strauß

(5. Mai 1975): *Es war eine wahre Erholung und eine große Freude, diesen Abend zu erleben. Mein bayerisches Herz schlug hoch und meine bayerische Sprachbegeisterung sagte mir, daß man »Bayerisch« nicht lernen kann, sondern haben muß.*

Helmut Zöpfl (6. April 1975): *Ich kann ruhig sagen, daß ich seit Jahren keinen so schönen Theaterabend mehr verbracht habe. Mit dieser Brandner-Inszenierung hat München Gottseidank wieder einmal ein repräsentatives bayrisches Stück auf die Bühne gebracht.*

Thomas Goppel (damals MdL) – *Dies war der seit langem erste voll befriedigende Theaterabend. Es kommt heutzutage leider selten vor, daß wir Bayern auch im Theater einen Abend für Bayern produzieren. Ihnen ist dies total gelungen.*

Der Spiegel – Peter Brügge in der Weihnachtsnummer 1985, nach 483 Aufführungen:

Vorspiel an der Theaterkasse: Jumbo-Kapitän Henning Meier-Greve, ein großer Blonder aus Hannover, nach einigen Runden um den Erdball wieder einmal in München gelandet, eilt schon eine Stunde vor Schalteröffnung herbei, will eine Karte für den »Brandner Kaspar«, aber es ist ausverkauft. Den Piloten trifft das wie ein Schlag. Er hat das Stück erst 25-mal gesehen.

Jedenfalls nicht oft genug. Nach jeder Vorstellung, sagt Meier-Greve, sei er »unglaublich glücklich« gewesen, erklärt er sich diese Süchtigkeit. Das Stück befriedige in ihm ein »Urbedürfnis nach Ordnung«. Dem huldigt er im Interkontinentaldienst der Lufthansa ebenso wie mit seinen Fragen nach dem Jenseits, die so schlicht sind, daß ihm diese Aufführungen im Bayerischen Staatsschauspiel darauf eine Art Antwort erteilen. Denn der »Brandner Kaspar« ist ein beruhigend bayri-

sches Stück über den Tod und das Apres-Vie; die weitaus erfolgreichste Darbietung in vier Jahrzehnten deutscher Staatstheater-Geschichte. 483 Aufführungen in München haben dem von weither anreisenden Publikum nicht gereicht, sein wachsendes Bedürfnis nach erspießlichen Todesperspektiven zu stillen. Wiederholer wie den Jumbo-Kapitän gibt es mittlerweile wohl hunderttausend. Franz Josef Strauß wurde siebenmal gesehen. Für Maja Schulze-Lackner, die als »Maja of Munich« die Schickeria anzieht, ist diese Bühnenhimmelfahrt ein Adventsritual. Friedrich Karl Flick hat sich beim gesamten Brandner-Ensemble für entspannende Wegweisung in eine weniger powere Welt bedankt. Bosse und Bauern, Nobelpreisträger und Kleinrentner, Punks und Trachtenerhaltungsvereine, ganze Firmen, Familienverbände oder Forschungsgruppen vereinen sich an »Brandner«-Abenden im Münchner Cuvilliéstheater zu einer unvergleichlichen Zuschauer-, Teilnehmer-, ja Glaubensgemeinschaft. Noch die Pausen werden dramatisiert: durch ein gegenseitiges, inniges Wiedererkennen.

All das bewirkt eine schlichte Legende (...) Die haben bislang in München 350 000 Sterbliche sehen, wieder und wieder sehen wollen, weil sie dabei was zum Lachen kriegen und eine Besinnlichkeit, für die sie ihren Verstand nicht brauchen. Im Silvesterprogramm hat das die »Fledermaus« überflügelt.

Auf einmal gehört der Tod zum Dienstleistungsgewerbe, vollzieht einfach Personenbeförderung von hier nach dort unter schlampiger höherer Aufsicht. Und im ewigen Drüben geht alles wie gehabt gleich wieder weiter, leibhaftig und vor allem bayrisch (...) Es ergebe sich, meint Kapitän Meier-Greve, »eine so tröstende schöne Sicht«, etwas, was einem Protestanten wie ihm die Kirche nicht bietet. Was da überkomme, findet er, enthalte »so 'n bißchen was von dem, was wir in der Fliegerei mitbekommen«.

Flugkapitän Meier-Greve

Dabei ist dieser katholische Theaterhimmel durchaus das Werk von Protestanten. Franz von Kobell (...) ist einer gewesen. Sein Ururgroßneffe Kurt Wilhelm (...) bekennt sich dazu, gleichfalls einer zu sein. Mit dem strengkatholischen ersten Darsteller seines Brandner ergab sich entsprechend dogmatisches Gezänk. Dem war dieser Himmel samt Dreifaltigkeit viel zu vulgär, also erstattete er Anzeige wegen Gotteslästerung.

Ein kompetenter Monsignore mußte alles prüfen – und lachte. Fritz Strassner ist dann mit der Rolle populär geworden, mehr aber noch Toni Berger, diese Seele von Tod. Ihn erwarten alte Leute aus seinem Publikum oft noch nachts vor dem Theater, als ließe sich durch den Kontakt mit ihm das Unausbleibliche verklären (...) So ist aus dem Schaustück ein Kult geworden.

Mit saftigem Spiel allein, das Kenner wie Ingmar Bergman oder der weniger andächtige Peter Zadek gepriesen haben, läßt sich ja nicht erklären, warum es so viele danach immer wieder verlangt. Zadek nennt das »nicht normal«, Mythisches sei da wohl im Spiel, etwas, was offenbar »heute Menschen ganz stark brauchen«. Es sei ein Stück, »das zur Auseinandersetzung von Mensch und Tod führt« und für einen dabei dienlichen Optimismus sorgt. Wirklich, Kurt Wilhelm hat es den Leuten leicht machen wollen und zu diesem Zweck einen ausgesprochen armen Tod kreiert: einen, der den Lebenden leid tun kann. »Kurzsichtig«, sagt Wilhelm, »muß er jetzt auch sein, damit er noch ärmer wird, der arme Hund.«

Auf seine pfiffige Art hat der Autor außerdem die Einsicht der neueren Physik beherzigt, wonach »die Summe aller Energie sich gleich bleibt«. Im Sinne dieses ersten Hauptsatzes der Thermodynamik muß in seiner Version eine blühende Enkelin des Brandner genau um die 18 Jahre früher sterben, die der Großvater dem Tod abgeluchst hat.

Auf solche Weise läßt sich ganz natürlich jegliches Mysterium deuten: Vielleicht auch noch, wieso Wilhelm selber, der Autor mit dem einen ungeheuren Theatertreffer, seinen zweiten dramatischen Vorstoß ins Sinnlich-Übersinnliche, die Komödie »Narren des Glücks«, bis heute keinem Intendanten hat schmackhaft machen können. Man muß es nur thermodynamisch sehen.

Standfest – Michael Skasa, der unversöhnliche Gegner der »hirschledernen Operette« besuchte beim Zehn-Jahres-Jubiläum abermals eine Aufführung und schrieb noch eine Kritik, in der er zu dem Schluß kam, er brauche sein Urteil nicht zu ändern.

Einem Leser der »SZ«, der ihm vorhielt, das Stück habe doch so enormen Zulauf, nannte er brieflich als Gegenargumente, daß zum Beispiel das Kaufhaus-Ölgemälde »Die Zigeunerin«, Jerry-Cotton-Romane, die »Bildzeitung«, Heinos Sangesgut, Schulmädchenreport-Filme, XY-Zimmermann und Ohnsorgtheater auch Millionen begeisterte Anhänger haben. Er gipfelte in dem Zitat: »Eßt mehr Scheisse – Millionen Fliegen können nicht irren.«

1994 bekam er den Schwabinger Kulturpreis, und gleichzeitig Kurt Wilhelm den Schwabinger Ehrenpreis. Da redeten er, aber auch Oberbürgermeister Ude zum Gaudium des Publikums immer wieder von diesem Verriß. Die Leut lachten sehr, als Skasa seine Meinung verteidigte.

Im Fasching saß Erzengel Heino Hallhuber mal am Nebentisch und grinste immer wieder zu Skasa hinüber, bis der schließlich ausrief: »Man wird sich ja amal irren dürfen!« Aber das war, wie gesagt, im Fasching, wo man sich bekanntlich verkleidet, um dem eigenen Ich zu entfliehen.

Staatlich – Im Gegensatz zu Kritikern erkannte die Bayerische Staatsregierung den Publicity-Wert der Aufführung als Darstellung landestypischer Art, und führte immer wieder Staatsgäste hinein. So lud beispielsweise die Staatsregierung am 21. November 1987 die Teilnehmer der »Konferenz der Ministerpräsidenten der Länder der BRD« zu einem Abendessen ins Spatenhaus und dem anschließenden Besuch des »Brandner« im Cuvilliéstheater ein (alle kamen).

Anfang der achtziger Jahre reiste eine internationale Kulturkommission durch Europa und sah sich in allen Haupt- und Großstädten empfohlene erfolgreiche Vorstellungen in allen Sprachen an. Das Münchner Kultusministerium teilte mit, daß im Schlußbericht der langen Reise stand: »*Die beste und eindrucksvollste Vorstellung war* …. (na ja, es war eben ein geschmackvoll-kundiges Publikum).

Bayerns Ministerpräsident Franz Josef Strauß war samt Familie siebenmal drin, andere Minister nicht seltener. Auch wenn sie keinen Staatsgast zu begleiten hatten. So kam es, daß 1980 Ministerpräsident Franz Josef Strauß Gustl Bayrhammer, Fritz Strassner und Kurt Wilhelm mit dem Bayerischen Verdienstorden auszeichnete. Ein bemerkenswertes Land, das Orden für Theaterstücke vergibt.

Nachwuchs – Dies ist eine der zahlreichen Kinderzeichnungen, die mir geschickt wurden. Daß der Boanlkramer als Lieblingsobjekt Kinder ebenso fasziniert wie die Hexe in »Hänsel und Gretel«, kann nicht verwundern. Der Zeichner, damals acht Jahre alt, war 1975 in der Vorstellung. Heute ist er ein verheirateter Mann und Vater von 33 Jahren und führt seinen nun achtjährigen Sohn in die Vorstellung, um ihm zu zeigen, wie Theater auch sein kann. Allerdings immer seltener.

Auch wenn das Erlebnis für das Kind nur ein Anschauungsunterricht wäre: so war Theater einst, als man an den Kulissen und Kostümen sofort erkannte, wann und wo das Stück spielt, und worum es geht, könnte das von Wert sein. Sieht er dann später »Wilhelm Tell« bewaffnet mit einer Armbrust, umgeben von einer Geßler-Garde mit Kalaschnikofs in SS-Uniformen auf einem Jeep auf die Bühne fahren, wird das nun erwachsene Kind vielleicht logisch werten.

Trost – Wurde immer wieder von einem »Trosteffekt« durch das Stück gesprochen, hielt ich das anfänglich für freundliche Rhetorik. Bis mir Angehörige erzählten: »Er hat in den letzten Lebensstunden vom Brandnerhimmel geredet, und daß ihm der Gedanke daran beim Sterben Trost und Hoffnung bedeute.«

Was ist Kritikerschelte und hochgestochener Musenqualm in Feuilletons gegen die Tatsache, daß immer wieder jüngere, alte und uralte Menschen sagen: »Wenn das Sterben so ist, hab ich keine Angst vor dem Ende« oder »I g'freu mi auf 'n Brandner-Himmel. Hoffentli is's da wirkli so grüabig« oder »Sein letzter Wunsch war: noch einmal den Brandner auf dem Fernseher anschauen. Danach ist er ruhig entschlafen.«

Oder eine Pressemeldung in der »Süddeutschen Zeitung« vom 16. November 1976:

»Rotkreuzvorsitzender erschießt sich

›Ich werde nun bald beim Brandner Kaspar im Himmel sein‹, waren die letzten Worte, die man von ihm hörte. Mit dieser Ankündigung verließ er die Gaststätte bei Weilheim. Später fand man ihn tot auf dem Rücksitz seines Autos. Er hatte sich mit seiner Pistole erschossen. Als Motiv wird eine schwere Krankheit angenommen.«

Oder: Daß der Chefarzt einer großen Klinik sagt: »Mit diesem Stück leisten Sie die beste Sterbehilfe für Atheisten, die man sich heute denken kann. Auch wenn einer an nichts mehr glaubt, daran klammert er sich.«

Welch eine Wirkung können doch Theater und Fernsehen hervorrufen. Das ist dann mehr als nur ein Theaterbesuch. Das rührt an die Urangst des Individuums

Ehrungen für den »Brandner Kaspar«:

FRITZ STRASSNER: Bayerischer Verdienstorden – Poetentaler der Münchner Turmschreiber – Ludwig Thoma Medaille und »München leuchtet« in Silber von der Stadt München – Dachauer Literaturmedaille – Goldene Verdienstmedaille des Rundfunks – Bayerischer Staatsschauspieler

GUSTL BAYRHAMMER: – Bayerischer Verdienstorden – Poetentaler der Münchner Turmschreiber – Bayerischer Staatsschauspieler

TONI BERGER: – Bayerischer Verdienstorden – Bundesverdienstkreuz 1. Klasse – Bayerischer Staatsschauspieler – Poetentaler der Münchner Turmschreiber – Pro meritis-Medaille des Kultusministeriums – Ludwig Thoma Medaille – ›München leuchtet‹ in Silber

KURT WILHELM: Bayer. Verdienstorden – Poetentaler der Turmschreiber – Ludwig Thoma Medaille – »München leuchtet« in Gold von der Stadt München – Dachauer Literaturmedaille – Goldene Verdienstmedaille des Rundfunks – Großer Preis der Bayerischen Volksstiftung – Sigi Sommer Literaturpreis – Kulturpreis der Regierung von Oberbayern – Staatspreis für Kultur der Bayerischen Landesstiftung – Ehrenpreis der Schwabinger Kulturpreise – Bundesverdienstkreuz 1. Klasse

vor dem Tod. Die äußert sich je nach Temperament unterschiedlich. Das logische Besänftigen der Todesangst, indem man an ein Märchen, eine Legende zu glauben bereit ist, zeigt sich dabei als Trost und wahre Sterbehilfe. Sogar intellektuell über so etwas Erhabene scheinen dem zu verfallen. Jedenfalls wollen auch sie das Stück immer mal wieder sehen, das ihnen die Übereinstimmung der christlichen Jenseitsverheißung und einer scheinbar logischen Realität vorführt.

Wären diese immanenten irrealen Faktoren nicht, der beispiellose, anhaltende Erfolg seit 25 Jahren und die Tatsache, daß die meisten Besucher mehrmals (bis zu über 50mal!) kommen, ließe sich nicht erklären.

Ins »Cuvi« – Mit Strassners Dazukommen gab es keine Widerstände mehr im Ensemble, und Meisel war Prinzipal genug, den Erfolg, wenn auch seufzend, zu nutzen. Die Vorstellung spielte sich ein, Unsicherheiten und Kleinigkeiten schliffen sich ab. Alles lief wie am Schnürl (ausgenommen das 3. Bild). Als die Vorstellung durchs Abonnement war, begann der für den Etat so wichtige freie Verkauf. Daneben liefen immer noch die drei Thoma-Einakter. Das Bayerische Staatsschauspiel rechtfertigte mal wieder seinen Namen und verdiente sowohl an der Liebe der Einheimischen wie der Zugereisten, die ja nicht selten bayrischer sind als jene.

Wie geplant, wurde das Stück ins Cuvilliéstheater übernommen. Einmal, weil diese Komödie sich gut im Rokokohimmel des architektonischen Bijous ausnahm. Zum anderen, ganz prosaisch, weil die Gewinne aus den Einnahmen im Cuvi dem Etat des Staatsschauspiels zugeschlagen wurden, während die Gewinne des Residenztheaters in den Etat des Ministeriums zurückgegeben werden mußten. Meisel konnte also mit dem Brandner zusätzlich Neues für beide Häuser finanzieren. Der Kaspar zahlte für irische Freiheitsdramen und andere Experimente. Das ist gut und vernünftig. Lokomotiven müssen ziehen, was ohne sie nicht vom Fleck

käme. Wenn Handtkes »Die Unvernünftigen sterben aus« es trotz erstklassiger Besetzung auf nur 14 Aufführungen brachte, es ist Pflicht eines subventionierten Staatstheaters auch so etwas zu spielen. Außerdem erfreut es die Kritiker.

Viele empfanden es so: Im herrlichen Theaterraum des »Cuvi«, von dessen Wänden der Himmel leuchtet und goldene Engel zuschauen, bekommt die Kobellsche Welt so etwas wie Adel. Die zwei Franzln, der Hofzwerg François Cuvilliés und der Professor Franz von Kobell passen gut zusammen. Die Gschicht wird zur Einheit mit der Umgebung. Wenn sich der Vorhang schließt, ist der Zuschauer noch immer in einer Himmelswelt. Darum gingen viele Leute lieber ins Cuvi, auch wenn dort die Sessel unbequemer waren, die Akustik schwieriger, und man von manchen Plätzen aus nur ganz schief auf einen Teil der Bühne sehen konnte.

Meisel konnte 1976 u.a. die 19 Aufführungen »Die Kindsmörderin« von Heinrich L. Wagner, von Andras Fricsay inszeniert, finanzieren. Und die 19 Vorstellungen »Der Präsident« von Thomas Bernhard, der heute als eines der größten Dichtergenies des Jahrhunderts gilt. Braver Kaspar.

Fernsehen – Hörspiel – Buch

Da die Szenen der Fernsehfassung elektronisch zusammengemischt wurden, waren beim Drehen keine gültigen Fotos möglich. Die folgenden Farbbilder wurden vom Bildschirm kopiert und vermitteln nur einen ungenauen Eindruck des Ergebnisses.

Fernsehen – Nach der Premiere berichtete der zuständige Redakteur des BR-Fernsehens seiner Direktion: »Ich habe selten ein Publikum so vergnügt in der Pause und am Schluß erlebt. Das Stück müssen wir ins Programm nehmen.«

Wenn es sogar Fernsehkollegen gefiel, fühlte ich mich geschmeichelt, aber auch besorgt. Jetzt schon aufzeichnen? Und zu Weihnachten senden? Das würde doch dem Theaterbesuch schaden! Wenn's die Leut schon in der Flimmerkiste gesehen haben, gehen sie doch nicht mehr hin, sagte ich. Man belehrte mich, erfahrungsgemäß kämen sie dann erst recht, weil sie's lebendig, original erleben wollten. Ich mochte das nicht glauben, mußte aber zustimmen, weil alle dafür waren,

und ich nicht schon wieder Schwierigkeiten machen wollte.

Ich stellte nur eine Bedingung: Die Theaterinszenierung muß im Studio aufgezeichnet werden. Ich hatte zu viele Übertragungen aus Theatern gesehen, und als Regisseur selbst leiten müssen. Es sah immer dürftig aus, weil die Darsteller zu beengt sind und zu laut reden müssen, damit man sie auch auf den hinteren Plätzen versteht. Da kommt keine Stimmung auf. Nein! Will man einem Stück schaden, überträgt man es von der Bühne. Mit einer Ausnahme: Reine Possen und Schwänke, die auf großes Gelächter des vollen Saals angewiesen sind. Das war aber hier nicht der Fall.

Außerdem wollte ich die Inszenierung nicht bloß vor den gemalten Theaterkulissen abfotografieren, sondern die märchenhafte Geschichte in Originalgemälde von Kobell, Quaglio, Scheuchzer, Dillis, usw. hineinkomponieren. Sie sollten die Schauplätze, Hintergründe und Dekorationsteile sein.

Zu Beginn der Handlung wurden »lebendige« Hofjäger in ein Gemälde aus dem 19. Jahrhundert eingestanzt.

Nur Brandner, Flori und der Holzstoß standen im Studio. Das Umfeld waren blaue Flächen. Wald und Berge sind ein Gemälde.

Tricktechnik – Die damals neue elektronische Trick-technik machte es möglich, die Handlung um den Te-gernsee in Gemälden der Münchner Schule zu spielen, und den Himmel vor Statuen von Ignaz Günther, vor Fresken und in Kirchenräumen der Zimmermanns, Dientzenhofers und Asams. Das Verfahren hieß »Blue-box« und funktioniert, kurz gesagt, so:

Vor einer Kamera stehen kleine Farbfotos der Gemälde. Vor einer zweiten agieren die Darsteller ohne Dekoration vor blauem Hintergrund. Das Blau wird elektrisch eliminiert, und an seiner Stelle im selben Mo-ment das Bild der ersten Kamera einkopiert. Ergebnis: das farbige Gemälde wird zum großen, real wirkenden Hintergrund der Darsteller. Da im Himmel viel Blau in den Kostümen und Requisiten vorkam, wichen wir elektrisch auf ein Grasgrün aus, das im Himmel selten vorkam. Spielten also in einer »Greenbox«.

So einfach das Verfahren ist, es kostet viel Mühe und Zeit, weil jede Kameraposition gesondert und millime-tergenau eingerichtet werden muß. Darum brauchten wir ungewöhnlich lang für die zwei Stunden Sendung, nämlich 21 Studiotage. So was hatte es in Freimann noch nicht gegeben: ein ganzes Stück per Bluebox! Fernsehdirektor Oeller machte viel Menkenke, ehe er die 378 000 Mark Produktionskosten genehmigte (»immer dieser Wilhelm mit seinen Extrawürschten«),

weil die bloße Theaterübertragung etwas billiger ge-kommen wäre, und bloß sechs Tage Arbeit gemacht hätte.

Gemälde – Die Fernsehhintergründe hab ich aus Dut-zenden Büchern, im Jagdmuseum, in der Graphischen Sammlung, der Pinakothek usw. zusammengesucht. Ich brauchte menschenleere Landschaften, um meine Darsteller einzukopieren. Weil aber in fast allen Land-schaften Leute oder Tiere zu sehen waren, mußten die auf den Farbfotos herausgemalt und an ihrer Stelle die Landschaften ergänzt werden. Fand sich für manche Szenen kein passendes Bild, mußten Motive aus mehre-ren Bildern als Collage zusammenkopiert und neu ge-malt werden. Wer aber konnte sowas?

Ich hatte Glück. Im BR war der Szenenbildner Gail-ling zum Fachmann für die Bluebox geworden. Er kannte und konnte alle Tricks. Ihm zur Hand ging ein Kunstmaler namens Willi Thaler, der meisterhaft die al-ten Stile beherrschte. Beide Könner adaptierten, was ich brauchte. Fand sich, speziell für den Himmel, gar nichts Passendes, malte der tüchtige Thaler stilsicher Neues. Für ihn eine Heidenarbeit, aber wir hatten bei Produktionsbeginn Dutzende präparierter Fotos zur Verfügung. Unser Freund, der BR-Hausfotograf Paul Sessner, hatte sie in kürzester Frist hergestellt. Für die

Real sind Tisch, Tanzpodium und die Menschen. Bootshaus, See, Berge und Bäume sind ein Gemälde aus dem 19. Jahr-hundert.

Noch ohne eingestanzte Hintergründe sieht man die blaue Umgebung der Bluebox.

meisten Schauplätze standen genügend Varianten zur Auswahl. Kam ich beim Inszenieren mit einem Hintergrund nicht zurecht, konnte ich einen anderen passenden wählen.

Und die Himmelsszenen sollten in originalem Barock und Rokoko spielen. In der Wies, in Steingaden oder Weltenburg. Das Himmelstor sollte der Hochaltar von Dießen sein, in den statt des Altarbildes Torflügel eingesetzt waren.

Da ich nach damals fast 25 Jahren Praxis als Fernsehregisseur wußte, wie so was geht, wurde es auch so.

Endlich richtig – Ich mußte die Theaterfassung um eine Viertelstunde auf zwei Stunden kürzen, denn länger soll man das Publikum nicht ohne Pause vor dem Bildschirm halten. Ich strich also einiges gut Gemeinte, das im Theater nicht ankam, ersetzte die ganze Zietenszene durch einen kurzen Dialog, der die wirkungs-

Um märchenhaft stilisierter Effekte willen zog bei der Himmelfahrt ein detailgenau gebautes Marionetten-Modell von Wagen und Darstellern gen Himmel. Durch Trickblitze, Wolkeneffekte, Regen- und Sturmprojektion. Das durfte

nicht real sein. Nur wirklich. Darum waren Totenkarren, Pferd und Figuren bei der Himmelfahrt Marionetten vor Gemälden. Dazwischengeschnitten wurden die beiden Darsteller in Nahaufnahme.

94

vollsten Pointen enthielt. Zieten blieb draußen vor dem Himmelstor (Wozu die Preußen »außen vor« sagen. Wovor? Heißt das logische Gegenteil dann »innen nach«?)

Vor allem aber konnte ich endlich aus dem leidigen 3. Bild ein Fest in einem großen Wirtsgarten unter Kastanien machen. Mit Musik und Gstanzln, einem Dreigesang von Mädchen, echtem Volkstanz und viel mehr Gästen als auf dem Theater. Nun konnte sich mitten im irdischen Behagen die Tragödie anbahnen.

Paula Braend als Base Theres gibt dem Teufelsbruder Brandner ungern die Hand. Studio ohne Hintergründe

Im 4. Bild ist nur der Erzengel im Vordergrund real. Statuen, Tor, Himmel und Ornamente sind durch Malerei verbundene Farbfotos, die elektronisch eingefügt wurden.

Pfarrersköchin und das Töchterl auf Erden

Theres durch drei – Auf der Bühne erzählt im 3. Bild die alte Ratschn Theres dem Marei, daß man den Kaspar für einen Hexer und Teufelsbruder hält. Die Darstellerin der Alten verkörpert dann im Himmel die eigene Großmutter als ein schönes junges Mädchen. Ich versprach mir eine Theaterwirkung davon, daß Großmütter im Himmel jung und knackig sind, wenn sie sich dieses Alter ausgesucht haben. Doch der Gspaß kam nie an. Die meisten Theresen waren ältere Damen, deren Jugendlichkeit im Himmelskostüm leicht gewollt wirkte. Die entzückende Junge in der Innsbrucker Inszenierung wirkte mit Perücke, Schminke, Kostüm und Stock als Alte zwar überzeugend, wenn auch übertrieben wie die Hexe in »Hänsel und Gretel«.

Evelyn Palek als ihre eigene selige Großmutter im Jenseits

95

Fatal war nur, daß sie dann im Himmel niemand wiedererkannte, als sie in wahrer schöner Jugend auftrat. Wie man's macht, is eben falsch.

Fürs Fernsehen, das real und überzeugend sein mußte, verzichtete ich auf den Jung-Alt-Gag. Die Ratscherei der alten Theres wurde auf drei Frauenrollen verteilt: eine Pfarrersköchin, deren depperes, unansehnliches Töchterl und die alte Base Theres. Durch diese Dreiteilung gewann ich in dem frauenarmen Stück zwei Rollen. Viktoria Naelin blieb die Theres, wie auf der Bühne, nur mit etwas reduziertem Text. Die Köchin spielte die beliebte Komikerin Erni Singerl, und aus der jungen Evelyne Palek als Töchterl machte die Maskenbildnerin auf dem Fest glaubhaft einen unansehnlichen Trampel. Im Jenseits war die dann als ihre eigene Großmutter, in eigener Gestalt, das entzückende junge Seidenzuckerl.

Die Gerüchte über den Kaspar äußerten nun mehrere Frauenzimmer, und der Ortspfarrer (Alfred Pongratz) verteidigte ihn. Durch diese Texterweiterungen wurde das Fest zum Hintergrund für ein weitreichendes Intrigen-Gespinst, vor dem Brandners ernste Rede vom Diesseits und Jenseits, Sterben und Zusammenleben stärker wirkte als auf der Bühne. Die erweiterte Fassung haben später große Bühnen wie Ötigheim erfolgreich übernommen und damit das 3. Bild bereichert.

Zur Aufzeichnung gab es eine »Kreuzerkomödi« (wie so was im »Rosenkavalier« heißt), als mir das Theater drei Tage zuvor mitteilte, Frau Naelin stünde dringender Bühnenproben wegen zur Aufzeichnung nicht zur Verfügung. Es war recht einmalig, wegen Proben eine Aufzeichnung platzen lassen zu wollen. Ich konnte es dennoch verstehen. Meisel wollte als Kavalier der Kollegin Naelin die Zurücksetzung ersparen, in der verkleinerten Rolle im Bild mitzuwirken. Ich hatte schon so was erwartet und vorsichtshalber die sehr gute Schauspielerin Paula Braend gefragt, ob sie notfalls einspringen könne. Sie konnte. Wir hatten nun statt einer Rolle ein neues Damentrio.

Ablehnung – Wir hatten grad die 50. Vorstellung hinter uns, als man den Kollegen mein Drehbuch der Fernsehfassung zustellte. Die Reaktion war rauh.

Schauspieler lassen an einer laufenden Inszenierung ungern Änderungen vornehmen. Wenn auch ihr Spiel vor der Kamera unverändert blieb, das größere Ambiente mit Musik und Tanz, und die paar Änderungen und Kürzungen erregten ihren Widerspruch. Alle waren empört. Voran der Gustl, der jahrelang als Betriebsrat in den »Kammerspielen« die Interessen der Kollegen vertreten gelernt hatte. Er suchte mit gewerkschaftlichen und moralischen Argumenten zu erreichen, daß ich die Rollenteilung und die Änderungen rückgängig mache. Er fand eine Fernsehfassung überhaupt einen Schmarrn. Ich solle das Stück gefälligst mit vier Kameras von der Bühne übertragen, aus. Meine Argumente – besser ausgeleuchtet, dezenter gespielt, intimer wirkende Szenen – ignorierte er. Wir schieden vorerst im Grant. Erst als er sich auf dem Bildschirm in einer himmlischen Märchenwelt wandeln und agieren sah, gab er wieder Ruh. Wäre er kein Bayer gewesen, hätte er vielleicht sogar zugegeben, daß es so besser aussah. Aber so sagte er gar nichts. Hätte ich ihn gefragt: »No, schaut's net richtiger aus?«, hätte er vielleicht geantwortet. »Wieso? Ich hab's ja gleich g'sagt.«

Schade – Auch Meisel war entsetzt über die Veränderungen. Daß ich nicht einfach in seinem Theater aufzeichnete, betrachtete er als Verrat und sprach von da an nie mehr mit mir. Begegneten wir einander zufällig, war ich aus Glas, er sah mich nicht. Bei den offiziellen Feiern der 300. und 350. Aufführung durch die Stadt München erwähnte er mich in seinen Ansprachen mit keinem Wort.

Mir hat diese Konsequenz imponiert. Sie war mir lieber als die oft branchenübliche Verlogenheit: freundlich ins Gesicht, intrigant im Rücken. Der Bruch hat mir immer leid getan. Ihn als Künstler und Intendanten schätzend, hätte ich das Zerwürfnis gern ausgeräumt, aber alle Versuche, zu einer Aussprache zu kommen, scheiterten. Er blieb unversöhnlich bis ans Ende seines Lebens.

Teile seines Personals übernahmen seine Verachtung. Schon in der Spielplan-Vorschau 1975/76 kam mein Name nicht mehr vor. Künftig wurde nicht einmal mehr die »Wiederaufnahme« des Stücks angezeigt. Es

war, als geniere man sich für den Erfolg der Bayern-
truppe und trüge die Nase hoch.

In Etappen aufzeichnen – Von Vorteil war, daß die
Darsteller nach über 50 Vorstellungen text- und reak-
tionssicher waren. Ums rein Schauspielerische mußte ich
mich im Studio kaum mehr kümmern. Da wußten sie
längst alles besser. Lediglich den leiseren Grundton
fürs Mikrophon mußte ich manchmal einstimmen.

Der dekorative Aufwand war einerseits groß, andererseits minimal. Real mußte nur sein, was die Darsteller anfaßten. Alles andere war gemalt. Nötig waren
grüne Klötze zum Sitzen, exakt an jenen Stellen, wo im
Endbild ein gemalter Stuhl stand. Oder grüne Türflü-
gel, aus denen auf dem Bildschirm ein festliches Portal
wurde. Reisen durch die Weiten des Himmels oder
Gänge durch die irdische Landschaft fanden im leeren,
bis oben hinauf grün ausgehängten Studio statt – ein
minimaler und großer Aufwand zugleich. Manches,
wie das Innere der Brandnerhütte, war natürlich real
gebaut.

Im September hatten wir acht Studiotage für die beiden Himmelsakte. Mehr Zeit als sonst für ein ganzes
Fernsehspiel. Aber das akkurate Einrichten der Kameras und die vielfältigen Fahr- und Schwenkproben dau-
erten eben. Auch mit den besten und erfahrensten Ka-
meramännern des Hauses. Die Präzisionsarbeit machte
die Darsteller oft ärgerlich, weil sie immer wieder lang
warten mußten und manches oft wiederholen, wenn
wegen technischer Fehler abgebrochen wurde.

Es kam auch manchmal zu nachträglich betrachtet
spaßigen Episoden:

Bissel weit – Ludwig Schmid-Wildy, unser Turmair,
litt unter dem nicht seltenen Schauspielersyndrom: Er
konnte kein Angebot ausschlagen. Davon Befallene haben meist in ihrer Karriere karge Zeiten durchgemacht,
in denen sie, wie manche Altbaiern sagen:« 's Mäu an's
Tischeck g'haut ham«, also nichts zu beißen hatten.

In der mühsamen, schwierigen und langwierigen
Fernsehaufzeichnung mußten alle dauernd anwesend
sein, auch wenn sie in ihrem Komplex längere Zeit
nicht ins Bild kamen, damit bei den Improvisatio-
nen Trickbilder zustande kamen und nicht alles sta-

gnierte. Konzessionen waren bei dieser Technik nicht
möglich.

Wer beschreibt mein Erstaunen, als mitten in der
1. Himmelsszene der Lu sich mit seinem charmanten
Lächeln neben mich vor den Monitor setzte, auf dem
als Endbild Darsteller und Hintergründe zusammengemischt waren. Er nickte beifällig: »Schön! Des werd
ganz schön! Da wirst a Ehr einlegen damit. Is schon sakrisch schwierig zum Machen, gell. Des packt bloß einer wie du, der 's Technische versteht.«

»Na ja – in zwei Tagen, wenn wir mit die Himmelsszenen durch sind, kommt erst das Schwierigste, das
Fest.«

»Soso, in zwei Tag erst – aha.«

»Morgen, wenn deine Szene mit'm Nantwein fertig
ist, brauch ma bloß noch den Gustl und den Toni für
die Schlußszene.«

»Aha – soso. Aber des weißt scho, daß i morgen net
da bin?«

»Waas?«

»Hat ma dir des net g'sagt, daß i beim Film morgen noch an Drehtag hab? Ich hab des doch ange-
meldet.«

Ich kippte fast vom Stuhl. Natürlich hatte mir das
niemand gemeldet. Das konnte gar niemand, weil der
Lu, das alte Schlitzohr, niemandem was gesagt hatte. Es
war bekannt, daß er oft zwei sich überschneidenden
Produktionen zusagte, weil er oft erlebt hatte, daß sich
dann im letzten Moment da oder dort etwas verschob,
so daß es keine Kollision gab und er beide Gagen kas-
sieren konnte. Und wenn 's wirklich mal zusammen-
traf, dann? Ja, dann mußten eben die beiden Produktionen miteinander raufen und sich einigen, welche zu
verzichten hatte.

Da ich so was mit dem Lu schon zweimal erlebt
hatte, machte ich ihm, nach einem wütend-verzweifel-
ten Monolog, jenen Kompromißvorschlag, der schon
zweimal geholfen hatte: »Ich red mit den Filmleuten.
Sie sollen dich gleich in der Früh drannehmen, und die
Gegenschüsse auf deine Partner später ohne dich machen. Da bist vielleicht mittags schon fertig, und wir
verlegen unsere Drehzeit, und beginnen erst am Nachmittag.«

»Aha – ja, dankschön fürs Entgegenkommen.«

»Glaubst, du kannst so um zwei oder drei Uhr hier sein?«

»Leider net – wie ich des so überseh.«

Ich ging wieder hoch: »Wieso nicht? Mit'm Auto bist von der Bavaria in Geiselgasteig in längsten einer halben Stund hier.«

»Des schon. Aber wir drehen leider net in der Bavaria. Wir ham Außenaufnahmen.«

»Dann soll dort ein Auto startbereit stehen – wie lang wird's dann dauern?«

»O mei – schwer zum Sagen, aber viel, viel länger.«

»Sag, willst du nicht, oder was ist los?!«

»Wollen schon. Es is mir ja selber so arg, daß i dir solche Scherereien mach.«

»Aber? Wo dreht's ihr denn?«

»In Villach, am Wörthersee. Und des is doch a bissel gar weit weg, findst net auch?«

Fern in Österreich? Wir mußten alles umdisponieren und brauchen einen Drehtag mehr. Oh, diese…

Halunkinationen

Halunkinationen – So nannte Schmid-Wildy ein kleines Buch voll Gaudi, das er herausgegeben hatte. Nach der langen Sommerpause 1975, als wir den Brandner im Theater zur Wiederaufnahme durchprobten, um zu kontrollieren, ob noch alle Bescheid wissen und Kostüme und Requisiten in Ordnung sind, trat er als Turmaier auf sein Stichwort hin präzise aus der Kulisse und sprach etwa Folgendes:

»Hmprüwizjablmpfnetämösta.«

Ich, unten im Parkett: »Wie bitte? Ludwig, des hab i jetzt fei net verstehen können.«

Da trat er mit seinem unnachahmlichen schüchternen Halunkinations-Grinsen vor an die Rampe und sagte halblaut: »Des glaub i gern. Des war ja auch koa Text, sondern bloß irgendwas, damit Du siechst, daß i mei Stichwort weiß. Bloß – den Text, den i jetzt sagen müßt, hab i leider vergessen. Den muß i erst wieder nachschaun, entschuldige. Am Abend weiß i's dann scho.«

Als ich ihm abends dankte, daß er seinen Text genau gekonnt hatte, wo doch bekannt war, wie oft er »hing« und dann improvisiert irgendwas daherredete, bis ihm die Souffleuse oder die Kollegen wieder drauf halfen, da seufzte er:

»Jaja – leider leider muß i jetzt wirklich lernen. Früher is mir halt noch viel mehr eing'fallen.«

Die irdische Welt – Der zweite Aufzeichnungskomplex kam erst drei Wochen später dran. Schauspielertermine und Technikvorbereitungen machten die große Pause nötig.

Die beiden zentralen Szenen zwischen Brandner und Boanlkramer waren leicht zu bewältigen. Jagd und Himmelfahrt machten mehr Arbeit als erwartet, aber die meiste verursachte das Festbild mit viel Komparserie, Musik, Tanz, Gstanzln, Gewitter und knappen Dialogszenen. Das war ein Puzzlespiel von vier Tagen, an deren Ende uns allen, bildlich gesprochen, der Bleschl (die Zunge) heraushing.

Aber es war fertig, und ich mutmaßte, zufrieden sein zu können.

Rückblickend stand die intensive Fernseharbeit mit allen Erschwernissen für mich unter einem Unstern. Nach der anstrengenden Aufzeichnung war ich dank privater Probleme und Arbeitsärger so mürbe, daß ich im »Deutschen Herzzentrum« drei Bypässe bekommen mußte.

Ich konnte bei der Endfertigung der aus vielen Schnipseln bestehenden Aufzeichnungen gar nicht dabei sein. Man rollte mir nur noch vor der Operation einen Fernseher mit Videorecorder ans Bett, die ausgezeichnete Bildmischerin Inge Marschner und Toningenieur Sebastian Schlandt kamen jeden Tag mit Szenenmaterial, wir legten die Schnitte fest, und tags drauf führten sie mir vor, was sie nachts ausgeführt hatten. Eine recht einmalige Art verantwortlicher Fertigstellung durch Autor, Regisseur und Verleger in einer Person.

Marei betritt die himmlische Kanzlei durch den Dießener Hochaltar.

Die Himmlischen verlachen den Boanlkramer wegen des Kerschgeists.

Afra, die verjüngte Großmutter (Evelyn Palek) – Nantwein (Gerd Anthoff) – Portner (Gustl Bayrhammer) – Turmair (Ludwig Schmid-Wildy – Marei (Yvonne Brosch) lesen Zietens Beschwerde.

Die gleiche Szene ohne Himmel

Der Himmel zürnt, es wird dunkel. Der Boanlkramer muß den Brandner holen. Die drei Engel im Hintergrund sind reale Personen.

Erzengel Michael verjagt ihn mit dem Schwert, in dem echte Flammen brennen.

7. Bild, das Finale. Die Himmlischen erwarten die Fuhre mit dem Brandner. Real ist hier nur die Balustrade samt Drapierung.

Die heilige Trinität hat verziehen.

Der Portner heißt den Brandner willkommen.

Der Kaspar zieht ins Paradies ein.

Der Brandner Kaspar schaut ins Paradies.

Boanlkramers Abschied

Erfolg? – Die Sendung zu Weihnachten sah ich dann, frisch operiert, zusammen mit dem koreanischen Chirurgen Dr. Paek, der mit der bairischen Sprache wenig, mit dem Stück aber viel anfangen konnte. Ein Effekt, den ich schon vom Theater her kannte, wenn Fremdsprachler, ganz Fremde oder Totalpreußen drin waren. Da war zwar oft ein Übersetzungs-Getuschel zu bemerken (»Was hatta jesacht?«) – doch war die Amüsiertheit am Ende allseitig.

Die Aufzeichnung schien mir gut gelungen. Da sie in den kommenden Jahren siebenmal wiederholt wurde, gefiel sie anscheinend auch dem Publikum – allerdings weniger als die Theatervorstellungen. Siegte das Lebendige über alle Tricktechnik, was ja auch wieder tröstlich wäre? Bewirkte die Stilisierung durch Gemälde einen Verfremdungseffekt? Oder ist das pausenlos durchgespielte Stück einfach zu lang? Ich weiß es nicht und bin nicht objektiv genug, es zu erklären. Auf die Theateraufführung wurde der Ansturm immer größer. Man hatte es richtig vorausgesagt: Die Fernsehfassung wirkte werbend.

Hörspiel – Mein Kollege vom Hörfunk, Helmut Kirchammer, hatte kurz nach der Premiere gesagt, er wolle eine Hörspielfassung für sein Programm haben. Die wurde dann meine erste Arbeit nach der Operation. Eine Rückkehr zu dem Genre, das mein Beruf von 1945 bis 1953 gewesen war, ehe ich zum Fernsehen kam. Ich hab immer gern Hörspiel gemacht. Es ist eine klare, saubere Arbeit ohne großen technischen Aufwand, bei der ein wesentlicher Teil der Inszenierung in

der Fantasie der Zuhörer oft richtiger und schöner entsteht, als das, was man auf den Bildschirm oder die Bühne bringen kann.

Ich richtete die Hörfassung ein, die teils erklärend, teils komprimiert sein mußte, strich eine halbe Stunde Text, damit wir ins Programmschema der 90 Minuten passen, fügte Erfahrungen und Pointen aus der Fernsehfassung hinzu (so die Dreiteilung der Rolle »Theres«), und nahm das Ergebnis mit unserem Theaterensemble auf. Es war für mich neu und interessant, weil der Funk inzwischen von Mono auf Stereo umgestellt hatte, man also links und rechts unterscheiden und zur Verdeutlichung der Szenen nutzen konnte. Eine wirkliche Bereicherung. Ich hatte meine Freude dran.

Kurz danach wollte der Schallplattenproduzent Hans Huber das Hörspiel als Langspielplatte herausbringen. Das gelang erst nach endlosem Hickhack um die Genehmigung der Juristen im BR. Sie leiteten daraus, daß die Aufnahme in BR-Studios entstand, Urheberrechte ab, obwohl die Anstalt des öffentlichen Rechts gar keine Geldgeschäfte machen darf – und außerdem fragte ich mich, welche »Ur« haben sie denn gehoben? Begründet die Beistellung von Raum und Technik ein Recht zum Mitkassieren, nachdem sie das Produkt, das Hörspiel, bereits gesendet, also genutzt hatten?

Als die beiden Langspielplatten endlich in den Handel kamen, veranstaltete der Radio-RIM-Chef Wolf Müller eine große Pressepräsentation mit den Hauptdarstellern. Das erste Plattenalbum überreichten wir dem Bayerischen Ministerpräsidenten Alfons Goppel,

der mir immer wieder gesagt hatte, wie sehr ihm der Brandner gefalle. Er liebte vor allem die Sentenz: »An dem Volksstamm kannst zerschellen.« Vermutlich als Folge seiner Berufserfahrungen.

Die Platten gingen recht gut, und als die Firma verkauft wurde, brachten die neuen Chefs das Hörspiel zwar als CD heraus, aber nur kurzzeitig, denn schon flammte wieder ein Juristen-Hickhack auf. Daraufhin verschwand die Aufnahme ganz. Vielleicht kann sie das 35jährige Jubiläum neu beleben, nachdem inzwischen der BR manche Produktionen selbst auf Platte vertreibt.

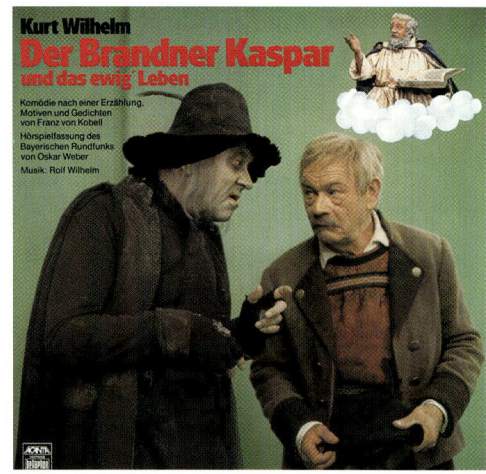

in ähnlicher Absicht an. Da war ich ein bissel unsicher, welcher nun der richtige Verlag sei.

Förgs Stärke war die schöne Buchgestaltung. Das meine wurde ein wahres Schmuckstück mit Illustrationen, Vignetten und reizvollem Umbruch. Noch unerfahren in Verlagsdingen hatte ich dem Armen allerdings eine Satzvorlage geschickt, von der er sagte:

»Also – so was hab i überhaupts noch nie g'sehn.«

Ich hatte nämlich einfach den hektographierten Bühnentext einerseits mit Strichen und drübergeschriebenen Veränderungen, andererseits mit Ziffern, Zusatzzeichen und Krakeln versehen, die anzeigten, welche der beiliegenden Texterweiterungen wo eingefügt werden sollte. Es sah wirklich chaotisch aus – fast wie die Manuskripte von Honoré de Balzac – vor allem da, wo ich mit der Hand geschrieben hatte. Aber es wurde doch was.

An der Präsentation des Buches kurz vor Weihnachten 1975 im »Haus der Kunst« konnte ich leider nicht teilnehmen. Da lag ich im »Herzzentrum«. Strassner las an meiner Stelle die Beispiele. Sicher sehr gut.

Die Auflage wurde verkauft, aber so ein Erfolg wie die Aufführung wurde das Buch nicht. Freunde schöner Bücher schätzten es, aber ein Theaterstück zu lesen scheint die meisten Leute zu sehr an die Schulzeit zu erinnern (wochenlang, mit verteilten Rollen, und dann noch Analysen). Sie möchten es lieber von Bühne oder Fernsehen vorgeführt bekommen. Was ja auch wieder verständlich und löblich ist.

Buch – Ein paar Monate nach der Premiere meldete sich der Chef des »Rosenheimer Verlagshauses«, Alfred Förg. Er wollte den Bühnentext in schöner bibliophiler Aufmachung herausgeben. Ich sagte begeistert zu. Doch wie's so geht, kurz danach fragte der ebenso angesehene »Schneekluth«-Verleger Staudinger

**Kurt Wilhelm
Franz von Kobell:
Der Brandner Kaspar
und das ewig' Leben**

dtv

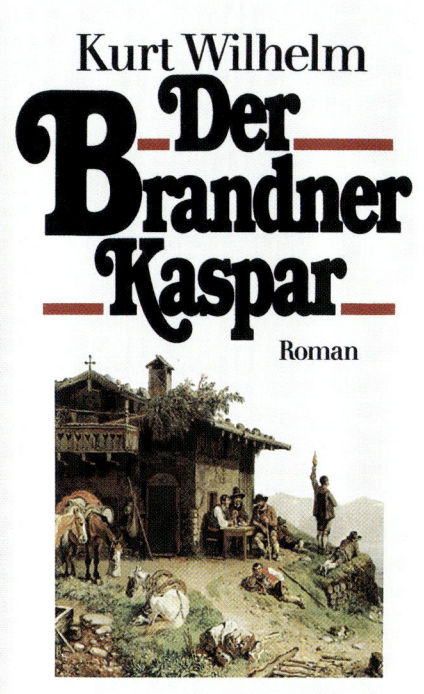

**Kurt Wilhelm
Der Brandner Kaspar**

Roman

nymphenburger

Taschenbuch – Fünf Jahre später, das Rosenheimer Buch war ausverkauft, blickte ich bei einer Buchpräsentation des Deutschen Taschenbuch Verlages (dtv) auf die schönen Ausgaben mit Titelbildern von Celestino Piatti und seufzte: »Mei, wenn mein Brandner auch amal so erscheinen tät. Am besten gleich zweisprachig.«

Ein freundlicher Herr neben mir, den ich nicht kannte, fragte: »Was meinen Sie mit zweisprachig?«

»Im originalen Albairisch, und daneben in gemildertem Schriftdeutsch – als Hilfe für die Leut, denen zwar das Stück gefällt, die aber gern wisserten, was da gredt wird, weil ich den Dialog ja, konsequent Kobell folgend, in altem Bairisch geschrieben hab.«

»Das muß doch zu machen sein«, meinte der Herr, und weil er der Chef des Verlages, Heinz Friedrich, war, ging meine Bemerkung im Mai 1983 in Erfüllung. Das dtv-Buch fand größere Verbreitung, wurde Übersetzungshilfe und dient bis heute den Bühnen als Textbuch.

Roman – Am Stück Gefallen fand auch der Herrscher über zwei Dutzend Verlagsunternehmen, Herbert Fleißner. Er sagte eines Tages: »Der Stoff ist so vielfältig interessant und originell, daraus könnten Sie doch eine Prosafassung machen – einen Roman. Theaterstücke liest das Publikum nicht gern, aber Romane – wie wär's?«

Ich wäre nie drauf gekommen, die Geschichte zu erweitern und sie beschreibend zu erzählen. Dazu war mein Respekt vor des Ahnherrn dichterischer Leistung zu groß. Ich traute mich an so was gar nicht hin. Fleißner aber war fast euphorisch: »Das kann ein Stück bayrischer Erzählliteratur werden. Probieren Sie's doch wenigstens.«

Das war wieder so eine Ermutigung, wie vor Jahren die durch Freund Thoms. Und so wie damals die Aussicht bestand, das Stück könne aufgeführt werden, war es hier sicher, der Roman bliebe nicht in meiner Schublade, er erschiene in einem namhaften Verlag. Ich traute mich immer noch nicht, doch Fleißner blieb ein geduldiger »steter Tropfen auf dem Stein« (gutta cavat lapidem, no vi sed semper cadendo). Er bot mir einen Vertrag samt Vorschuß an und fragte immer nur, wenn wir uns begegneten: »Na, schon angefangen?« Ich genierte mich bereits in meiner Defensive, seinem großzügigen Angebot nicht begeistert zu folgen.

Autorengruppe – Dazu kam noch etwas. Bald nach dem Brandner-Erfolg lud mich der Schriftsteller Oskar Weber zum Kaffee ein. Ich hatte mit dem erfahrenen volkstümlichen Autor von Hörfunkarbeiten, Theaterstücken und Gedichten seit Jahrzehnten im Funk zu tun gehabt. Er erzählte von einer Autorengruppe, der er angehörte, die seit 1959, also immerhin schon 17 Jahren bestand und der so berühmte Dichter wie Eugen Roth, Ernst Hoferichter, Josef Maria Lutz usw. angehörten. Auch er. Die Poeten hatten ihn nun beauftragt, anzufragen, ob ich nicht auch ein »Münchner Turmschreiber« werden wolle. Sie würden sich freuen, denn ihr Anliegen sei es, der bayrischen Literatur ein Forum, einen Rahmen, einen Angelpunkt zu geben. Da passe ich als schreibender Kobell-Nachkomme dazu.

Ich hatte schon von den »Turmschreibern« gehört, kannte auch einige, und so war es mir eine Ehre, aufgenommen zu werden. Ich genierte mich bloß ob des Mangels an Publiziertem. Bisher hatte ich fast nur für Funk, Film und Fernsehen geschrieben, und keine Literatur. Ich mußte eiligst ein einigermaßen literarisches Werk nachliefern, eine Prosa. Dazu hätte der Brandner-Roman gewiß gut gepaßt. Sollte ich?

Nach zwei Jahren des Zögerns bekam ich durch einen der profundesten Kenner alles Bayrischen, Paul Ernst Rattlmüller, zufällig ein Büchl aus dem Jahre 1854 in die Hand: »Der Tegernsee und seine Umgebung« von Max Carl von Kremplhuber. 1854 war die Zeit, in der der Brandner Kaspar spielte! Ich erwartete mir nichts, las und fand alles. Eine genaue Schilderung von Personen, Namen und Begebenheiten aus jener Zeit, da Tegernsee 90 Häuser und 600 Einwohner hatte. Ein Tatsachen- und Milieubericht, eine Fundgrube, eine Tankstelle …

Wenn man etwas machen soll und drückt sich davor, arbeitet es oft im Unterbewußten weiter. Ich hatte mir

schon beim Schreiben des verflixten 3. Bildes ausgedacht, wie der Brandner wohl in der erschlichenen Zeit lebt, wie seine Umwelt reagiert, wem er im Weg ist, weil er doch gar nicht mehr hergehört …

Das Tegernseebüchlein war der Feuerstein, der den Gedankenzunder entfachte. Nun konnte ich mir genau vorstellen, wie die reale Welt von damals aussah, in der der erfundene Brandner lebte. Was er tat, wen er kannte, wie alles ablief. Setzte mich drum in der »staaden« Zeit 1986 hin, begann und wurde in den ersten Monaten 1987 fertig. Nun stand all das da, was mir dazu einfiel. Die vielen Details, für die auf der Bühne keine Zeit war, oder die nur angedeutet werden konnten. Der Verlauf der Hofjagd zu Beginn, die Hoffeste, das Leben und die Bedeutung des Kaufmanns Senftl, Brandners drei Jahre voll Mühsal und Arbeit im Duell mit Senftl und der Mißgunst der Mitwelt, und eine ausgedehnte historisierende Schilderung des Bayernhimmels.

Zu Weihnachten bekam der getreue Verleger die erste Hälfte zu lesen. Er war zufrieden und so freundlich, gespannt auf die zweite Hälfte zu sein. Auch die enttäuschte ihn nicht. Das Buch konnte im Herbst im »Nymphenburger Verlag« erscheinen.

Ich würde nun gern berichten, der Roman sei ein dem Stück ähnlicher Erfolg geworden. Aber leider… Die Kritiken waren freundlich, und wer ihn las, hatte Freude daran, wie man mir sagte. Doch kam er über die erste Auflage nicht hinaus, und als Taschenbuch im Ullstein Verlag war er auch kein großer Renner. Heute sind beide vergriffen. Es gibt ihn nur mehr vorgelesen auf Kassetten.

Woran das liegt? Offensichtlich wollen die Leute das Theaterstück sehen und nur das. Und zwar öfter. Wogegen ja an sich nichts einzuwenden ist.

Hörbuch – Für die Hörbibliothek der Firma Schunm (wesentlich für Sehbehinderte) las ich den leicht gekürzten Roman auf Kassetten. Über sechs Stunden dauert es, ihn anzuhören. Wer sollte soviel Zeit haben, sich das anzuhören?

Kürzlich sagten mir zwei Männer, sie hätten. Ein Kunstmaler, während er an einem Bild arbeitete, in der Einsamkeit seines Ateliers, die ganzen sechs Stunden am Stück, und ein Geschäftsmann hatte sich eine Autobahnfahrt München/Berlin trotz Staus damit angenehmer gemacht. Moderne Zeiten.

Ich lese manchmal in Veranstaltungen ein Kapitel daraus vor und versuche, im Abstand von Jahren objektiv zu beurteilen, ob mir die Schilderungen, vor allem sprachlich, gelungen sind. In den Kapiteln, die ich vortrage, denke ich: schon. Das übrige müßte ich selbst erst einmal wieder nachlesen. Oder die sechs Stunden anhören. Nur, dazu kann ich mich einstweilen nicht entschließen.

(Aus dem Roman:) Der Tag, an dem der Brandner Kaspar hat sterben sollen, war einer von jenen, an denen die Natur behaglich zu schmunzeln scheint, wo poetische Seelen davon schwärmen, wie schneeweiß die Wolken sind, wie angenehm frisch das Elf-Uhr-Lüftl von den Bergen herab weht, wie die Mittaggssonne nicht gar so heiß sticht, wie die Wälder widerhallen vom bunten, emsigen Lärmen der Vögel, wie es zirpt und summt in Wiesen und Gründen, und Schmetterlinge zuhauf über die Blüten hin schaukeln.

Am Mittag noch war der Kaspar gänzlich gesund und springlustig und hat so viel Lazzi und G'spaß gemacht, daß ihn der Flori gefragt hat:

»Was ist denn, du bist ja heut gar so fidel? Gibt's einen Anlaß?«

»Grad den«, war die Antwort, »daß mich's Leben unbandig g'freut. Des g'langt doch!«

Die kleine weite Welt um den See ist von stiller Beständigkeit. Das Altbewährte wird sorgsam bewahrt, das Neumodische argwöhnisch beäugt, ob man es überhaupt braucht und für was es gut sein soll. Ein Jeglicher hat seinen Platz, ein jegliches Tun und jegliches Ding seinen einfachen Sinn.

Ein Durcheinander und elendes Lärmen gibt es in dieser Zeit der neuen Maschinen und Eisenbahnen nur in den Städten. Ja, vier Stunden entfernt, in München drin, da rasseln die Fuhrwerke, eines am anderen, und fahren einander in die Quere, da schreien und fluchen die Kutscher wie die Kutscher, plärren Hausierer, streiten Bettelweiber, gießt man Unrat aus den Häusern in die Rinnsteine, hämmern und wuchten Handwerker an ihrem Zug den lieben langen Tag und die halberte Nacht, und unaufhörlich tappen Leute scheinbar ziellos hierhin und dorthin, mit schallenden Sohlen über die buckligen Kopfsteinpflaster. Uhren und Glocken schlagen von den Türmen eine jegliche Viertelstunde, das Militär marschiert mit klingendem Spiel, es ist ein ständiges Schwätzen und Hasten, und immer gibt es etwas zum Schauen, zum Hören, nie ist Ruh, und man muß sich seine Behaglichkeit suchen.

Am Tegernsee rasselt halt ein-, zweimal am Tag ein Stellwagen oder ein Landauer von Gmund aus mit trabenden Rössern die Uferstraße entlang und bringt ein paar Sommergäste nach Bad Kreuth hinter zur Molkenkur. Es ist rundum so still, daß man am Ufer die Stimmen der Fahrgäste, draußen, über das Wasser vernehmen kann, wenn das kleine Dampfboot auf dem See herum schinakelt…

Horst Haitzingers Gratulationsblatt

Brandner allerorten

Freilicht – Das Wetter macht diesseits der Alpen meist dicke Striche durch gutgemeinte Rechnungen. Was hat man nicht alles probiert: Regenschirme oder wasserfeste Kutten ausgeben, Planen über die Spielstätte spannen, schwören: nie wieder Freilicht, und dann doch wieder spielen, weil die Stimmung an einem schönen Sommerabend so poetisch, bezaubernd und naturnah sein kann.

Die meiste Erfahrung mit Freilicht hat seit Ende des 17. Jahrhunderts wohl die »Luisenburg« bei Wunsiedel in der Oberpfalz. Ihre Chronik im 20. Jahrhundert weist erste und allererste Schauspieler und Regisseure aus, die in der romantischen, steil ansteigenden Wald- und Felsenkulisse Klassiker von den Griechen bis zu

Heutigen sowie jeden Sommer jeweils ein Kinder- und ein bairisches Stück aufführten. Vor rund 100 000 Zuschauern pro Saison.

Leider liegt Wunsiedel, wie Resignierende des vielen Regens und der Kälte wegen sagen, in »Bayrisch Sibirien«. Zur Milderung hat man die möglichen 2000 Zuschauer massiv überdacht. Die Bühne nicht. Bei Regen wird weitergespielt, egal wie die Schauspieler eingewaschelt werden.

Intendant Mettin ließ mich 1982 selbst inszenieren. Rolf Castell, Michael Lerchenberg, Joseph Saxinger, Yvonne Brosch und für einige Vorstellungen auch der Toni Berger waren aus der Münchner Aufführung dabei. Aus Koblenz, wo beide die Rollen hervorragend

gespielt hatten, kamen Maximilian Sigg als Brandner und Manfred Molitorisz als alternierender Boanlkramer. Er hatte dort auch inszeniert. Mit so vielen Studierten und Versierten war die Arbeit »a g'mahte Wiesen« für mich, angenehm und schön. Das Wetter wechselte, der Andrang zu den 32 Aufführungen war so groß, daß zum ersten und bisher einzigen Mal in

Sigg und Molitorisz mit Portner.

Cinemascope im Badischen – Seltsam, Deutschlands größte Freilichtbühne in Ötigheim existiert seit hundert Jahren – und ist weithin unbekannt. Sogar in Theaterkreisen. Sie befindet sich in der Auenlandschaft im Rheintal nahe Rastatt, Baden-Baden und Ettlingen, also weiß Gott nicht aus der Welt.

Diese Monster-Super-CinemaScope-Freilicht-Schauspiel-Naturbühne ist 80 Meter breit, mit massiv gebauten Kulissen. Im Zentrum ein zwölf Meter hoher Bau, der mal als griechischer, mal als römischer Tempel dekoriert wird (so für den »Brandner-Himmel«). Seitlich kleinere Häuser, Tore, eine Kirche – jeweils nach Erfordernis der Stücke. Alles wetterfest an Trägergerüste gefügt, solide und echt, wie Filmbauten. Die überdachte Tribüne beschirmt etwa 4 000 Personen.

Jeden Sommer gibt's drei Stücke. Der ganze Ort spielt mit. Ehe sie ihre Rollen lernen und proben, bauen die Männer Dekorationen und Requisiten, und die Frauen nähen Kostüme. Wo man anderswo für Massenszenen grad 30 Leute aufbringt, sind hier 300 bis 400 verfügbar. Kinder aus Ötigheim und Umgebung wachsen mit dem Theater auf. Die meisten Leute

Teilansicht des Bühnenhanges in Wunsiedel. Die Brandnerhütte war etwas seitlich auf die Bühnenbretter gebaut. Gespielt wurde aber oft in der Naturkulisse, die sich vom Bühnenboden aufwärts zieht.

Wunsiedels Theatergeschichte das Stück im nächsten Jahr mit 28 Vorstellungen wiederholt wurde.

15 Jahre später, 1998, inszenierte es dort Heinz Trixner, der 1982/83 den Erzengel gespielt hatte, neu. Wieder mit Molitorisz als Boanlkramer. Brandner war Edi Bierling, mit dem ich die Rolle 1990 im »Chiemgauer Volkstheater« gearbeitet hatte. Damals hatte RTF die Vorstellung aufgezeichnet und gesendet.

dort heißen übrigens Kühn, weil, einem Gerücht nach, ein Kühn im Dreißigjährigen Krieg »uk« gestellt war (ein Scherz, der nur noch Ältere verstehen). Rundum herrscht selbstverständliche Theaterbegeisterung. Die meisten Darsteller haben längst professionelle Erfahrung und Qualitäten.

Man spielt eine »Passion«, »Götz von Berlichingen« und ähnlich Großes. In »Ben Hur« bietet der örtliche Reiterverein ein berühmtes, wildes, zehnminütiges römisches Wagenrennen. Im »Brandner« sprengte der weiland Reitergeneral Zieten im Himmel, eskortiert von zwölf Husaren auf wunderschönen Rössern herein, sprang ab und begann: »Keener da? – Ei det schon wieder…!«

Das Stück begann hier mit dem Halali nach einer Hofjagd, einer ersten Massenszene mit vielen Jagdgästen, der Strecke, einem Tanz, Jägerchor und der Abfahrt der hohen Herrschaften in Equipagen. Die Brandnerhütte stand seitlich, die leisen Szenen darin liefen, wie auf allen Bühnen, dezent im kleinen Rahmen.

Das Geburtstagsbild war ein Monsterfest mit 300 bis 400 Gästen, Einzug von Trachtengruppen samt Fahnen hinter zwei großen Blaskapellen. Da paßte der Text: *Es is schier net zum glauben, wie viel Freund der Kaspar hat.* Das Gratulations-Lied sang ein Chor von 130 Stimmen, als sei's der »Wacht auf«-Chor in den »Meistersingern«. Beim Gewitter am Schluß begoß die Feuerwehr unsichtbar vom Dach der Zuschauertribüne herab die Szene aus allen Rohren.

Versteht sich, daß es im Himmel von Engeln und Heiligen nur so wimmelte, die den entlarvten Boanl-kramer verhöhnten. Bei solchen Dimensionen und Möglichkeiten muß nichts hinter der Szene geschehen und nur hörbar sein, da kann alles gezeigt werden. So auch ein vom Begräbnis Mareis heimkehrender Leichenzug samt großem Pompe-funèbre-Pferdewagen.

Besonders eindrucksvoll war der Beginn der Himmelfahrt. Es war bereits dunkel, als auf einen Pfiff des Boanlkramers der Rappe ohne Kutscher den Totenkarren mit schwarzer Schabracke, den Sarg auf Rädern, herbeirollte und so genau beim Boanlkramer anhielt, als sei er auf diesen Pfiff dressiert. Tatsächlich lag der Kutscher im Sarg auf dem Bauch und lenkte mit den Zügeln das Gefährt genau zum Boanlkramer, den er durch schwarze Gaze an der Vorderseite des Sarges sehen konnte. Dann saß der Toni Berger auf, übernahm die Zügel, der Brandner hockte sich hinter ihn auf den Sarg, und die Reise nach drüben begann. Lauter schöne, echte Theaterwirkungen.

Im Prinzip spielen die routinierten Laien dort alle Rollen selbst. Nur manchmal wird ein Berufsschauspieler für eine Hauptrolle dazu engagiert. In unserem Falle 1984/85 und 1994/95 der Toni Berger als Boanlkramer. Daß die Aufführung 1984 dem entsprach, was ich mir wünschte, war neben meinen Vorproben vor allem meinem Helfer Horst Herrmann, einem Lehrer aus Baden-Baden, zu danken, der den Portner spielte. Er leitete dann auch die Wiederaufnahme nach zehn Jahren, als auch Ötigheim das Stück zum zweiten Mal einen Sommer lang gab. Man trennte sich in der Ansicht, es müsse nicht das letzte Mal gewesen sein.

Die Gemeinde singt dem
Brandner als Geburtstags-
ständchen sein Lied.
Probenfoto. Noch sind
nicht alle Mitwirkenden
anwesend.

Der Kaspar (Gottfried
Noll) beginnt seine
Dankesrede.

Schlußszene

Horst Hermann, der Portner, war zudem Co-Regisseur und
unermüdlicher Helfer.

Der Totenkarren. Neben den Zügeln, die im Sarg verschwinden, kann man schattenhaft das Gesicht des liegenden
Kutschers ausmachen, wenn man ganz genau hinschaut.

111

Jörg Schneider, der Übersetzer ins Schwyzerdütsch, war der Boanlkramer, Peter W. Staub der Portner.

219mal Schwyzerdütsch – Die theaterbesessenen Schweizer Brüder Grabowsky, arrangierten dort, und im deutschsprachigen Europa kleine und große Tourneen. Vom Kabarett bis zum großen Musical. Zudem leiteten sie Kleinbühnen in Zürich und Bern. Sie waren in der Branche berühmt, nicht nur weil sie manchmal nicht zahlten, wenn sie wieder mal zuviel auf einmal unternahmen und kein Geld mehr hatten. Daß sich

Eynar Jahre später, offenbar in einer finanziellen Zwangslage, das Leben nahm, hab ich tief bedauert. Da starb einer jener wahren Theaterenthusiasten, die immer seltener werden, weil die mißratenen Geschwister Fernsehen und Internet sie zunehmend in die Enge treiben.

1989 war Eynar Grabowsky in Begleitung des Schweizer Volksschauspielers Jörg Schneider angereist und entwickelte begeistert sein Projekt: Vorstellungen in Zürich zum 50jährigen Jubiläum des Bernhard-Theaters, dann 50 Vorstellungen in Bern und danach Tournee durch die deutschsprachige Schweiz. Schneider als Boanlkramer, sein ständiger Partner Paul Bühlmann als Brandner, P.W. Staub als Portner. Alles in Schwyzerdütsch. Schneider übersetzt den Text, und um der Authentizität willen dürfe ich »Usländr« selbst inszenieren. Das war mir recht, denn in diesen Jahrzehnten mußte man bereits aufpassen, daß nicht ein Regisseur das Stück in die Hände bekam, der seine persönlichen Frustrationen mitinszenierte.

Manches wurde überraschend. Das Stück spielte nun im Fantasieort Apoltingen am Immersee, der Boanlkramer wurde zum »Beinlichrömer«, der Kerschgeist zum »Chriesiwasser«, Bürgermeister Senftl zum »Gmeispräsi« Kägi, und da die Schweiz keine Heiligen hat, gab's statt Turmair und Nantwein den Kirchengelehrten Heiri Hottinger und den Märyter Synesius von Brämgarten, den Löwen anno 64 in Rom im Kolos-

Stube und Himmel in der Schweiz

112

seum zerrissen – wegen panem et circenses. Statt Weißwürscht vorm Zwölfeläuten gab's zur Z'nüni-Pause ein Zervelat.

Solltst Di scho derbarmen hieß »Söttsch scho echli Verbäärmscht haa«, und wo Nantwein klagt: *Der hätt mi fei bald damisch g'redt* hieß es: »Dä hät mer de Chopf voll gschnurret, ich bi fascht schtigelisinnig worde.« Was aus Boanlkramers Sinnieren wurde, möge man mal selbst zu übersetzen versuchen: »Oeppe-n-emal tänki, wänn Ziit würdi Zaalugge überchoo – und chönnt nümme biisse – das gääb es Gheu uf Aerde …«

Weil in der Schweiz ein Lied vom »Schacher Sepp«, der am Himmelstor um Einlaß bittet, populär war, hatte Grabowsky die Idee, den Namen »Brandner Kaspar« durch »Schacher Sepp« zu ersetzen, und statt des Brandner-Liedes am Geburtstag den Schacher-Schlager zu singen. Das war werbewirksam und paßte zur Übersetzung. Was sollte ich dagegen haben, Dialog und Inhalt blieben ja unverändert.

Ich verlebte 1991 eine gute, reibungslose Probenzeit in Zürich (trotz des beginnenden Golfkrieges). Die Bühne des neuen Bernhard-Theaters war zwar recht klein für Stücke mit mehr als fünf Personen, aber der Zürcher Bühnenbildpapst Röthlisberger fand schöne Lösungen für die Enge, und die ausgezeichneten Schauspieler ließen sie vergessen. In den nächsten zwei Jahren kam die Vorstellung in Zürich, Bern (in der »Scala«) und auf Tournee durchs Deutschsprachige auf beachtliche 219 Aufführungen. Zu guter Letzt zeichnete sie noch das dortige Fernsehen auf, so daß nun jeder Schwyzer über den »Schacher Sepp« im Bilde sein dürfte.

Österreich – Kobells Geschichte galt, auch mit meinen Zutaten, als echt bairisch und landestypisch. Da sie aber auch Schwaben in ihrer Landessprache aufführten, meinte ich, müsse es doch auch was für das uns sprachverwandte Österreich sein. Vice versa, so wie wir Nestroy, Anzengruber oder Horváth aufführen. Doch Wien fand alles zu bairisch, und das mögen s' net sehr. Woraufhin ein dortiger Verlag eine Österreichfassung herstellen ließ. Und zwar von einem der einfallsreichsten und humorvollsten Stückebearbeiter, mit dem ich schon oft zusammengearbeitet hatte, von Hugo Wie-

Wolfgang Hübsch, Walther Reyer und Bruno Dallansky. Eine hochkarätige Burgtheater-Besetzung.

ner. Er fand, ebenso wie später der Schweizer Jörg Schneider, außer ein paar Namen müsse man nur die beiden Himmelsfiguren Nantwein und Turmair durch lokale Berühmtheiten ersetzen. Das ländliche Milieu gleiche sich überall, wo Alpen herumstehen. Und die Probleme seien auch überall die gleichen.

Trotz erfolgreicher Gastspiele der Münchner Aufführung in Österreich und Tirol dauerte es noch Jahre, bis sich nach Kleinbühnen auch St. Pölten, Wels und Attnang zur Aufführung entschlossen. Im Innsbrucker Landestheater durfte ich 1989 meine neue Österreich-Bearbeitung kreieren. Da wurde tirolerisch gesprochen, der Brandner war ein herrlich echter Südtiroler

Laienschauspieler namens Theo Rufinatscha. Das übrige Ensemble stellte das Haus. Im Himmel wurden die Wiener derbleckt, die für Tiroler das sind, wozu die Preußen echten Bayern dienen. Ausstattung und Ensembleleistung waren prächtig, das Publikum hatte seine Freude. Nur leider wurde der Erfolg nicht ausgenutzt. Anscheinend waren manche respektlose Pointen im Himmel für glaubensfeste Tiroler Katholiken zu frivol. Das Stück verschwand trotz Murrens des Publikums und heftiger Nachfrage nach 16 Aufführungen vom Spielplan.

Im Anschluß an die nachfolgend geschilderte Tournee brachte der Unternehmer 1998 eine Ad-hoc-Inszenierung im Wiener Theater »Akzente« zustande. Regisseur war der Wiener Komödienstar Heinz Mareczek, die Besetzung bot erstklassige (Burg-)Schauspieler, wie Wolfgang Hübsch als Boanlkramer, Bruno Dallansky als Brandner und Walter Reyer als Portner. Es wurde ein Überraschungserfolg, der aber ebenfalls nicht weiter genutzt werden konnte, weil das Theater bereits mit anderem ausgebucht war.

Ein paar Auszüge aus Wiener Kritiken: »A sakrische Gaudi, die einen von dannen schreiten läßt wie einen taufrischen Fex« (»Kurier«) – »Wahrlich der rechte Stoff für eine volkstümliche Komödie … Armer Tod: so geduckt und zerknirscht« (»Presse«). »So san's die boarischen Jagersleit'; wenn Bruno Dallansky mit geübtem Wildererauge die Schwachstellen des Boandlkramers ausmacht und den Tod unter den Tisch saufen kann, lachen alle Tränen. Umsomehr als Wolfgang Hübsch ein rührend schlampiger Sensenmann ist, der's mit den Abholterminen für die Lebenden nicht so genau nimmt. Für alle ein Riesenspaß.« (»Kronen Zeitung«)

Aufzeichnung – Der ORF hat die Aufführung später im Vierseit-Bauern-Theaterhof zu Meggenhofen aufgezeichnet. Das gelang trotz der guten Schauspieler nicht sehr glücklich. Zu geringe Dekorationsmöglichkeiten und zu enge Spielflächen einerseits und ein zu kleines Publikum andererseits ließen nicht jene Stimmung aufkommen, die ein größeres in ausverkauften Theatern erzeugt. (Ich sag's ja immer: Nicht von der Bühne übertragen!)

Inzwischen haben 31 österreichische Freilicht-, Klein- oder Laienbühnen das Stück gespielt. Der Durchbruch in den Metropolen Salzburg, Linz und Wien steht indes noch aus. No, werd schon no kemma – pressiert ja net, lafft ja net davo …

Die Stube des 2. Bildes in Meggenhofen

Über der Brandner-Stube auf der Galerie befand sich das Jenseits. Die Enge dort verursachte ein himmlisches Gedränge.

Tournee – Mehrfach geplant, verwirklichte 1989 der Leiter des »Theaters im Dreiländereck«, Ballmann, so eine Rundreise, nachdem genügend Spielstätten in Deutschland die Vorstellung gebucht hatten. Als Star kam Toni Berger mit. Andere Kollegen vom Residenztheater waren nicht frei. Wir mußten, wie bei Tourneen üblich, neu besetzen, und boten dadurch Unbekannten ohne Engagement eine Chance.

Private und staatliche Bühnenvermittler schickten Kandidaten, von denen wir in kurzen Gesprächen und eventuellem Vorsprechen einer Rolle (heute »Casting« geheißen) einen ungefähren Eindruck bekamen, so sie von Alter und Typus her paßten. Manche Fächer, Komiker zum Beispiel, sind selten, jugendliche Charakterspieler, damals fast alle langhaarig, gab's viele. Rar sind stets junge Mädchen (weil sie ja nur kurze Zeit jung sind). 1989 dominierten außerdem noch die Systemveränderinnen mit Strickzeug und Müsli samt den dazu passenden politisch engagierten jungen Burschen. Es dauerte lange, bis wir für unser Bauernstück unter der Großstadtjugend ein Marei, einen Flori und einen Simmerl fanden.

Den Brandner spielte zu Anfang der Tournee der in dieser Rolle aus Koblenz und Wunsiedel erfahrene Maximilian Sigg. Als ihm aus Altersgründen das Reisen zu mühsam wurde, übernahm Gerd Fitz die Rolle. Dessen Bruder Walter war der Portner. Nie war der geklebte Portnerbart so nötig wie hier, denn die Brüder sahen einander sehr ähnlich. Und daß der Brandner des Portners Bruder sei, wäre wirklich nicht im Sinne der Geschichte gewesen.

Glück hatte ich mit dem Darsteller des Erzengels. Manfred Keller kam zwar nicht vom Ballett, wie Heino Hallhuber, war aber auf andere Art ebenso eindrucksvoll und überzeugend komisch. Zudem erwies er sich als tüchtig organisierender Helfer für alle Kollegen. Nach sorgfältiger Suche hatten wir auch für die restlichen Rollen gute Interpreten gefunden. Das Ensemble harmonierte. Nach Proben und Premiere im Bürgerheim in Grünwald ging's auf die Reise zu 83 Vorstellungen in zwei Jahren, wobei die Sprachbarriere Nord/Süd eine noch größere Reiseroute verhinderte. Nördlinge taten sich auch mit einem zum Schriftdeutsch heruntergemäßigten Bayrisch schwer.

Tourneen sind ein Wechselbad. Da landet man auf gut ausgestatteten Bühnen, auf denen es sich professionell spielen läßt. Andere Orte haben an der Schmalseite eines Saales nur ein kleines Nudelbrett, auf dem sich ein vierter Darsteller bereits quetschen muß, so eng sind sie. Wo man froh sein muß, wenigstens Teile der Dekoration und ein paar Möbel aufstellen zu können. Meist sind auch nur ein paar Lampen irgendwo montiert, keine Farbscheiben verfügbar, und gewiß kein Beleuchtungs-Stellwerk. Nachtstimmungen, Effekte, Bühnenzauber zu erzeugen – unmöglich. Das sind dann trübe Tourneetage. Unter günstigen Umständen aber kann es gelingen, das Publikum noch mehr zu begeistern als in Großstädten, denn kleiner ist meist feiner.

Gerd und Walter Fitz auf der Tournee mit Toni Berger. Walters Bart verdeckt ein wenig die Ähnlichkeit der Brüder. Gegen die Stimmähnlichkeit half keine Schminke.

Trauriges Ende – Nach der Weihnachtspause 1992 waren noch zwei Vorstellungen in Garmisch angesetzt, als in den Weihnachtstagen unerwartet der Portner, Walter Fitz, Vater der Lisa, starb. Die Karten waren verkauft, es mußte gespielt werden, jemand mußte einspringen – und so war wieder mal der Autor dran, der schon ein paarmal hatte übernehmen müssen, wenn der Walter anderweitig verpflichtet war. Für mich eine sehr traurige Pflicht, denn der Walter Fitz war ein alter Freund gewesen, und es war etwas anderes, als für einen erkrankten, lebenden Kollegen einzuspringen. Ich ging fröstelnd in seinem Kostüm mit seinem geklebten Bart hinaus, um das zu sein, was er Tage zuvor noch dargestellt hatte.

Innerbairisch – Die bewährte Institution »Chiemgauer Volkstheater« ist ein Profitheater, das sich ganz den Volkskomödien verschrieben hat. Leitung und Darsteller, allesamt Berufsschauspieler, sind inzwischen durchs Fernsehen weithin bekannt geworden. Die Komikerin Amsi Kern war nach dem Tod ihres Mannes die leitende Chefin, ehe sie die Direktion ihrem Sohn Bernd Helfrich und dessen Frau Mona Freiberg übertrug. Ihr zweiter Sohn, Andi Kern, spielt die Liebhaberrollen und führt Regie. Das Ensemble wird, wie an jedem Profitheater, je nach Stück ständig erneuert. 1989 brachten sie den »Brandner« in zahlreiche Orte des Bayernlandes. Michaela Heigenhauser war ein entzückendes Marei, Andi Kern ihr Flori, und bei Kathi Leitner stimmte einmal die Theorie der zwiegeteilten Persönlichkeit: als Ratschn Theres auf Erden und als schöne Afra im Himmel. Der erfahrene Maler und Graphiker Utz Elässer hatte ein überaus geschmackvolles Bühnenbild geschaffen, das sich sämtlichen Spielorten problemlos anpaßte. Ergebnis: schöne Aufführungen.

Hermann Giefer war ein athletischer Erzengel. Edi Bierling hat den Brandner später auch in Wunsiedel gespielt. Chef Bernd Helfrich, hier als Portner, war in München schon der Flori oder auch der Simmerl. Hans Stadelbauer spielte einen dem Toni Berger täuschend ähnlichen Boanlkramer.

Laienbühnen – Im Lauf der Jahre wurde mir klar, daß Rollen und Stück für Laien offenbar gar nicht so einfach sind.

Am schwierigsten sind offenbar die Ausstattung und die Himmelsbilder. Textlich und darstellerisch gelingt das meiste – nur die Kostüme, das Himmelstor, die Aktenregale usw. wirken oft recht behelfsmäßig und ratlos. Dabei wundert mich immer wieder, daß man dem Münchner Vorbild so wenig nachfolgt. Ich hatte gemeint, die Fotos der Dekorationen und Kostüme im dtv-Textbuch würden als Muster dienen. Auch die vielen barocken Gemälde und Figuren in den wahrlich zahlreichen Kirchen überall im Land nimmt man meist nicht als Vorlage, und historische Kostüme sind offenbar schwer zu schneidern. Sie durch heutige Dirndln und Trachtenanzüge zu ersetzen, womöglich mit rotgewürfelten Bergsteigerhemden vom Woolworth, ist gewiß nicht der richtige Ausweg.

Das sind aber nur Nebenbemerkungen. Der Eifer und Ernst, mit dem sich Theaterbegeisterte allen Mühen unterziehen, um die schwierige Gschicht so liebevoll als möglich zur Freude des Publikums und zur eigenen Genugtuung zu realisieren, stehen turmhoch über allen Einwänden. Ich habe im vergangenen Vierteljahrhundert viele originelle Aufführungen dieser Art gesehen.

Die erste Laienbühne, die das Stück nachspielte, war bereits im Sommer 1975 die »Volksbühne Flintsbach«, nahe Rosenheim im Chiemgau. Ein Laientheater mit großer Tradition, eigenem schönem Theaterstadel mit alten, gemalten Kulissen. Der Leiter, Martin Goldes, gab den Brandner, saftig und schlicht. Boanlkramer war ein junger spindeldürrer Bursch, der vor allem durch groteske Haltung, Schlangenverwindungen und Überchargieren beeindruckte. Die übrigen Darsteller spielten ihre Rollen in jenem ungekünstelt direkten Ton, der versierte Laienspieler auszeichnet, »fast wie im richtigen Leben«.

Flintsbach

Ähnlich war es kurz danach auch in Mettmach, im österreichischen Innviertel, in der großen Theaterscheune des Kommerzialrats Stranzinger. Auch hier kam neben originellen Bühnenlösungen dieser unverstellt direkte Ton zum Tragen.

Mehrere Sommer lang waren der Brandner und der Boanlkramer auch im Hof der Burg Falkenstein viel und gerngesehene Gäste. Auch andere Freilichtstätten spielten der großen Nachfrage wegen oft mehrere Sommer hintereinander. Reutlingen, Trebgast, Nördlingen, Bad Berneck, Bayreuth, Heidenheim, Kufstein, Königsbronn, Lana, Schloß Matzen (Tirol), Neumarkt (Oberpfalz), Vohenstrauß, Würzburg, Wolfratshausen sind Beispiele, von denen ich erfahren habe. Die Gschicht kam viel herum.

Burghof Falkenstein

Nördlingen

Marionettenbühne Landshut

Schulkinder in Raibling

Loisachtaler Bauernbühne

Kritiken – Die Essenz ist stets die gleiche: amüsantes Stück, dominierender Boanlkramer, bewegender Brandner, spaßiger Erzengel, starker Applaus. Manchmal wurde das Stück als zu lang, die Sprache als schwer verständlich gerügt. Aber bei allem Respekt vor der Bismarckschen Reichsgründung von 1871 – auf hannoveranisch, dem angeblich besten Schriftdeutsch, würde das Stück doch wohl befremdlich wirken. Obwohl – heutzutage …?

Nachfolgend in zufälliger Auswahl ein paar Kernsätze aus Besprechungen von Laienaufführungen.

AICHACH: »Zuschauer trampelten vor Begeisterung. Zum ersten Mal in der Geschichte des Volkstheaters – immer wieder Applaus auf offener Szene.«

BAYREUTH: »Die ungekürzte Fassung läßt mehr Ecken und Kanten erkennen als der heute übliche pflegeleichte Eineinhalb-Stunden-Kaspar. Der Kaspar ist nicht der optimistische Oberbayer, der das Lied vom balzenden Auerhahn jodelt, sondern ein sehr nachdenklicher Mann, mit dem ganzen Dorf verfeindet, mit seinem Schicksal und den sozialen Verhältnissen seiner Zeit hadernd (…) Wenn Bürgermeister Senftl ihn ausgerechnet an seinem Geburtstag an die Zeit der Leibeigenschaft erinnert, läuft es manchem eiskalt über den Rücken. Ebenso wenn die Theres den Verdacht äußert, er könnte mit dem Teufel im Bund stehen. Dankbar ist man, daß der Vergleich zwischen dem preußischen und dem bayrischen Himmel, den man sonst nie zu hören kriegt, nicht gestrichen ist. Als Frau Zieten (sic!!) hat Gertrud Richter hier eine Glanzrolle.« (Von einer Frau gespielt? Erstaunlich. Vom Text her aber prinzipiell möglich.)

BUTZBACH: »Komischer Abend mit einigen Längen. Sehenswerter Boandlkramer: Mischung aus Rumpelstilzchen und Mephisto.«

Freilichtbühne Nördlingen: Der Boanlkramer sieht überall ähnlich aus, der Portner ist mal jung, mal alt, je nachdem.

ERLANGEN: »Ein passables Theaterstück (…) die volkstümlich-deftigen Szenen und himmlischen Episoden ein bißchen unvermittelt gegeneinander gestellt, naive Bilder, in denen bayrisch gesprochen wird, hier wie dort. Gemütlich-Humoriges wird zeitweilig durch aggressive Satire verdrängt. Nicht unbedingt zum Besten des Stücks, das nach wie vor kein Meisterwerk ist.«

FALKENSTEIN: »Die Burghofspiele bringen seit 1983 zum dritten Mal hintereinander den ›Brandner Kaspar‹. Ein in diesem Ausmaß ungewöhnlicher Erfolg, dieser langlebige ›Kassenschlager‹. Ist die Kobell'sche Weisheit und Lebensart in Falkenstein besonders zu Hause? Was geboten wird, ist gekonnt. Keine polternden Übertreibungen, sondern klar und deutlich herausgearbeitete Pointen und Effekte, nichts Flaches, sondern hintergründig Unterspieltes.«

FIRNHABERAU: »Ihren bislang größten Erfolg feiern ›Unsere Theaterleut‹ bei tosendem Applaus und lauten Bravorufen (…) man sollte es selbst gesehen haben.«

HAGELSTADT: »Ein Traum wird auf der Hagelstädter Bühne wahr (…) Man will ihn im nächsten Jahr nochmal aufs Programm setzen. Schließlich hat er das ewig' Leben geschafft, nach eingeschobenen Sondervorstellungen …«

HOCHSTADT: Leiter der Bühne: »(…) einer unserer größten Erfolge seit 1940. Wir haben so vielen Menschen eine Freude gemacht, und auch uns selber.« Dagegen Kritiker Prochaska in der »SZ«: »Schön, weil die wunderbar kitschigen Bühnenbilder so richtig das Herz und die Seele erfreuen. Grausam, weil dieser Kitsch, der wirklich kein Bayern-Klischee ausläßt, dreieinhalb Stunden lang nicht zu ertragen ist …« (Wurde trotzdem zwei Jahre hintereinander gespielt.)

SOLTAU: »(…) lebendiges, dabei jederzeit stilvolles und keineswegs flaches Volkstheater. Grundton war Heiterkeit, mit der auch ernste Fragen angegangen wurden. Ein Schmunzeln lag über allem. Trotz mancher sprachlichen Schwierigkeit beim Soltauer Publikum (…).«

VILLINGEN: »Ein Stück zwischen Posse und religiöser Erbauung, Heimattheater und Satire. Es macht ein wenig nachdenklich mit philosophischen Gedankenspie-

len und erheitert mit kabarettistischen Spitzfindigkeiten (…) ein überraschend unterhaltsamer Abend mit viel Applaus, der deutlich aus dem Rahmen dessen fiel, was man sonst von Tourneebühnen zu sehen bekommt.«

ZWEIBRÜCKEN: »Ein großes Plus dieser bayrischen Komödie, daß sie ohne Derb- und Plattheiten auskommt. Sie ist voll von kleinen und philosophischen Betrachtungen über Tod und Jenseits, Zeit und Leben, dabei immer komisch und nie langweilig. Sie kann durchaus als ›liebenswürdig‹ bezeichnet werden, ohne dabei an Niveau zu verlieren.«

Volkstheater in der Au

Reutlingen

Nördlingen

In Lana (Südtirol, zwischen Bozen und Meran) gelangen auch die Ausstattung und die Kostüme vorbildlich. Brandner (Theo Rufinatscha, mit dem ich die Rolle in Innsbruck inszeniert hatte), Boanlkramer (Franz Trager), Portner (Alfred Pötz) Michael (Paul Pichler) sowie die Heiligen Jakobus und Veit.

Berufstheater? – Edle Romane und Filme zeigen oft, wie schwer ein Künstler erst um sein Werk, und dann darum ringen muß, daß es aufgeführt wird. Jubeln jedoch erst einmal die Massen, hat er sich für alle Zeiten durchgesetzt und darf ewiger Ehren gewiß sein. In schönen Romanen und Filmen.

Daß, ganz anders als dieses romantische Blabla, ein Erfolg als Autor und Regisseur einen in der Branche erledigen kann, hat mich doch überrascht. Seit 25 Jahren will kein weiteres deutsches Staats- oder Stadttheater den »Brandner« aufführen. Laienbühnen, Theatervereine und Freilichtbühnen ja – und erfolgreich. Staats- und Stadttheater antworteten nicht mal auf die Übersendung des Textbuches.

Paßt es denn noch immer nicht zur von 68ern begonnenen Theatermode? Hassen sie noch immer Humor und ausverkaufte Häuser, weil sie dadurch in der Branche nicht als hehre Großkünstler gelten? Dient Publikumsandrang immer noch als Beweis für Minderwertigkeit und als hochkünstlerisch nur das schrille, aufmüpfige, politisch relevante Theater der dicken Subventionen und der leeren Reihen? Es sieht so aus.

Mich hat jedenfalls in 25 Jahren nie wer gefragt, ob ich vielleicht noch ein anderes, eventuell weniger bayrisches Stück habe, das Publikumsinteresse finden könne.

Nach der Premiere hörten auch schlagartig die Angebote an den Regisseur Wilhelm auf. Für mein berufliches Fortkommen war es ein tödlicher Erfolg. Aber ein schöner, wohltuender. Einer, der mir wesentlich wichtiger ist, als um alles in der Welt ständig was Neues zu hampeln.

121

»Wo geht'sn hi?«
»Ins Höhlen-Theater.«
»A, da schau her! – Was spui'n s' denn da?«
»An BRANDNER KASPAR – der hat mei'm
Urgroßvadder scho so guat g'fall'n.«

Hans Fischach hat so zum Jubiläum gratuliert.

Gaudi

In 25 Jahren ereignen sich in einem Ensemble allerlei kleine Begebenheiten. Die meisten sind zu harmlos, um sie Anekdoten zu nennen, G'spaß oder Gaudi trifft's eher. Was nachfolgend berichtet wird, hat den Vorteil, sich wirklich ereignet zu haben, und sei darum im Rahmen dieses Buches mitgeteilt.

Gewohnheiten – Obwohl die Himmlischen erst nach einer Stunde Spieldauer drankommen, müssen sie laut Theatergesetz zu Vorstellungsbeginn im Hause sein. Als der »Brandner« fast ausschließlich im wunderschönen Cuvilliéstheater gespielt wurde, hatte sich der Gustl Bayrhammer angewöhnt, um halb acht gar nicht erst in die Garderobe oder zum Inspizienten zu gehen, um sich zu melden. Er klopfte von außen ans Garderobenfenster, hörte »Is guat« – und schritt ohne Umweg ins Theaterfoyer zum Buffet, um ein Sandwich und ein Bier zu sich zu nehmen. Erzengel, Turmair und Nantwein folgten seinem Beispiel. Die Vier hielten ein gutes halbes Stündchen gemütlichen Kollegenratsch, ehe sie in die Garderoben zum Schminken und Umkleiden gingen.

Dieses »dolce far niente« ärgerte die »Irdischen«, die von Beginn an spielen müssen und zwischendurch bloß in der Garderobe warten können.

»So schön möcht ich's auch amal haben«, giftete der Toni Berger den Gustl an, und der Strassner Fritz nickte dazu. Der Gustl aber erwiderte grinsend und behaglich: »Der Wilhelm hat genau gewußt – ohne eine gewisse Grüabigkeit hätt ich die Rolle nie angenommen – und scho gar net fuchzehn Jahr lang gspielt. Aber so geht's – so kannst es ertragen. Bloß koan Neid, Herr Kollege!«

Und wer ist der? – Ludwig Wühr, nach Schmid-Wildy 16 Jahre lang der »Turmair«, näherte sich dem 90. Lebensjahr. Sonst gut beinander, machte ihm manchmal die Vergeßlichkeit alter (wie die auch wesentlich jüngerer) Leute in puncto Namen zu schaffen.

So sicher er seinen Text auch konnte, einmal, als er zu Beginn des 4. Bildes der in den Himmel kommenden Marei gütig erklären muß: *I bin koa Heiligkeit. I bin bloß der selige Johannes Turmair. Und des* (auf den Nantwein-Darsteller Anthoff deutend) – *des is der …* – da fiel ihm der Name Nantwein nicht ein. Er wiederholte: *Ich bin der selige Johannes Turmair – äh – der Turmair – und der da …* Sowohl unsere Souffleuse, die liebe Frau Zorn, als auch der Erzengel, das Marei und der Nantwein selber zischelten ihm »Nantwein« zu. Er aber setzte plötzlich entschlossen fort: *… und der is der Anthoff!«*

Nachher gefragt: »Du bist gut. Warum hast denn net Nantwein g'sagt? Wir haben's dir doch alle vorg'sagt«, winkte er würdig ab, kopfschüttelnd über soviel Ahnungslosigkeit: »Ja, meints ihr denn, ich hör noch so guat, daß i so a Gewischpel versteh?«

Soufflieren – Auch Ludwig Schmid-Wildy tat sich in seinen späten Jahren mit dem Text manchmal schwer und war auf die Souffleuse angewiesen. Da kam es einmal vor – nicht beim Brandner – daß er deren Flüstern nicht verstand. Vielleicht hatte sie auch nicht aufgepaßt, nicht mitgelesen und wußte selber den nächsten Satz nicht.

Da ist verbürgtermaßen der Ludwig an den Souffleurkasten gegangen, hat sich hingehockt und mit kummervoller Miene hineingesagt: »Was is denn, Mädi? Bist mir bös, weil ma von dir so gar nix mehr hört?«

Der verspätete Tod – Bei einem Ensemblegastspiel ist alles ein bissel anders: die Bühne, die Garderoben und die Entfernungen dazwischen. Manchmal funktioniert auch die Rufanlage nicht, mit der der Inspizient die Darsteller zum Auftritt holt.

Im 4. Bild wird das Marei von der ganzen Himmelscorona feierlich zu leiser Musik durchs Tor zum Paradies geleitet, das sich auf ein Zeichen des Erzengels

Heino Hallhuber schließt. Danach ist die Bühne einen Augenblick leer. Man hört nur draußen den Boanlkramer rufen: *Herr Portner –!*

Bei einem der Gastspiele rief aber niemand.

Inspizient Eder tuschelte aufgeregt: »Der Toni is net da! Los, Heino – Du mußt nochamal naus!«

»Ich? – Was soll i denn da?«

»Wurscht, mach irgendwas – Tor auf!«

Die Bühnenarbeiter öffneten das Tor, das sich eben erst so feierlich geschlossen hatte, erneut feierlich – der heilige Michael trat hervor, schritt langsam zur Rampe und nahm eine so bedeutende Pose ein, als habe ihn Ignaz Günther persönlich geschnitzt.

Das Publikum verharrte gespannt. Was würde geschehen?

Heino wendete langsam und heilig den Kopf hin und her, in dem verzweifelte Gedanken wirbelten: »Was kannt i jetzt machn? Was mach i überhaupts, wenn der Toni am End gar net kommt, weil er vielleicht hingfallen is, oder es is ihm schlecht von der Omnibusfahrt? Mehr fällt mir nicht ein, als daß i recht bedeutend dasteh und schau, aber des halt i net lang durch. Ich hab ja auch nix zum sagen. Oder sollt i an Monolog machen: ›Wir ham den Boanlkramer doch herzitiert – immer kommt der zu spät, der Hallodri – aber so zu spät wie heut is er noch nie zu spät gekommen!‹ Naa – des waar bläd, des geht net. Is er denn noch immer net zum Sehen?«

Abermals wendete er den Kopf feierlich nach rechts und dann nach links. Nichts! Nicht einmal der Inspizient war zu sehen. Freilich – der sauste ja soeben zu Tonis Garderobe, um ihn zu holen, denn offenbar hatte die Rufanlage nicht funktioniert.

Gerät ein Darsteller in eine solche Situation, kommen ihm die Minuten wie Stunden vor. So ging es auch dem armen Heino, während er die Posen wechselte. Er schritt hin – schritt her – warf den Kopf zurück und hob das Schwert – ließ es wieder sinken und schritt zur anderen Bühnenseite. Bis auf einmal von fern der vertraute, ersehnte Ruf erklang: *Herr Pooortner! Herr Poortner!*

Da warf er den Kopf trotzig zurück und sagte im Brustton der Erlösung: »Na endlich – so lang hat er mi noch nie warten lassen, der Bazi!«, verließ die weltbedeutenden Bretter, und der Toni trat auf.

Zum Glück hielt das Publikum all dies für meine Inszenierung. Denn bei heutigen Regisseuren muß man ja bekanntlich auf alles gefaßt sein.

Requisitenstücke – Zwar gibt es an Staatstheatern hauptberufliche Requisiteure, die ihr Fach verstehen und dafür sorgen, daß die Gegenstände zum Bühnenbild passen und nicht kaputt sind. Gegen die Tücke der Objekte sind aber auch sie nicht gefeit.

Was kann der Requisiteur dafür, wenn an der Kirschgeist-Flasche der Stopsel (vulgo Korken) abbricht, und zwar gleich so, daß man ihn nicht heraus- und nicht hineinkriegt. Was tut der Darsteller in dieser spannungsgeladenen Szene um Leben und Tod, wenn er zum Gekicher des Publikums murksen müßte, um das Ding rein- oder rauszukriegen? Der Strassner, dem das passierte, tat das einzig Richtige: Er tat nur so, als würde er eingießen, auch wenn nichts herauskam, und der Toni trank aus, was gar nicht drin war. Welch ein Glück, daß die Beleuchtung der Szene so duster und der Kirschgeist farblos ist (und sowieso nur klares Wasser in der Flasche). Da konnte man nur aus den ersten paar Reihen das Malheur erkennen. Aus der Entfernung aber sah man nicht mal, daß die Flasche trotz der wilden Sauferei und ständigen Nachschenkens nicht leerer wurde.

Ebenso albern war die Lage, als bei einem Gastspiel (solche Pannen passieren mit Vorliebe auf Gastspielen) aus Versehen nur ein Schnapsglasl bereitstand, wo doch zwei nötig waren. Da rettete der Toni hoch komödiantisch die Situation, indem er erst an der Flasche roch »*Schmecka taat er scheint ma guad!*« und anschließend die Szene über stets aus der Flasche trank, als müßt's so sein.

Am peinlichsten aber war es, als bei einem anderen Gastspiel die Karten mit dem Grasober nicht am Platz lagen. Ein Umstand, der den Inhalt des Stücks unmöglich machte. Die Karten mußten her! Der Brandner blickte verzweifelt auf das Kommodkastl daneben hin – drunter – nichts. »Wart«, sagte er, »i habs gleich! Wo hab i's bloß heut wieder hin verräumt?« – und weil etwas vor der halb geöffneten Hüttentür zischelte, lief er rasch hinaus ins Freie. Dort reichte ihm, fürs Publikum unsichtbar, der geistesgegenwärtige Inspizient das

Kartenpackl, das auf dem Requisitentisch liegengeblieben war, und die Sache ging weiter. Der Boanlkramer, der laut Text verwirrt schauen soll, daß der Brandner mit ihm ums ewige Leben karteln will, soll diesmal so überrascht geschaut haben, wie nie zuvor.

Publikum – Es gab und gibt Vorstellungen, in denen wird viel getuschelt. Vor allem nach großen Lachern. Das sind jene, in denen zahlreiche Nichtbayern in Begleitung von Einheimischen gar zu gern wissen möchten, wie die Pointe lautete. Sie fragen und harren der Übersetzung ins Niederdeutsche, das auch Schrift- oder Hochdeutsch genannt wird. Die wird ihnen dann zugetuschelt. Das Stück ist nun mal in Oberdeutsch geschrieben und verwendet zahlreiche Wörter aus dem 19. Jahrhundert. Einheimischen zur Wiederhörensfreude oder Zusatzinformation, je nach Geburtsjahr. Als Nachklang einer Zeit, in der es in Bayern in allen Hotels noch Dolmetscher gab für Hessisch, Hannoveranisch, Berlinisch usw. Der Vor-Bismarck-Versailles-Spiegelsaal-Kaiser-Wilhelm-Zeit. Nach der Übersetzung erleben auch Nichtbayern die Freude, zu verstehen, wovon die Rede ist. Bis zur nächsten Pointe.

Es gibt aber auch ganz andere Besucher. Jene, die das Stück schon oft gesehen haben, es aber immer wieder sehen mögen. Da wird von einem jungen schüchternen Mann berichtet, dessen Besuchsrekord sich den Hundert näherte. Der konnte inzwischen den gesamten Text auswendig, reiste aber auch, wo es zu machen war, zu auswärtigen Gastspielen und Abstechern des Ensembles.

Von ihm wird erzählt, daß er einst sogar aushalf. Auf einer fremden Bühne war die Dekoration etwas anders aufgebaut als in München. Irgendein Unterschied irritierte den Toni Berger, er antwortete nicht gleich mit seinem nächsten Satz, sondern machte eine kleine Pause der Orientierung. Der wackere Fan im Parkett fürchtete, der Toni hinge, er wisse den nächsten Satz nicht, und rief ihn laut hinauf. Als der Toni ihn dann sozusagen wiederholte, soll das große Heiterkeit hervorgerufen haben.

Zahn der Zeit – Daß der alles zernagt und zerstört, erläutert der Boanlkramer dem Kaspar im 5. Bild (nach

einem Gedicht von Kobell). Ebendieser Zahn verschont natürlich auch nicht die Ausstattung des Stückes. Nach 20 Jahren spielt man in den fünften Dekorationen, in dritten bis sechsten Kostümen – denn nach ein paar Jahren muß alles Verschlissene erneuert werden. Auch die goldenen Flügel des Erzengels zerbröseln unter dem Biß der Zeit.

Darum geschah es, daß in der Schlußszene bei einer heftigen Bewegung des Engels zwei Federn sich aus dem Flügel lösten und zu Boden segelten. Woraufhin Nantwein-Anhoff geistesgegenwärtig zu Wühr-Turmair sagte: »Schau hin – er is in der Mauser!«

Schönheit – Vom Erzengel Heino gibt es viele amüsante Geschichten (die er selbst am besten erzählt). Im Himmel war er der ständige Partner von Gustl Bayrhammer. Und Helmut Fischer – damals noch nicht »der Monaco Franze« (die Serie wurde erst später gedreht) – war im Fernseh-»Tatort« der ständige Assistent des Kommissars Veigl-Bayrhammer. Die Freunde Heino und Helmut führten längere Zeit einen Gaudi-Streit mit fingierten Verehrerinnenbriefen, wer von beiden der Schönere sei. Er gipfelte in folgendem Brief Helmut Fischers, einer sprachlichen Meisterleistung:

Lieber Heino!
Wir haben uns länger nicht gesehen, aber oft habe ich an Dich gedacht, Du weißt schon warum. Dabei habe ich mir immer wieder vorgestellt, wie Du wohl jetzt aussiehst seit unserer letzten Begegnung. Klar ist, Du bist älter geworden – um nicht zu sagen gealtert, soviel steht fest. Daß ich diesen bedauerlichen Prozeß nicht ohne Genugtuung verfolge, sage ich ganz unverhohlen, weil mir Ehrlichkeit eine Angelegenheit des Herzens ist, und darum schreibe ich Dir wieder mal.

Nun hat mich heute der Gustl Bayrhammer angerufen, unter einem Vorwand, in Wirklichkeit aber nur, um mir zu sagen, daß Du im »Brandner Kaspar« so herausragend schön bist. Er hat es mir immer wieder hingerieben, aber durch ständiges Wiederholen wurde der Sachverhalt nicht glaubhafter. Vielleicht hast Du ihm ein paar Markl gegeben, damit er es macht, auf jeden Fall wirft es – charakterlich gesehen – ein überraschend fatales Licht auf ihn. Ich habe diesem Manne nie

Der schöne Erzengel Heino begrüßt ganz privat den schönen Monaco-Franze Helmut Fischer. Wer von beiden ist denn nun der Schönere?

etwas getan, war stets ganz ohne Herablassung freundlich zu ihm, und habe es vermieden, ihn fühlen zu lassen, daß er sich auf peinliche Weise geschmacklich ins Abseits stellt, falls er Dich tatsächlich für schöner hält, als ich es schon bin.

Lieber Heino, in einem schönen Körper wohnt ein schöner Geist, sagt der Volksmund. Du aber schlägst, gewissermaßen als fleischgewordene Gegendarstellung, diesem edlen Sprichwort unbarmherzig und verheerend ins Antlitz. Mir hat man nämlich folgendes zugetragen: Anläßlich eines Hauskonzertes bei guten Bekannten von mir, zu dem man Dich unglücklicherweise eingeladen hat, sollst Du mitten im Geigensolo des Hausherrn (Mozart, Köcherlverzeichnis 117) unvermittel, und für das gesamte kunstsinnige Auditorium hörbar gesagt

haben: »Der Fischer hat sich kürzlich liften lassen.« Der Hausherr hat einen Zusammenhang zwischen seinem Saitenspiel einerseits und Deiner abstoßenden Entgleisung andererseits nicht erkennen können und wird Dich nicht mehr einladen.

Ich persönlich blieb, als ich dies hörte, ungewöhnlich ruhig. Mit äußerster Gelassenheit bin ich aufs Postamt geschlendert und habe meinem Rechtsanwalt mal DM 4000 als Vorschuß zugeleitet.

Was, lieber Heino muß in Dir vorgehen an Haß, an Neid, an Mißgunst, an Bosheit, an Falschheit, an Hinterlist, an Heimtücke, an Infamie, an Intriganz, an Doppelzüngigkeit, an Niedertracht, an Eifersucht, an Feindschaft, an Bitterkeit, an Rachsucht, an Unversöhnlichkeit, an Gegnerschaft, an innerem Unfrieden, an Zanksucht, an seelischem Siechtum, an Arglist, an unsäglicher Pein, an blasendem Trübsal – daß Du der Wahrheit derart verzweifelt entgegenwirkst. Wenn ich ein paar längst verheilte, kaum wahrnehmbare Schnitte in der Halsgegend habe, so hängt das damit zusammen, daß ich voriges Jahr in Ottobrunn beim »Alten Wirt« durch ein Versehen ins Abortfenster gefallen bin.

Wohingegen von Dir bekannt ist, daß Du Dir eine aus Indonesien eingeflogene 24teilige Kräuterkosmetik täglich dreimal ins Gesicht klatschst, habe ich mein prachtvolles Äußeres wie meine jugendliche Strahlkraft ohne solche lachhafte Stützungsaktionen bewahren können. Schluß mit dem Schmutz. Deinem Komplizen Bayrhammer kannst Du ausrichten, er soll sich mal Gedanken darüber machen, was er im 2. Weltkrieg angerichtet hat, als er als Nachrichtensoldat ohne jegliche Kenntnisse des Funkwesens dem Feind derart in die Hände gearbeitet hat, daß wir den Krieg verloren haben. Besser wärs für ihn, sich seiner Vergangenheitsbewältigung verstärkt zu widmen, anstatt mich durch solche Telefonanrufe in meiner Morgenruhe zu belasten.

Dein Helmut Fischer

Bald darauf rief Annette von Aretin, die gern wieder mal in den ständig ausverkauften Brandner gegangen wäre, beim Heino an: »Wenn ich jetzt sage, Sie sind der Schönere, wär es dann möglich, daß Sie mir zwei Karten für den ›Brandner‹ besorgen?«

Das »Himmelsbuch«

Bayrhammer verliest aus dem Himmelsbuch – hoffentlich nichts von dem, was ihm Requisiteure und Kollegen hinein-geschrieben haben.

Das »Himmelsbuch«, aus dem der Portner die Lebens-läufe und Daten vorliest, ist in der Münchner Auf-führung ein schöner, rückenverzierter Quartband, der gebunden das gesammelte »Regierungsblatt« des Jah-res 1860 enthält. (Auf Seite 530 wird das Versetzungs-gesuch meines Großvaters, des Hauptmanns Alexan-der W., als durch König Ludwig II. genehmigt gemeldet.) In dieses Requisit haben im Laufe der 20 Jahre Requisiteure und Kollegen allerhand Gaudi hineingeschrieben, um den Gustl Bayrhammer, der als Portner in jeder Vorstellung zweimal drin lesen und blättern mußte, draus oder zum Lachen zu bringen.

Vor allem in der Schlußszene, wo er den ihm gereich-ten Text ablesen müßte, hielten sie ihm offenbar Seiten hin, auf denen Unfug stand. Das sieht man, weil auf diesen Seiten oft die Krakel zu sehen sind, die Turmair in der Szene eintragen muß.

– z'erst kummda spät, dann sagt'a ööööh – Text lernen!

Kannst heut' Dein Text?

301

– Die denken ihren Redevorgang, nein: Ihr Vorgangsdenken

Platten-
Werbung

– Nicht improvisieren, LERNEN!! – TEMPO – lies schneller!!

– Durch seine Redegewandtheit und blühende Fantasie stört er die Vorstellung

im

– Wie war das mit den senilen Mächten? Oder sinnlichen Nächten oder wia oder was?
– z'erst kummda spät, dann sagt'a ööööh – Text lernen

BR

– 50 x schreiben: TASSILO TASSILO TASSILO
– Vorsicht: Kurt Wilhelm KONTROLLIERT Dich!!

– Wann warst Du jetzt eigentlich in Mährisch Ostrau?
– Jeder Satz kein Lacher – Schwindsucht des Ruhms

– Ein Mensch, verunziert durch Kostüm und Text, glaubt, daß er das Publikum verhext. Doch da schreit einer laut empor: »Der kommt doch auch im Tatort vor!«

„Und I Depp bin Pfarrer vorn"

Bayerischer Winterspruch:
Wenns nur schneim tat
daß koa Preiß bleim tat

zur Würt...
ferne sie ...
qualificirt. ...
fälligen P...
cialität de...
nicht Geg...
des Com...
mußte dah...
igkeit der...

Also ...
fentlichen ...
am eilften ...
wobei zug...
gerichtspro...
rath von ...
gerichtsrat...
von Spe ...
Dr. Lauf...
berger; ...
herr von ...
Staatsrath...
appellation...

...ungsbehörden zuständig seien.

(Gustls Leibesumfang)
– Portnerfilet > zu fett!! – – Portner – Elefantennummer
– Die Dinosaurier werden immer trauijer
– Eim sä börnd Näntwain änd ju sä fät Portner
– mmmh … Schlachtplatte mit einem Stückerl fetter Bayerhammel
– Ein schöner Rücken kann schon entzücken. Aber solche Massen sind nicht mehr zu fassen. Ein geschockter Requisiteur.
– Einpersonenstück: Dick und Doof im Himmel. Darsteller: Gustl Bayrhammer – Entertainer oder Container –

...ellations-
...egensburg
...durch das
5. Novem-
12. Jänner

(Gustl auf Gastspiel)
– Heute: das sündige Dorf oder: Petrus in St. Gallen
– OH SCHRECK – DA GUSTL IN BRUNECK
– Auf de kloane Szenerie paßt koa Bayerhammer hi
– As Marei bussln: pfui Deifi!!! – Dein Nantwein
– BILD: Petrus versagt in Oberammergau. Papst erklärt Rücktritt
– Wir spielen heut nicht ›Zinsen des Ruhms‹.

bewogen gefunden, die katholische Pfarrei Wessobrunn, Landgerichts Weilheim, dem Priester Augustin Hafner, Pfarrer in Feldmoching, Landgerichts München l. d. Isar,

die katholische Pfarrei Au, Landgerichts Aibling, dem Priester Carl Müller, Pfarrer in Giesing, Landgerichts Dachau, und

unter'm 5. November ...tholische Pfarrei Gundel... gerichts Monheim, dem Pr... Stengl, Caplanei-Benefic... enbach, Landgerichts Heils... tragen.

Magistrat der Stadt ...

Katholische Kirchenverwaltung der Pfarrei Haug in Würzburg.

Seine Majestät der König haben Sich vermöge Allerhöchster Entschließung vom 24. October l. Js. allergnädigst bewogen gefunden, an der Stelle des wegen ...derung aus der katholischen ...g zu Haug in Würz... n Bäckermeisters Michael ... I. Ersatzmann Privatier ... der als Mitglied der ... ch übrige Functionsdauer ... bestätigen.

...gen in den Städten Er... und Nürnberg.

Seine Majestät der König haben Sich allergnädigst bewogen gefunden, ... der Kirchenverwaltungen die ...meindemitglieder ... Octo-

C ...estät de... allergnäd... ben v ... igst ... der

den ...
den Fabricanten ...
den Privatier Jacob Metzger,
den Kaufmann Joseph Wachter, und
den Banquier Philipp Seuffert allerhöchst landesherrlich zu bestätigen.

...tholi schen Pfarrei:

den Buchdruckereibesitzer Carl Ludwig Eglau,

den Thalermüller Georg Schmidt,

(über die Intendanz)
– AZ Feuilleton: ›Resi‹ in Moskau hart bestraft. G. Beelitz durfte wieder ausreisen
– Da Beelitz holt si in Cuba sei Havanna ab
– Der Oppitz wird jetzt Intendant. Dann wird dieses Buch verbrannt

für die Kirchenverwaltung der protestantischen Pfarrei Neustadt-Erlangen:

den Magistratsrath und Seilermeister Christian Türk,

den Weinwirth Johann Müller,

den Bäckermeister Egidius Schmidt,

für die Kirchenverwaltung der protestantischen Pfarrei Altstadt-Erlangen:

den Messerschmied ... Ringel,

den Bäckermeister ...

den Seifensieder ...

unter'm 29. Octob...

Stadt M...

den Wirthschaftsbesitzer Johann Michael Barth;

für die protestantische Kirchenverwaltung der Vorstadt Wöhrd:

den Großpfragner Johann Rabus,

den Großpfragner Johann Georg Kleinlein,

für die protestantische Kirchenverwalt...

...enhammer-Besitzer Georg

...lei-Besitzer Georg Brunner.

...dens-Verleihungen.

...Majestät der König ha... ...ergnädigst bewogen gefunden, ...n geheimen Rath und Ober- ...Seiner Majestät des Königs von ..., Grafen von Keller, das Großkreuz des ...ns der bayer- ischen ...

Kurt Meisel

1990
Neuinszenierung
„Caspar Brandson"

Regie: Ingmar Bergmann

1. Regieassist.: Johann Kaetzler (ODIN) (HUGIN)
2. " : Fr. Samzelius
3. " : Oliver Stigler (MUNIN)
4. " u. Komparse: Dieter Oppitz

Caspar Brandson: Max von Sydow
Tøed: Th. Holzmann
Aasgaarddoovorstander: Kurt Meisel
Nantwein: Gert Anthot
Erwin Faber
Klaus Guth
Aventinus: Liv Ullman
Derzängel: Paula Braenut
Marja: Max Majrich
Theresia:
Ombutsman Senft: Erik Hallhuber
Jäger: Hans Stetter
Schievschuter Florian:

Musik: Jan Sibelius
Bühne: Eduard Munch

Ort der Handlung
1. 2. 5. Bild
in den Wäldern Schwedens
3. Bild Wasserspiel
4. u. 7. Bild in einem
Zimmer im 3. Stock
Residenztheater

I hät gsagt: Du rasierste sonst <u>staubts</u>

geleisteten Dienste, die Ehrenmünze des k.   dem Könige der Belgier ihm verliehenen
bayerischen Ludwigsordens zu verleihen.

Is de schee, Gustl, die Orchidee

Eine Orchidee namens Bayrhammer

– Grüße aus Wolfratshaußßen vom Mertürer

– Frohe Ostern, Eierhammer – häppi nu jia. Die Requisite

(Gustl geliebtes Auto, der Peugeot)
– Da Portner im 6-Zylinder – nobel!!
– Pöschoh macht froh
– Da Portner im 6-Zylinder – nobel!!
– Jetzt schleppens's grad dei Auto ab!! hähähähä ← Anthoff
– Portner, bleib im S-Bahn Bereich

herzoglich sachsen-ernestinischen Hausordens,   schehene Verleihung des Titels und Ranges

Königliche

Freiherrn

coburg-go

Seiner H

burg Got

unter'm 15

Fabrikbesitzer Lud

in Augsburg zu

Hindernisse

Umbau

*Uns bleibt ein Erdenrest
zu tragen peinlich
und wär er aus Asbest
Er ist nicht reinlich*
(Goethe, Faust II)

Asbest, griechisch »unauslöschlich«, unvergänglich ist säure- und feuerfest. Es findet sich in Gesteinen eingeschlossen als Fasern. Lange Fasern werden zu Garn versponnen, kurze zu Bauplatten gepreßt.

Panik ist, wie so vieles, eine Modeerscheinung. In Friedenszeiten überfällt alle paar Jahre, von der Presse propagiert, ein neues Schrecknis die furchtsame Menschheit: Nitrit in der Wurst, krebserzeugende Farben und Lacke, Rinderseuchen, Mobilfunkwellen, Flughäfen, Nachrüstung – die Liste ließe sich fortsetzen. In Kriegszeiten fürchtet man sich vor ganz anderem. Mit mehr Recht.

In den achtziger Jahren brach eine flächendeckende Asbest-Panik aus, nachdem in Asbestfabriken Lungenkrebs häufiger war als anderswo. Man begann Schulen, Kindergärten, Krankenhäuser und Theater usw., die aus mit Asbest vermischtem Beton errichtet wurden, abzureißen. Also vornehmlich Gebäude mit geringer Verweildauer. Privathäuser aus gleichen Materialien blieben verschont. Als 1990 das 1949/50 erbaute Residenztheater renoviert wurde, mußte auch hier wegen Asbest saniert werden, obwohl nie ein Krebsfall namhaft wurde. Das wucherte sich zum totalen Neubau des Zuschauerbereichs aus. Der Büro- und Probentrakt, in dem Menschen sich täglich am längsten aufhalten, blieb verschont. Der Neubau dauerte drei Jahre. Der Theaterraum hatte 1950 schon nicht durch besondere architektonische Schönheit geglänzt. Daran wurde nichts geändert.

Harte Zeiten fürs Theater, das derweil an Ausweichstätten spielen mußte. Das Cuvilliéstheater war und blieb ein kleines Haus, das nur halb so viele Zuschauer faßte wie das »Resi«. Zum Glück hatte Kulturmotor August Everding den Behörden bereits die Sanierung des schönen Zuschauerraums im Prinzregententheater mit fast 1 000 Plätzen abgerungen. Die Bühne war noch baupolizeilich gesperrt. Über dem Orchestergraben aber hatte er ein großes Podest errichten lassen. Sehr schmal, aber sehr breit.

Zunächst konnte sich niemand vorstellen, darauf den »Brandner« spielen zu können, doch ertüftelte der Technische Direktor des Resi, Gerhard Zahn, eine Lösung, dies ohne Qualitätsminderung zu ermöglichen. Erst waren, wie immer, alle dagegen. Intendant Beelitz schrieb einen Brief:

Liebes Brandner-Ensemble,
15 Jahre ist es nun her, daß Ihr mit dem »Brandner« Premiere gefeiert habt, und der Erfolg ist immer noch ungebrochen. Die Kassen jammern immer, warum wir ihn so wenig spielen, und Ihr werdet ja auch laufend von Freunden, Bekannten oder wichtigen Personen des öffentlichen Lebens mit Kartenwünschen bombardiert. Außerdem ist die Nachfrage nach größeren Kartenkontingenten und auch geschlossenen Vorstellungen sehr groß. Leider können wir in dieser Spielzeit den »Brandner« nicht so häufig ansetzen, wie wir gerne wollten. Die Staatsoper beansprucht mehr Termin-Blöcke als in früheren Jahren, und bedingt durch den Umbau spielt auch das Gärtnerplatztheater zwei Monate im Cuvilliés-Theater en suite.

Damit der »Brandner« nun nicht völlig von unserem Spielplan verschwindet, haben wir uns entschlossen, ihn ins Prinzregententheater zu übernehmen ... Wir hoffen, daß Ihr mit der Umsetzung einverstanden seid ... Sobald wir wieder regelmäßig im Cuvilliés-Theater spielen, werden wir selbstverständlich den »Brandner« auch dort wieder ins »ewig Leben« aufnehmen.

Mit herzlichem Gruß.

Bald darauf erlebten die Schauspieler, daß die Publikumsreaktionen mindestens ebenso gut waren wie im Resi, denn Richard Wagners Amphitheater garantierte freie Sicht von allen Plätzen aus. Das »ewig' Leben« des Kaspar war weiterhin gesichert.

Jubiläen

In den ersten 12 Jahren nahmen Presse, Stadt und Öffentlichkeit von neuen Rekord-Aufführungs-Zahlen Notiz. Nicht so der SPD-Stadtrat unter Oberbürgermeister Kronawitter. Erst der konservative des Erich Kiesl kaufte 1979 die 200. Aufführung, lud Münchner Bürger ein und überreichte am Schluß auf der Bühne jedem Darsteller eine Flasche Kerschgeist. Anschließend bat er alle Mitwirkenden, auch Technik und Komparserie zum »Nachratsch« mit Buffet, Musi, Gaudi, Festreden und langem fröhlichem Beisammensein ins Gästelokal des Rathauses, das »Ratstrinkstüberl«. Ähnliche Einladungen gab er auch nach der 250. und der 300. Aufführung. Als Kronawitter wieder gewählt wurde, hörte sich das auf.

Jubiläumspresse

50. Vorstellung (Juli 1975): Schlagzeile der »Abendzeitung«: *Auch beim 50. Mal seufzt noch keiner. – Wird für's Christfest verfilmt (…) Völlig neue Besucherschichten kommen, die Freude ist einhellig (…) ein Supergeschäft(…) wird gespielt, so lange das Publikum Interesse zeigt (…) Strassner: »Noch kein Kollege hat gesagt, daß er ungern ins Theater geht, wenn dieses Stück gespielt wird.«*

150. Vorstellung (31. Oktober 1977): Schlagzeile »Süddeutsche Zeitung«: *Der Brandner Kaspar als Rekordhalter* (dazu die Aufführungszahlen der fünf erfolgreichsten Inszenierungen).

Jubiläum im Rathaus mit Strassner, Castell, Erich Kiesl, Bayrhammer, Meisel und Wilhelm. Ministerpräsident F. J. Strauß telegrafierte: »Der ungebrochene Zuspruch des Publikums, das vielfach ausverkaufte Haus beweisen, daß das Residenztheater mit diesem Erfolgsstück das Herz der bayerischen Bevölkerung gewonnen hat.« Kritiker Klaus Colberg: »Das Stück dankt seinen Dauererfolg gewiß nicht einer mundartlichen Gaudi-Unterhaltung. Die glückliche Verbindung von Tod-Ernst, Weisheit und Heiterkeit in einem höheren Sinn vermag auch Menschen von heute zu bewegen …«

Zehn Jahre „Brandner Kaspar"

Auch ans Jubiläum-Feiern kann man sich gewöhnen. Und wenn der „Brandner Kaspar" am Samstag abend (19.30 Uhr im Residenztheater) genau zehn Jahre alt wird, dann hat die Mannschaft im Feiern schon Routine – schließlich ist schon die 100., die 200., die 300. und vor kurzem die 400. Vorstellung (zusammen mit dem 65. Geburtstag von Fritz Strassner) würdig gefeiert worden. Deshalb diesmal: klein, privat und intim.

Über 4000 Maß Bier sind inzwischen auf der Bühne getrunken worden (echtes dunkles, kein „Theaterbier"!) 2000 Brèz'n und 2000 Weißwürst haben die Darsteller gegessen, ein ganzer Satz Kulissen und Kostüme sind schon verschlissen worden. Nur der „Brandner Kaspar" Fritz Strassner und der „Boandlkramer" Toni Berger tragen noch ihre ursprünglichen Kostüme – aus Aberglauben.

„Fabelhaft" findet der Brandner-„Vater" Kurt Wilhelm, seinen Dauererfolg – mit einem kleinen Tropfen Wehmut, weil der Erfolg keine weitere Wilhelm-Inszenierung nach sich gezogen hat: „Es sieht fast so aus, als ob ich seitdem für München irgendwie aussätzig wäre."

Manchmal steht er bei der Aufführung in den Kulissen, freut sich an der Reaktion des Publikums:

„Bloß Millionär, wie manche meinen, bin ich dadurch nicht geworden."

Immerhin: „Ein gutes, gutes Zubrot" gibt der Brandner Kaspar schon her – solang sein „ewig' Leben" auf der Bühne noch dauert. (Den Text, die ursprüngliche G'schicht und Gedichte von Kurt Wilhelm/ Franz Kobell gibt's übrigens im Rosenheimer Verlag.) R. M.

Dauerbrenner Kurt Wilhelm

Brandner Kaspar lebt wirklich ewig ...

Auf der Bühne mußten die Schauspieler schon 4000 Liter Bier trinken

Das Stück „Der Brandner Kaspar und das ewig' Leben" wurde im Münchner Residenztheater zum Rekord-Dauerbrenner. Kurt Wilhelms Inszenierung, die auch das Fernsehen schon dreimal bundesweit ausstrahlte, ist seit zehn Jahren ausverkauft. In über 400 Aufführungen stand die erste Garde der bayerischen Fernsehstars auf der Bühne. Dabei tranken die wackeren Mimen mehr als 4000 Liter echtes (!) Bier. Begeisterte Zuschauer schenkten Toni Berger ganze Batterien von Schnapsflaschen. Gustl Bayrhammer mußte dazu riesige Mengen Weißwürste essen. Und Fritz Straßner, der am Donnerstag mit Toni Berger in der ARD-Sendung „Magdalena" zu sehen ist, trägt als Brandner Kaspar immer noch das Kostüm seiner ersten Vorstellung – aus Aberglauben!

Der „Boandlkramer" verlor schon wieder eine Wette...

Da feiert das Residenz-Theater den für ein deutsches Sprechtheater wohl seltenen Rekord von 300 Aufführungen des „Brandner Kaspar" — doch an diesem Jubeltag schleicht der „Boandlkramer" Toni Berger durch die Gänge, als wär dem Requisiteur der Kirschgeist ausgegangen, mit dem sonst

eben der Kaspar (Fritz Strassner) sein Erdendasein erfolgreich ihm, dem Tod, abluchst.

Grund der Trauer; Berger (gerade 60 geworden) verlor eine Wette um eine ganze Maß Bier gegen seinen Garderober Sebastian Eder, weil er nie an 300 Vorstellungen geglaubt hatte!

Nun, bezahlen tut sicherlich Autor Kurt Wilhelm gerne, der diese gut durchgerührte Mixtur aus Wilderei, Ratscherei, Sauferei und Rauferei, garniert mit Bierdeckel-Philosophie, erfolgreich aufbereitete.

„Beim 500. sehen wir uns hier wieder", versprach Bürgermeister Dr. Winfried Zehetmeier beim anschlie-

ßenden Empfang für das Ensemble im Rathaus.

Zehetmeier ließ gefüllte Kalbsbrust reichen, während „Resi"-Intendant Kurt Meisel für Kurt Wilhelm eher die „Kalte Schulter" übrig hatte. „So erfolgreich darf man halt auch nicht sein", möchte ich da vermuten...

*

Bairischer Hit von »Broadway-Format«

Was okummt, des bestimmt zum Glück
as Publikum und ned d' Kritik.
Sonst gaabs doch des auf gar koan Foi,
vier Jahr lang und zwoahundert Moi
da Brandner Kaspar am Programm!
Ja, ja – so läppert si des zamm.
Des Stück is gschriebn für uns, für d'Leit
und hoid ned für »Theatta heit«
ned intellektuell, ned zynisch,
ebn boarisch – und doch wilhelminisch.
Kurz: Wia ma san in unserm Wesn,
des kannst aus jedm Satz rauslesn.

Des trifft ins Herz. Und klingt phonetisch,
aa wenn's ganz ernst werd, nia pathetisch.
Und bist ned bloß Hirn und Verstand,
na hast's glei trotz da Gaudi gspannt:

Es is a Botschaft, die drin steckt,
a Botschaft, die uns sonst oft schreckt.
Da nehm' ma's o, und sagn uns ebn:
Da Tod ghert zu uns – wiara's lebn.

Franz Freisleder zur 200. Vorstellung in der
»Süddeutschen Zeitung«

200. Vorstellung (März 1979): »Münchner Merkur«: *Seit der Premiere 1975 ständig ausverkauft –* »Tageszeitung«: *Eine Karte zu bekommen ist fast wie Lotterie. Woher kommt der Erfolg?!* Wilhelm: »*Es gibt halt zu viele moderne Stücke, die einem Besucher mit Absicht kein Vergnügen machen, da ist so etwas eine Erholung.*«

250. Vorstellung (Januar 1980): »Abendzeitung«: *Seit fünf Jahren immer ausverkauft (…) Rekord-Jubiläum. Das hat's in Münchens Nachkriegs-Theater-Geschichte noch nie gegeben (…) viermal Ausstrahlung der Fernsehfassung, Buch und Schallplatte, Gastspiele zwischen Aschaffenburg und Bozen. Chefdramaturg Haas: »Es ist eine Institution geworden wie das Glockenspiel am Rathaus. Sicher wirds auch der nächste Intendant übernehmen (…)*« – Toni Berger: »*Die Leut sagen immer, wenns so schön ist im Himmel, kann das Sterben nicht so schlimm sein, gehen nach Haus und sind getrö-*

stet (…)« – Bayrhammer, der schon sein drittes Goldgewand hat: »*(…) Daß sich ein Mensch mit einem Kerschgeist um den Tod drücken kann, ist schon eine Jahrhundertidee (…)*«

381. Vorstellung (5. Februar 1984): Kultusminister Hans Maier, der das Stück damals bereits fünfmal gesehen hatte, lud das Ensemble nach Schluß zu einer Feier auf und hinter der Bühne ein und hielt eine Festrede.

400. Vorstellung (24. November 1984): »Abendzeitung«: *Intendant Baumbauer dankte auf der Bühne allen Mitwirkenden, dem Autor Kurt Wilhelm, der Ausstatterin Urbancic und dem Komponisten Rolf Wilhelm, und überreichte Fritz Strassner zum 65. einen Geburtstagsstrauß. – An der Kasse hing für die nächste, die 401. Vorstellung bereits wieder das Schild »Ausverkauft«.*

Zum 500. Mal die „hirschlederne Operette" um den Brandner Kaspar

500. Vorstellung (3. März 1987, Faschingsdienstag): Dieses Jubiläum, über zwölf Jahre nach der Premiere, wurde vom Theater selbst ausgerichtet und nicht von Anhängern. In der Gemeinschaftkantine von Oper und Schauspiel, im Keller, der so voll war, daß man nur die Leute sah und kaum Wände.

Stimmung und Schlußjubel, u.a. von vielen Kollegen und Prominenten, waren groß. Intendant Beelitz bedankte sich auf der Bühne in kurzer Rede bei jedem Darsteller einzeln. Als ihn jemand aufmerksam machte, der Wilhelm säße im Parkett, winkte er auch den Regisseur herauf. Vom Autor sagte er nichts.

Gabriele Luster im »Münchner Merkur«: *Kurt Wilhelms (am Schluß mitgefeiert)* »Brandner« *war, wie seit Jahren, auch bei der Jubiläumsvorstellung ausverkauft. Zur Brandner-Gemeinde gehörten diesmal unter anderen Generalintendant August Everding mit Gattin, Staatsoperndirektor Wolfgang Sawallisch mit Frau*

Mechthild im Dirndl, der Direktor des Gärtnerplatztheaters Hellmuth Mathiasek, Kultusminister Wolfgang Wild, MdL Thomas Goppel, Beelitz mit Frau im Trachtenjanker, Innenstaatssekretär Peter Gauweiler, der, aus dem bayerischen Himmel allerdings kurz abberufen, in der Pause doch schon wieder gesichtet wurde. – »A so a Paradies, des wär an Selbstmord wert«, soll ein enthusiastischer Uraufführungsbesucher gerufen haben, dem man sich nur anschließen kann.

In der Tageszeitung unterzog sich Rolf May der Mühe, ein fiktives Interview mit dem Brandner zu führen, der ihm ausschließlich mit Zitaten aus dem Stück antwortete.

»Tageszeitung«: *Einige Darsteller erinnerten sich 1987 an kleine Pannen und Probleme:* Strassner: »*Einmal hing mir der Bart zur Hälfte runter, ein andermal brach der Stöpsel der Flasche ab.*« – Yvonne Brosch: »*Ich ging*

Bei diesem Jubiläum durften auch die Bühnen- und Kostümbildnerin Urbancic neben Gustl Bayrhammer und die Gebrüder Wilhelm (Text, Regie und Musik) neben Gundi Ellert für die Ovationen danken.

„Jetzt geht's ja erst o"

Exklusiv: tz-Interview mit dem Brandner Kaspar zur 500. Vorstellung

Besondere Anlässe erfordern besondere Reaktionen; und welcher Münchner zwischen Garmisch und Flensburg würde schon leugnen, wie besonders dieser Anlaß ist: am Dienstag wird der „Brandner Kaspar" zum 500. Mal gespielt. Kurt Wilhelms (nach Franz von Kobell) listiger Blick ins Paradies ist längst ein Stück vom bayerischen Himmel geworden; sein Brandner Kaspar längst eingegangen in die weißblaue Heldengalerie irgendwo zwischen König Ludwig und Karl Valentin, zwischen Meister Eder und dem Wildschütz Jennerwein. Über den Brandner Kaspar ist seither bestimmt schon ein Telefonbuch voll von Artikeln geschrieben worden; die tz sprach zum ersten Mal mit dem Brandner Kaspar (auf unserem tw-Foto dargestellt von Fritz Strassner).

Herr Brandner, am kommenden Dienstag geht Ihr Stück zum 500. Mal über die Bühne. Was denken Sie an diesem Tag?

„An so an Tag werd so a alter Depp wie ich ganz loami vor lauter Sinnieren."

Viele Theaterstücke sind an- und wieder abgesetzt worden seit 1975...

„Bloß i alter ausg'latschter Stiefi, i bin allweil no da? Für was?"

Vielleicht weil Sie so vielen Zuschauern ans Herz gewachsen sind inzwischen?

„Freili. Wer an guat'n Hanswurstl macha ko, der ko was Besseres aa, sagt der Spruch. Mit der Lustigkeit schadst neamd, und des is freili wichti, daß d' deine Nachbarn net zum Schaden bist."

Herr Brandner, 500 Vorstellungen sind zwar viel, aber noch keine Garantie fürs ewige Leben. Fürchten Sie nicht, daß eine spätere Intendanz Ihnen vielleicht den Garaus machen könnte?

„Fürchten? I?! Wo's Schlimmste scho g'schehn is? Was noch kommt, wird minder schwar."

. Ich verstehe nicht ganz, was Sie mit dem Schlimmsten meinen?

„Werd' scho der Zahn der Zeit sei, wie ma so sagt."

Dabei werden Sie doch immer noch von allen geliebt...

„I hätt mir nie ausmalen könna, wie sehr."

Am Dienstag wird's deshalb ja auch eine größere Feier im Theater geben...

„Heilige Muatter Gottes, muß des aa no sei?"

Feiern Sie denn nicht gern?

„Mein Gott und Herr, was soll i denn nur toa?"

Sie könnten ja versuchen, den Intendanten mit Kerschgeist betrunken zu machen wie damals den Boandlkramer?

„Naa, naa, sonst fangt er uns a Rauferei an und für des is's noch z'fruah."

Zu früh? Wie lange wollen Sie denn noch herhalten als Kassenrenner fürs Staatsschauspiel?

„Für des bin i da. Jetzt geht's ja erst o, die nächsten fuchzeh' Jahr."

Auch Ihr „Vater" Kurt Wilhelm wird sich bestimmt zur großen Geburtstagsfeier blicken lassen, was für Empfindungen haben Sie da?

„Na, wenn der Bazi herob'n is, na is für mi no net alles verloren."

So mancher Kritiker hat Ihnen damals bei der Premiere ein kurzes Leben vorausgesagt.

„Daß der Mensch a so lügen derf? – Naa. Da werst schaun, wie i's ewige Leben hab!"

Und was werden Sie am Dienstag der Festversammlung sagen?

„Na mach i mein Dank für die Ehrung – Glückwünsch wern og'numma."

ROLF MAY

(Alle Brandner-Antworten sind zitiert nach Kurt Wilhelms Stück „Der Brandner Kaspar", im Buch erschienen beim Rosenheimer Verlagshaus und im Taschenbuch bei dtv).

noch als Schwangere im 7. Monat auf die Bühne. Im Dirndl hat niemand was gesehen.« – Bayrhammer: »Bei geschlossen verkauften Aufführungen, etwa für Tagungsteilnehmer, war das Publikum immer furchtbar schwer in Stimmung zu bringen. (…) Ich spiele den Portner sehr gern, denn der ist der Boß, und den Boß spiele ich immer am liebsten.« – Dieter Oppitz, Abendregisseur: »(…) Große Katastrophen blieben aus. Keine Vorstellung mußte abgesagt werden. Nur eine mußte eine Stunde später beginnen, wegen des amtlichen Asbest-Alarms. Das Stück hat sich in den 12 Jahren verselbständigt. Es gehört einfach zu München.«

»Stadtanzeiger«, Aus dem Filserbrief:

Liber Schbäxi!

Lezden Diensdag war im Resi die 500. Auffürung vom »Brandner Kaspar«. Disses isd ein Erfolg, dagegen isd das Musigal »Käz« in Wien ein alder Hud. Ich gfreie mich ganz sakrisch iber dissen Dauerbrener im Resi, den wo der neuche Indendand Beelitz nichd absezen kan. Der Gridiger von der Eszett, er schreibd sich Michael Skasa, had ihn damals dodal ferisen. Iber 350 000 sind seid 1975 wg. dem Brandner gekohmen. Es gefälld dem Bublikum, bal sie erfaren, das es im Himel Weiswürschd gibd. Fiele alde Mentschen gen öfder hin und sie sagen, das sie jez keine Angsd mer for dem Schterben hawen! Brafo und Ablaus und kunsdsinnige Grise Dein

Filser Max, Schdadrats

Apropos »Filser«: Eine lose Vereinigung von bairischen Geschäftsleuten, die sich »Filserbuam« nennt, vertreten durch den Chef der Industrie- und Handelskammer, Dieter Soltmann, lud immer mal wieder das Ensemble nach der Vorstellung zu einem festlichen Abendessen und Beisammensein, weil ihnen diese Art Bayern so gut gefiel:

600. Vorstellung (März 1989): Fritz Woock im »Münchner Merkur«: *So ein Jubiläum hat's noch an keinem Staatstheater gegeben (…) Ohne die Einladung der Drei hätte bei dem mageren Etat des Residenztheaters nur höchst bescheiden in der Betriebskantine des einzigartigen Ereignisses gedacht werden können (…)* Raimund Eberle lobte: »Bei diesem bayerischen Stück ist der liebe Gott für uns auch ein guter Mensch«, und bei der Begegnung des Brandner mit den Seinen im Himmel dürfe man auch »a bisel weinen«. Am Schluß griffen die Hauptdarsteller zum Messer, aber nur, um die riesengroße Jubiläumstorte anzuschneiden, die Spatenbräu-Wirt Kuffler backen ließ.

700. Vorstellung (November 1991): Davon wurde weiter nicht Notiz genommen. Das Ensemble ging dazu über, nur noch die »Schnapszahlen«, also 666, 777 usw. intern zu feiern. Nach der 748. Aufführung im Januar 1993 mußte ein große Pause eintreten, ehe eine neue Besetzung weiterspielte.

600mal Brandner Kaspar –
Fritz Strassner hat noch Lust

Von Marie Waldburg

⭐ „Die Lust aufs nächste Mal vergeht nicht – auch nicht nach der 600. Vorstellung" verriet Schauspieler **Fritz Strassner.** Der Titelheld von **Kurt Wilhelms** bayerischem Dauerbrenner „Brandner Kaspar" nach dem Buch von **Franz von Kobell** freute sich: „Eine halbe Million Zuschauer in 14 Jahren." „Portner" **Gustl Bayrhammer** und „Boandlkramer" **Toni Berger:** „Viele schreiben, daß sie nach dem Stück Leben und Sterben anders sehen – das macht Sinn."

Zum sensationellen Bühnen-Jubiläum revanchierten sich drei begeisterte „Brandner Kaspar"-Fans auf ihre Weise: Anwalt **Franz Dannecker** („**Franz Josef Strauß** liebte das Stück und wäre sicher heute gern dabei"), Kommerzialrat **Günther A. Granser** (Alpen-Adria) und BMW-Direktor **Horst Geiger** luden Darsteller und Bühnenarbeiter zum fröhlichen Mitternachts-Diner (Feldsalat, Kalbsrücken, Dessertteller) in **Roland Kufflers** und **Erich Kaubs** „Spatenhaus" vis-à-vis der Oper.

Da erfüllte sich **Florian Bayrhammers** (14) größter Wunsch – **Petra Schürmann** als Tischdame. Die TV-Lady war auf Wunsch der Gastgeber genauso im Dirndl gekommen wie Kollegin **Maria von Welser** (Mona Lisa), die sich gut mit Staatssekretär und Hobbyschauspieler **Peter Gauweiler** unterhielt. Vielbeklatscht die Laudatio von Regierungspräsident **Raimund Eberle:** „Ein Stück, mit dem das Staatstheater wirklich Staat macht" meinte er treffend.

Jubiläumsgäste: Die Schauspieler **Heino Hallhuber, Viktoria Naelin, Rolf Castell, Ludwig Wühr, Dieter Oppitz,** Auktionator **Rudolf Neumeister** und Frau **Christa,** Generalkonsul **Edgar Heckelmann,** Ex-Strauß-Zahnarzt Dr. **Sanih Savdir, Lutz Lucas** (Austria Tabak), **Gertrud Eberle.**

Die große Trauer – Der Heino behauptete: »Der Turmair is eine gefährliche Rolle. Da sind schon vier g'storben.«

Das herrliche Original Schmid-Wildy – übrigens der höchste Münchner. Er stand als Kind seinem Vater Modell, als der das Münchner Kindl auf dem Rathausturm schuf. Der konnte nur zwei Jahre mitspielen, dann ereilte ihn ein Herzinfarkt (»den ersten hab i ignoriert, den zweiten wegg'raucht«). Er kam nicht zurück, der dritte expedierte ihn in den Bayernhimmel.

Ihm folgte Alfred Pongratz. Der hatte gar nur noch ein paar Monate, ehe ihn das ereilte, was man gemeinhin »einen schönen Tod« nennt. Er starb binnen Minuten während einer Kostümprobe an einem Schlaganfall.

Turmair 3 wurde der hintersinnige Charakterspieler Karl Obermaier, der Gegenspieler des »Monaco« in der Dietl-Serie, mein unvergleichlicher »Ruepp« im Fernsehen. Niemand ahnte, daß er an Krebs litt. Auch er spielte nur die letzten paar Monate vor seinem überraschenden, allseits betrauerten Sterben.

Dann übernahm für 16 Jahre der unverwüstliche, bedächtige, liebenswerte Ludwig Wühr den Turmair, bis in sein gesegnetes Alter von 91 Jahren. Kurz vor Weihnachten 1998 spielte er die Rolle zum letzten Mal. Wenige Tage nach dem Fest erlag er dem gefährlichen Leiden ganz alter Leute, einer Lungenentzündung.

Der Verstorbenen wird in den Garderobengesprächen an Brandner-Abenden oft gedacht. Schon weil jeder von ihnen auf seine Art ein Original war, und man sich von jedem an schöne Geschichten erinnert.

Nun ist Rolf Castell der himmlische Aventinus. Er ist nach langer Krankheit von der Rolle des Bürgermeisters auf diese schonendere Aufgabe gewechselt. Und ich bin den Senftl wieder los. Den spielt nun ein Neuer: Josef Thalmayer.

Kann es weitergehen? – Als die Truppe im Januar 1993 wieder mal auf ein Gastspiel fuhr, nach Marktoberndorf zur 748. Aufführung, dachte niemand – er selbst wohl auch nicht –, daß es Fritz Strassners letzte sein werde. 741mal hat er die Rolle mit seiner Persönlichkeit, seinem Ernst und seiner Schlichtheit erfüllt. Sie hatte ihm viel Ehre eingebracht. Auch er war, für die Mitwelt nicht erkennbar, an Krebs erkrankt und starb, noch nicht 74 Jahre alt, unerwartet in der Nacht des 8. Februar 1993.

Betroffen und ratlos fragten alle: Was nun? Und beschlossen, sich Zeit zum Überlegen zu nehmen. Ob überhaupt – und wen man als Nachfolger finden könne, um in einiger Zeit die Vorstellungsreihe fortzusetzen. Es kam aber ganz anderes.

Niemand hätte gedacht, daß die Vorstellung in Marktoberndorf auch Gustl Bayrhammers letzter »Portner« sein werde. Wenige Wochen nach Strassner, am 24. April 1993, starb er in seinem Haus in Krailling an einem Herzschlag, 71 Jahre alt. Mit ihm, dem die Rolle auf den Leib und in die Stimme geschrieben worden war, zog die zweite wesentliche Persönlichkeit in den weißblauen Himmel ein, in dem er auf Erden 700mal regiert hatte.

Er hatte in den letzten Wochen nur ein paar Drehtage und Tonaufnahmen absolviert und nicht mehr Theater gespielt. So war der letzte Satz, den er in seinem langen Schauspielerleben auf einer Bühne sprach, die Aufforderung an den grantigen Erzengel: *Jetz lach halt aa amal!* Ein Satz, der zu ihm und seiner Lebensphilosophie paßte.

Neubeginn

Ein Trauerjahr verging. Man mochte gar nicht an eine Neubesetzung denken. Wenn auch das Theatermotto lautet: »The show must go on«, dieses Stück und seine Protagonisten waren ein bissel was anderes als eine »show«. Die Aufführungsserie schien nach über 22 Jahren beendet zu sein.

Als aber vom Stammpublikum ebenso wie von offiziellen Stellen und großen Organisationen, die ihren

Gästen und Freunden von auswärts das Stück als etwas typisch Bayrisches zeigen wollten, immer wieder Anfragen kamen, begann man zu überlegen, ob eine Wiederaufnahme opportun sei und wer als neue Besetzung in Frage käme.

Jeder große Schauspieler ist in seiner Art und seinem Wesen einmalig. Sein Nachfolger kann keine Kopie sein, sondern bedeutet eine andere Interpretation und verlangt Umgewöhnung von den Kollegen, auch vom getreuen Publikum. Wird gesagt: »Mei, i hab noch den Strassner als Brandner gsehn« und »Der Bayrhammer war ja einmalig«, so ist das für die Nachfolger nicht leicht zu verkraften.

Alle die sich, unabhängig voneinander, Gedanken machten, waren, wie sich herausstellte, auf die gleichen Namen gekommen. Für den Gustl kam gewiß Willy Harlander in Frage. Die beiden waren oft Partner in Fernsehspielen gewesen, der Willy war etwas jünger, würde aber einen ähnlich grüabigen, ehrfurchtgebietenden Portner abgeben, einen gewichtigen Grantler mit Herz, schon weil er dem Gustl an Korpulenz in nichts nachstand.

Unter denen, die für den Strassner Fritz in Frage kamen, einigten wir uns rasch auf Fred Stillkrauth. Ich kannte ihn. Er war in meinem mehrteiligen Film nach Ludwig Thoma's »Hochzeit« der Schmuser gewesen. Von seiner sensiblen Art erhoffte ich mir, daß er, mehr als Baur und Strassner, das Schlitzohr verkörpern würde, den Mit-Schabernack-die-Leut-Tratzer, der listig mit dem Boanlkramer falsch spielt.

Der neue Intendant – EBERHARD WITT war inzwischen als Nachfolger von Beelitz aus Hannover gekommen. Er hat unserem Buch die folgenden Zeilen gewidmet.

Als ich von Staatsminister Hans Zehetmair 1991 zum Intendanten des Bayerischen Schauspiels berufen wurde, hatte ich, naturgemäß, alle Freiheiten, einen neuen Spielplan aufzubauen – mit einer Einschränkung: Auf sehr freundschaftliche Art wurde mir angedeutet, den »Brandner Kaspar« zu übernehmen. Das hatte ich sowieso vor, denn eine Vorstellung, die seit Jahren seit 1975 immer ausverkauft ist und bejubelt wird, setzt man doch nicht ab! – Habe ich diese Vorstellung als Hamburger aber je verstanden?

Die Anekdote zum Stück: Kurt Meisel, in dessen Intendanz die Inszenierung des »Brandner Kaspar« fiel, erzählte, daß er unmittelbar nach der Premiere bereits die Koffer gepackt hatte, weil er fürchtete, aus der Stadt gejagt zu werden, wegen der zu erwartenden verheerenden Kritiken.

Wie man heute weiß, waren die Befürchtungen grundlos. Der »Brandner« ist die erfolgreichste Aufführung an einem Repertoire-Theater.

Ich bedanke mich bei allen Beteiligten für die 25 Jahre und wünsche uns allen noch viele Vorstellungen.
München, den 29. Juli 1999   Eberhard Witt

3. Bild reparieren – Mein jahrelanger Wunsch, das Festbild in Ordnung zu bringen, war bisher auch am Widerstand der Schauspieler gescheitert. Sie weigerten sich, der Strassner Fritz voran, in der Erfolgsserie etwas zu ändern. Es hätte eines Machtworts des Chefs bedurft, aber – oje – nach viermaligem Versuch, beim dritten Intendanten (nach Meisel und Baumbauer) Beelitz einen Termin zu bekommen, gab ich auf. Er war immer entweder verreist oder auf Sitzungen. Der einzige Termin wurde kurz vorher wieder abgesagt. Ich habe mit diesem Beherrscher nie sprechen können.

Mit Intendant Witt hatten sich die Zustände verändert. Entschlossen, mit den neuen Darstellern meine an anderen Theatern erprobte Version durchzusetzen, machte ich mein Aufführungsrecht als Autor geltend und konnte wirklich nach allerlei Widerständen und Ärgernissen mit den Neuen, unterstützt von Dieter Oppitz das Bild in Ordnung bringen. Gründliche Proben waren ohnedies aus noch einem weiteren Grund dringend nötig.

Jugend – Flori und Simmerl müssen jung sein, und das Enkelkind des Brandner ebenfalls. (Der Portner im

Himmel: *Zwoaravierzig?* – Sie: *Naa, 24. Ghör i am End noch gar net rauf?* – Thermodynamik!)

In 22 Jahren waren die Darsteller der Premiere zu recht gestandenen Herrschaften gereift. So schmerzlich es war, ehe wir mit ihnen »Probleme unter Senioren« vorführten, mußten wir uns von den allzu Erwachsenen trennen. Bei einigen Rollen war das schon geschehen, ehe ich meine Korrekturproben begann. Die Neuen, Katharina Müller-Elmau als Marei, Wolfgang Maria Bauer als Flori und Alfred Kleinheinz, der Simmerl, hatten bereits zahlreiche Vorstellungen gespielt. Auch sie waren wenig entzückt, nun meine Änderungen akzeptieren zu sollen. Ich dachte neidvoll wieder mal an die amerikanische Bühnendisziplin, wo ganz selbstverständlich vormittags Korrekturproben stattfinden, wenn der Regisseur am vorangegangenen Abend etwas auszusetzen hatte. Wo Text gestrichen oder erweitert wird, wo ausgetauscht wird, wer die geforderte Leistung nicht oder nicht mehr erbringt. Deutsche Schauspielerverträge machen so etwas unmöglich.

Viktoria Naelin war nach zwei Jahrzehnten bereits emeritiert. Die Doppelrolle Theres/Afra ging auf Monika Dahlberg über, als drittem neuem Mitglied neben Stillkrauth und Harlander. In dieser Version ist das Stück nun seit 1994 zu sehen. Alles ist in Ordnung, der Autor hat keinen Grund mehr zu jammern. Er ist zufrieden und gibt endlich eine Ruh.

Die Proben hatten frostig begonnen. Nur dank des guten Geistes der Aufführung, Dieter Oppitz, und seines diplomatischen Geschicks fügten sich schließlich alle der Einsicht. Bis auf einen, der jegliche Änderung verweigerte, und trotzig seinen löchrigen Stiefel weiterspielte.

DIETER OPPITZ ist nicht nur Chefdisponent und Mitglied der künstlerischen Leitung des Hauses, sondern auch Abendregisseur sämtlicher »Brandner«-Aufführungen. Er spielt als Jagdhornist, Bauernbursch und Himmlischer mit, und manchmal, wenn wer krank ist, übernimmt er die Rolle, er kann ja alle auswendig und rettet so die ausverkaufte Vorstellung. Ohne ihn wäre das »ewig' Leben« des Stücks kürzer gewesen.

Oppitz, der »gute Geist«

Aushelfen – Es begab sich aber, daß Rolf Castell, Darsteller des Bürgermeisters Senftl, erkrankte, und Dieter Oppitz vorschlug, ich möge aushelfen. Schließlich sei ich in meiner Jugend als Schauspieler ausgebildet worden, könne laut sprechen und kenne das Stück. Ausgebildet ja, aber nur geringfügig eingebildet, mißtraute ich meinen darstellerischen Fähigkeiten. Schließlich hatte ich auch über 50 Jahre nur ein paarmal in Notfällen rollenspielend auf Bühnen gestanden. Ob das, was übrig war, für ein Staatstheater ausreichte?

Dann kalkulierte man aber, daß es ziemlich schwierig wäre, rasch einen geeigneten Ersatz zu finden und einzustudieren, so daß auch ich meinte, ehe man da was riskiere und der Ersatz taugt dann nix, sei vielleicht ich selbst wirklich das geringere Übel. Es sollte ja nur für ein paar Vorstellungen sein. Daß daraus über 30 werden sollten, ahnte man nicht.

Man schickte mich in die Kostümabteilung, erweiterte des Bürgermeisters Kleider (vor allem um den Bauch herum), ich büffelte den eigenen Text und

145

merkte, wie schwierig das für einen ist, der keine Übung hat. Dann bekam ich zwei Verständigungsproben, auf denen ich hilflos schwamm. Ja ja, vormachen und kritisieren ist einfacher. In den Mienen der Kollegen spielte ein amüsiertes Lächeln, angesichts meiner Bemühungen um Gestaltung. »Jetzt siecht er's amal! Recht gschiehts ihm!« Sie mußten sehr bei der Sache sein, um einhelfen und ausbessern zu können, wenn ich Sätze verdrehte oder etwas an der falschen Stelle sagte. Oder Ungewohntes, das längst gestrichen war, das ich leider mitgelernt hatte.

Es ging so einigermaßen. Nach sechs Vorstellungen war ich halbwegs sicher. Dann aber passierte wieder etwas.

Brezeln – Eine erste Beratung für das vorliegende Buch fand (am 82. Todestag des Prinzregenten Luitpold, dem 12. Dezember 1994) vor der Abendvorstellung im Spatenhaus, gegenüber dem Residenztheater statt. Ich aß, vom »Brainstroming« begeistert, eine Brezel nach der anderen und danach gleich noch richtig zu Abend.

Just das soll man aber nicht, wenn man anschließend den »Senftl« zu spielen hat. Da war das Jagdkostüm des 1. Bildes plötzlich so eng, daß ich den Garderober bat, den schönen breiten Schmuckgürtel ein Loch weiter zu schnallen.

Das erwies sich als grober Fehler. Als Dorftyrann »Senftl« auf der Szene hatte ich tief Luft zu holen, um die »kleinen Leut« anzuschreien. Ich zog dazu atemstützend den Brezel-Kugelbauch ein, worauf der schöne Gürtel jäh den Halt verlor und auf die Knie hin-

abi rutschte. Beim Hochzerren unter Text-Gebrüll war mir der »Simmerl« behilflich, klemmte dabei aber vor Lachen auch mein Gewehr und den Jagdrock unter den Gurt und verwurschtelte das Kostüm derart, daß die »kleinen Leut«, statt betroffen und ängstlich zu schauen, sich das Lachen nicht verbeißen konnten, welche Fröhlichkeit aufs Publikum übergriff.

Ich blaffte verzweifelt in der Rolle: »Da verlier i ja glei mein' Gürtel vor lauter Wut« – woraufhin die Kollegen noch mehr lachten. »Freili, des findets ihr wieder g'spaßig!« schrie ich, und weil ich den Faden verloren hatte: »Zäfix, was hab i denn sagen wollen?«

Da mir der Simmerl den nächsten Satz zuflüsterte, brachte ich die Szene so einigermaßen zu Ende, während ich den Gürtel festhielt, die Jacke herauswürgte, dazu schrie: »Ich verbitt mir die bläde Lacherei«, worauf der freche Flori antwortete: »Wenn 's Ös die Hosn verlierts, wer ma net glei woana müassn!« Woraufhin »Senftl« beim Abgang noch über sein eigenes Gewehr stolperte. Der Flori improvisierte hinter ihm her: »Jetzt fallt er aa noch über seine eigenen Füaß!«

Was ich dann hinter der Bühne hören mußte, war auch nicht schlecht. Solche Lacher hatte ich als Rollengestalter nie erzielt. So geht es, wenn man im eigenen Stück mitspielend sich nicht an die alte Theaterregel hält: Vor der Vorstellung wird gefastet! Nachher kannst reinhauen.

Die Kollegen hielten ihm Nachreden à la: »Jetzt sieht er's amal. Regie führen is leichter, angeben kann a Jeds. Aber selber spielen is halt was anderes. Hoffentlich nimmt er's als Lehre mit.«

Nun ja – schon.

1. Bild mit zwei Neuen: Katharina Müller-Elmau und Fred Stillkrauth

Toni Berger tritt zum fast 1000. Mal auf.

2. Bild: Berger und Stillkrauth

3. Bild: Stillkrauth und der Bürgermeister Senftl, Rolf Castell

Die neue Theres Monika Dahlberg macht dem Marei Sorgen ob ihrer Ratscherei.

Des Bürgermeisters Festrede

4. Bild: Nantwein Gerd Anthoff, Erzengel Hallhuber und Turmair Ludwig Wühr beim Karteln

Der neue Portner Willi Harlander nimmt das Marei in den Himmel auf.

Im Tor erscheint die alte, jung gewordene Afra, die Großmutter der Theres auf Erden, Monika Dahlberg.

7. Bild, Finale: Links die drei Neuen: Stillkrauth, Müller-Elmau, Dahlberg. In der Mitte Kaiser Dieter Oppitz, daneben Portner Harlander

Zwischenbilanz

Von Klaus Dieter Oppitz, dem Abendregisseur der Aufführungen:

»Als am 5. Januar 1975 nach der Premiere die Zuschauer begeistert applaudierten und die ›Süddeutsche‹ dem Staatsschauspiel bescheinigte, die Höhe des ›Komödienstadels‹ erreicht zu haben, konnte niemand ahnen, daß das Stück 25 Jahre später immer noch auf dem Spielplan des Theaters stehen würde. Bis Ende der Spielzeit 1999 hatten in 865 Vorstellungen ca. 645.000 Zuschauer in Aufführungen im Residenz-, Cuvilliés-, Prinzregententheater und auf Gastspielen das Stück gesehen. Manche 10- bis 15mal. Zweimal war fast jeder schon drin. Auch wenn es noch Menschen in Bayern geben soll, die den ›Brandner‹ nie gesehen haben!!! Trotzdem Gastspiele in allen größeren Städten Bayerns, in Liechtenstein und in Südtirol den Brandner über München hinaus bekannt, und zum beliebtesten Gastspielstück der letzten 25 Jahre machten.

Dem 3. Programmheft war ein farbiger Ausschneidebogen beigeheftet, mit dem man sich nicht nur den Theaterrahmen, sondern auch alle Dekorationen und Personen basteln konnte.

152

Firmen, Tagungen und Kongresse präsentierten ihren Mitgliedern und Gästen geschlossene Vorstellungen. Intern wurde der Erfolg in 20 Jubiläumsfeiern gewürdigt. Drei Einladungen der Stadt und eine Einladung des Kultusministeriums mußten überstanden werden.

Der 4. Intendant hat die Aufführung in seinen Spielplan übernommen. Das 5. Programmheft wird vorbereitet.

In den 865 Vorstellungen konsumierten die Schauspieler:
- 3460 Weißwürste und ebenso viele Brezeln
- 865 Liter Kerschgeist (alias Leitungswasser)
- 8650 Liter echtes, dunkles, bayerisches Bier.

Keine Brandner-Vorstellung mußte wegen Erkrankung abgesagt werden – nur eine wegen ›Asbest-Panik‹ und eine zweite wegen öffentlichen Generalstreiks.

Als 1993 Fritz Strassner und Gustl Bayrhammer kurz hintereinander unerwartet starben, dachte jeder, das sei das Aus für den ›Brandner‹. Doch als die Anfragen nach Wiederaufnahme immer stärker wurden, haben wir uns entschlossen, den ›Brandner‹ weiterleben zu lassen.

Die Zuverlässigkeit, die Präzision und vor allem der nicht nachlassende Spaß der Schauspieler an der Aufführung sind wahrscheinlich die Gründe für den Erfolg. Und natürlich das begeisterte Publikum, das dem ›Brandner Kaspar‹ ein ewig' Leben beschert.«

Soweit Klaus Dieter Oppitz im Juli 1999. (P.S. des Autors: Ob nicht auch das Stück ein wenig zum Erfolg beigetragen hat, sollte man gelegentlich untersuchen.)

Weiterhin ist zu erwähnen, daß in den 25 Jahren seit der Uraufführung
– die Schauspieler Toni Berger und Heino Hallhuber und zwei Damen der Komparserie, Frau Wöhning und Frau Markus, in allen Vorstellungen mitwirkten. Frau Markus besorgt zudem das geisterhafte Öffnen und Schließen der Hüttentür.
– 83 gezählte Theatervereine und Kleinbühnen und 27 weitere Privatunternehmen rund 1 000 weitere Vorstellungen spielten. Dazu kamen die drei Tourneen mit 341 Aufführungen, vier Fernsehaufzeichnungen, Langspielplatte und CD sowie vier Buchausgaben – mit dem vorliegenden sogar fünf.

Man kann also ohne Übertreibung behaupten, daß das Stück recht bekannt geworden ist, vielen Leuten Freude bereitet hat und den Theatern einiges Geld in die Kassen brachte (wovon der allgegenwärtige Staat BRD sich ungehörige Anteile abgriff). Folglich:

Dank

Bei der alljährlichen Oscar-Verleihung bedanken sich alle stets bei Eltern, Frauen, Kindern, Produzenten, Kamera, Fahrbereitschaft und Atelierreinigung, eben bei allen. Alle, die – wo und wie auch immer – mit dem Stück befaßt waren, vor allem freilich jene, die am Münchner Rekordjubiläum mitwirkten, haben einen symbolischen silbernen Oscar verdient. Besser gesagt, einen silbernen Kaspar, denn erst die gemeinsame Lei-

stung aller Beteiligten hat das »ewig' Leben« möglich gemacht. Danke!

Dieses Buch will auch den Verstorbenen danken. Voran Franz von Kobell. Dann Dietrich Thoms für seine sorgsamen Ermutigungen, Kurt Meisel für die Courage, trotz aller Anfeindungen durchzuhalten. Den verstorbenen Darstellern, die den Erfolg geprägt haben: Gustl Bayrhammer, Fritz Strassner, Ludwig

Schmid-Wildy, Karl Obermaier, Alfred Pongratz, Ludwig Wühr – auch einiger getreuer Kleindarsteller, die bis zuletzt als Komparsen mitwirkten.

Der Regisseur dankt Elisabeth Urbancic für die überzeugende Ausstattung, seinem Bruder für die stimmungsfördernde Musik, die Toningenieur Rüdiger Neumann, samt seiner von ihm geschaffenen akustischen Ebene, bei jeder Vorstellung präzise und klanggewaltig einspielt. Überhaupt all jenen, die in Vergangenheit und Gegenwart die Inszenierung mit Leben erfüllt haben und erfüllen. Vor allem Dieter Oppitz, der als Abendregisseur und Spielplangestalter den »Brandner« nach Kräften betreut und fördert, sowie in persona auf der Bühne ein vornehmer Hornist, niesender Bauernbursch und Heiligkeit im Himmel darstellerisch ungeheuer bereichert.

Der Autor dankt auch den bisherigen vier Intendanten, daß sie das Stück nicht abgemurkst haben, auch wenn es aus dialektischen Gründen nicht das Ziel ihrer künstlerischen Träume sein konnte. Aber auch den Dramaturgen dafür, daß sie nie Zeit hatten, viel zu ändern und umzuschreiben. Ferner einigen Kritikern, die das Stück so verrissen, daß es einer kostenlosen Reklame gleichkam, getreu dem Grundgesetz der Presse: Es gibt nicht Schöneres als was Schlimmes, nichts Erfolgreicheres als Katastrophen, bad news are good news, good news are no news, woraufhin viele Leser sagten: Das muß so schrecklich sein, das müssen wir sehen!

Vor allem aber danken alle Mitwirkenden dem getreuen Publikum, das noch immer an die Kassen drängt, vorbestellt, x-mal das Stück ansieht, und stets mit seinem Lachen, mit glücklichen Gesichtern und großem Applaus zeigt, daß es das mag, was wir bieten.

Solange das alles so ist, sei dem Brandner Kaspar samt seinen Freunden und Anhängern von Herzen ein weiterhin »ewig' Leben« ins neue Jahrtausend hinein gewünscht.

FRANZ VON KOBELL = „UND EINEN KURT WILHELM - PLATZ HA'M WIR AUCH SCHON ..."

Ernst Maria Lang gratuliert zum Jubiläum.

FRANZ VON KOBELL

Die Gschicht vom Brandner Kasper

Der Brandner Kasper ist a Schlosser gwest und hat bei Tegernsee a kloas Häusl ghabt, hübsch hoch obn am Albach, wo mar auf Schliersee nübergeht. Da hat er ghaust mit sein Wei, die Traudl ghoaßn hat und mit seini zwoa Buabn, mi'n Toni und mi'n Girgl; die san zeitli Soldatn worn und hamm in an Artollerie-Regiment dient in Land draußt. Der Kasper is a fleißiger, braver Mo gwest und lusti und schneidi. Gforchtn hat er ihm vor gar nix und hat amal an großn wininga Hund, der a Dirn umgrennt hat und hätt's zrissn, frei mit der Hand bei'n Kragn packt und hatn a so an a Mauer higworfa, daß er nimmer aufgstandn is, und 'n Hagmoar vo Scharling hat er sei Raffa und Spektaklmacha bei der Meß auf der Kaiserklausn aa vertriebn. Neben seiner Schlosserarbet hat er's Büchsnmacha guat verstandn und für d' Jaaga d' Stutzn gfrischt und zsammgricht, besser wia a Büchsmacha in der Stadt.

Is aa 's Jagn und 's Scheibnschießn sei größti Freud gwest und hat auf d'letzt überall jaagern derfa, denn der Forstmoaster hat an ihm an verlässinga Jagdghilfn ghabt und der nix kost hat.

Wier er auf die Jahr kumma is, is sei Traudl gstorbn, hatn recht gschmerzt, weil's gar a guats und taugsams Wei gwesn is und jetzt hat er halt alloa für ihm a so furtglebt, und no in sein fünfasiebzigstn Jahr hat ihm weiter nix gfeit an der Gsundheit und hat gjaagert und gschossn wier a fufzger.

Jetzt sitzt er amal dahoam und hat ihm an Rechblatter zsammgricht und probiert, und überdem klopft's an der Tür.

Denkt er, wer muaß denn da draußt sei, denn des Aklopfa is bei ihm nit Brauch gwest und ruaft nacha: »No eina!« Jetzt kommt da an elendiger Loda rei, zaundürr, daß er grad klappert hat und bloach und hohlauget, an abscheuliga Kerl. Der Kasper sagt: »Was geits, was willst?«

Na der ander: »Kasper, i bin der Boanlkramer und ho di fragn wolln, ob d' net ebba mit mir geh willst?«

»So? Der Boanlkramer bist, na Bruder, i mag nit mitgeh, gfallt mir no ganz guat auf der Welt.«

»Denkt hab i ma's«, sagt der Boanlkramer, »aber holn muaß di do amal, was moast ebber in Frühjahr?«

»Waar nit aus in Fruajahr, wo der Ho'falz ist und der Schnepfastrich und die kloan Vögerln am schönsten singa, na, dees war ma zwider.«

»Oder in Summa?«

»Nix Summa, da hon i mit der Rehbirsch Arbet und ist aa z'hoaß.«

»Oder in Hirgscht?«

»Ja was fallt dir denn ei, ha narret, soll i d' Hirschbrunft hintlassen, und die Klopfeter und 's Oktoberschießn, waar nit aus!«

»No also, nacher in Winter?«

»Da mag i aa nit, schau 's Fuchspassen und 's Moderausjagn is mei extragi Freud und ist in Winter aa z' kalt.«

»Ja, willst denn du ewi lebn? Dees tuats nit, Kasper.«

»Boanlkramer, i will dir was sagn, mei Vater selig is neunzg Jahr alt worn, und so alt will i aa wern, na kost mi abholn. Aber i glaab, es is gscheiter als die Rederei da, wann d' mit mir a Glaasl Kerschngeist trinkst, i hon an recht an guatn, und du schaugst ja so elendi aus und sper, daß dir a Glaasl gwiß guat toa werd und a paar Kirternudl hon i aa no dazua.« Und so geht er an a Wandkastl hi und

156

holt a Flaschl raus und a paar Glaasln und die Nudeln. ’n Boanlkramer ist ebbas selles no nit passiert, und er setzt s’ an Tisch hi und probiert den Kerschngeist. Der hat eahm woltern gschmeckt und d’ Nudl aa, und da trinka die zwoa (der Kasper hat fleißi eigschenkt) und der Boanlkramer ist ganz lallert worn; hat aber do alleweil vo die neunzg Jahr ebbas abahandln wolln.

Da sagt der Kasper: »Woaßt was, mach mar a Gschpielei drum, paß auf!«

Und geht wieder an dees Kastl, da ist a Kartn glegn und der Grasober just obndrauf. Den schiebt der Kasper in sein Joppnirmi und legt na d’ Kartn auf’n Tisch.

»Jetzt heb dir a Häuferl aba, Boanlkramer«, sagt er, »dees is des dei, und dees ander is des mei. Wann jetz du in dein Häuferl ’n Grasober hast, so gehn i mit dir wann d’ magst, wann aber den Grasober in mein Häuferl ho, so derfst ma nimmer kemma, bis i neunzg Jahr alt bi.«

Der Boanlkramer, der scho an bißl an Dampes ghabt hat, hat glacht und hebt ihm an woltern Toal ab und sagt: »Wegn meiner, es gilt«, denn er hat ihm denkt, weil er die mehrern Kartn ghabt hat, kunnt leicht der Grasober dabei sei.

Wie er jetzt seini Karten nachanander aschaugt, steckt der Kasper hoamli den Grasober in sei Häuferl nei und wie der Boanlkramer mi’n Aschaugn firti gwest is, broat der ander vor ihm sei Kartn, und da geht halt richti aa der Grasober her.

»Verdammti Gschicht«, sagt der Boanlkramer, aber der Kasper lacht und sagt: »Trink no a Glasl und laß ma den Neunzger lebn!«

»I ko nix macha«, sagt der Boanlkramer, »aber ebber reut dl dei Glück amal, und wanns a so ist, derfst mi grad ruafa, bin nacha glei da.«

»Hat guati Weg«, sagt der Kasper, und wie der oa na furt ist, hat er ihm no nachgruafa, er soll fei acht gebn, daß er nit in Bach einifallt, – und ist mit den Bsuach ganz zfriedn gwest.

San schlechte Zeitn kemma, der Tiroler Krieg ist ausbrocha und hat alle Leut derschreckt. Es ist a böser Krieg gwest, und grausi is’s herganga bei Schwatz und auf’n Berg Isel, und viel boarischi Soldatn san bliebn selm, und ’n Kasper seini Süh, die er so gern ghabt hat, hat’s aa derwischt. Was hat’s gnutzt, daß s’ globt worn san in Rapport, daß s’ überall so schneidi garbet hamm, der Kasper hat’s halt nimmer gsehn und ist ihm nachet ganga.

Anderni traurigi Sachan und Zwiderheitn san agruckt, fremdi Leut san daherkemma, hamm überall ’s Holz zsammakaaft und zsammagschlagn: natürli hamm si die altn Wildwechsl, die er so guat kennt hat, verändert und is mit ’n Wildprat aa weniger worn, und d’ Wildschützen san mehra worn, wie’s allzeit geht, bal a Kriag is.

Der Kasper ist freili net leicht verzagt worn, aber an diewein hat ihm do d’Welt nimmer recht gfalln, und na hat er wohl aa an Boanlkramer denkt und was der gsagt hat von »ruafa«, aber gruafa hat ern dengerscht nit.

Jetzt ist ebbas bsunders gschegn. A Sennderinn auf der Gindlalm ist von a wildn Stier gstocha worn und ist glei dahin gwest aa.

Derwei aber ihr Leut gwoant und gjammert hamm, ist dees Diendl ganz frisch und wohlauf an der Himmiportn gstandn, hat gar nit gwißt, wie’s hikemma is.

Der Portner, der Petrus, hat’s glei dersegn und hat’s Türl aufgmacht, dees nebn der großn Portn gwest ist. Er hat an langa graabn Rock aghabt und a blobi Bindn um d’ Schulter und ’s Diendl hat’n verwundert groß angschaut.

»Grüß di Gott, Diendl«, sagt er, und weil’s a bildsaubers Diendl gwest ist, hat er ihm denkt, die ist taugsam für an schön Engl.

»Ja, wo bin i denn?« sagt sie ganz derschrocka.

»Im Himml bist«, sagt der Petrus, »und wer di glei eiweisn lassn ins Paradies, aber zerscht sag ma, wo kimmst denn du her?«

»I bi vo Tegernsee dahoam und Sennderin gwest auf der Gindlalm.«

»Ja na kennst ebber aa 'n Brandner Kasper?«

»Den altn Kasper moants, wer werd den nit kenna! Er kehrt oft ei in meiner Hüttn, wann er auf d' Jagd geht.«

»Geht er no auf d' Jagd, muaß ja scho an achtzger sei?«

»Ja wißts es, asitzn tuat er halt die mehra Weil, 's Birschn geht freili nimmer recht, aber sonst ist er no guat bein Zeug.«

»Schau, schau, er sollt scho da herobn sei, i wart alli Tag drauf.«

»Derft's scho no a Wei wartn«, sagt's Diendl, »bals wahr ist, was an diem oa verzählt hamm.«

»No!? was ist denn des?«

»Sie sagn halt, i glaab's aber nit, der Kaspar hätt amal min Boanlkramer kart und hätt der verspielt und derfet 'n derntwegn vor sein neunzigstn Jahr nit furtnehma vo der Welt. Der Kaspar ist a lustiger und hat ebba die Gschicht amal oan aufbundn.«

»Wer woaß, wer woaß«, sagt der Petrus, »kunnt ebbas dra sei, da muaß i aufpassn. Aber Diendl, jetz geh da eini, i schick dir glei an Engl nach, der di weiterführt. Du hast brav und frumm glebt auf der Welt, schau, derntwegn bist jetz aa in Himmi herobn.«

Und 's Diendl bidankt si und kußt ihm d'Hand und geht hi, wo er ihr hideut hat; der Petrus aber schreibt glei a Vorladung an Boanlkramer und schickt's ihm.

Den andern Tag in aller Fruah ist der Boanlkramer daherkemma ganz untertäni und demüti, dees just nit alleweil sei Sach gwest is.

»Habt's mi ruafa lassn, Herr Portner«, sagt er, »soll i Enk was bsorgn?«

Der Petrus schaugtn a Weil ernsthaft a, na sagt er: »Boanlkramer, was muaß i vo dir hörn? Du führst di schö auf, spielst mim Brandner Kasper ums Leben und verlierst no obndrei! Was san dees für Sachan, wie kost di so ebbas untersteh?!«

»Ja schaugt's«, sagt der oa, »woaß ja, daß der Kasper da rauf kemma soll und weil's a so gnua Leut herobn habt's, hon i mir denkt, es macht nix aus, wann er a bißl spater kimmt.«

»An dees hast aber nit denkt, daß mit meiner Buachführung nix zammageht, bal an iader raufkimmt, wann er mag. Der Kasper ist auf achtzgi eingschriebn, ist schö gnua, und jetz ist er scho drüber, und du gibst ihm gar neunzgi!« Der Boanlkramer hat was sagn wohn, aber der Petrus hatn ganz fuchti agfahrn:

»Staad bist, und glei gehst abi und bringst'n Kaspern rauf, oder jag di aus'n Dienst.«

Da hat ihm der Boanlkramer nix mehr zsagn traut und ist ganz dasi abgschobn.

Die Gschicht hat'n gwalti verdrossen.

Mei Wort hon i'n Kaspern gebn für die 90 Jahr, hat er denkt, und jetz soll i's nit haltn; es mag mi a so koa Mensch auf der Welt, und wann's aufkimmt, daß i an schlechtn Kerl gmacht ho, na derf i mi ninderscht mehr sehng lassn.

Und hat ihm halt bsunna hinum und herum, wier er aus den Handl kemma kunnt.

Er ist aber alleweil an adrahter Schlaankl gwest, und so ist ihm richti was eigfalln. Dees probierst, hat er ihm denkt, spannt sei Wagerl a und fahrt zum Kaspern. Der hat sei Pfeifei graacht und just d' Zeitung glesen. Wie der oa reikimmt, hat der Kasper sei Brilln vo der Nasn abagschobn und schaugt halt, wer's is.

Er hat aber 'n Boanlkramer gschwind derkennt, denn der ist no grad so zaudürr gwest und der nämlichi Häuter, wie's erstimai, wo er'n gsehn hat.

»Ha, was willst denn du?« hat er gsagt, »i ho di nit gruafa, und was ausgmacht worn ist, werst aa no wissn, oder willst an schlechtn Kerl macha?«

»Nix, nix, fallt mer nit ei, und i woaß, daß d' no neun Jahr guat hast, da feit si nix. I ho just in der Nachbarschaft a kloas Gschäft ghabt, und da hon i di bsuacha wolln und schaugn, was d' machst. Und weil i mei Wagerl da ho und auf a Platzl fahrn muaß, wo ma gar schö in's Paradies einischaugn ko, so ist mar eigfalln, daß i dir dees sagn will, wann d' ebba mitfahrn wolltst.«

»Na, i dank dir recht schö«, hat der Kasper gsagt, »i bi nit so neugieni, wie d' moast, und bi lieber dahoam, wo i mi auskenn, als an an fremdn Ort, wo i nit woaß, wie's is.«

»Ja«, sagt der oa, »du moast ebba, daß d' dort bleiben sollst, wo i di hiführ. Vo dem ist koa Red, es ist a Spazierfahrt und in an Stündl san ma wieder da, denn mit mein Rößl geht dees leicht.«

»Und ko ma wirkli in's Paradies einischaugn?«

»Ja, versteht si, wann i's amal sag.«

»Und in an Stündl san ma wieder da?«

»Wann di nit lang dort aufhaltn willst, dees steht bei dir, san mer in an Stündl wieder da, so wahr i Boanlkramer hoaß.«

Jetzt hat'n Kaspern die Gschicht do begieri gmacht; auf a Stündl kann er ja mitfahrn und a weng einischaugn in's Paradies, von dem er scho soviel ghört hat. – Und er holt sein guatn Freund, 'n Kerschngeist, her und schenkt a paar Glaasln ei.

»Wegn meiner«, sagt er, »Boanlkramer, i fahr mit, und du bringst mi wieder her! Da trink, es ist frisch draußt.«

Und sie stößn a und trinka, und na san s' naus. Da is a schwarzs Wagerl gstandn wier a Trucha und a Raapi agspannt. Sie steign ei, der Boanlkramer schnalzt mit der Peitschn, und jetzt san s' dahigsaust, daß der Kasper kaam'n Hut derhebt hat und is ihm Hörn und Segn verganga. Als wann s' der Sturm davotraget, san s' dahi, und auf amal ist's finster worn und san Blitz umanandagfahrn unter ihna und ober ihna und hat dunnert und kracht, daß der Kasper gschrien hat.

»Was ist dees? Kehr um, kehr um!«

Da hat ihm der Boanlkramer in's Ohr neigruafa:

»Da hoaßt ma's bei die schwarzn Wolkan, da san die Dunnerwetter z'Haus, mir san aber glei durch, derfst di nit ferchtn.«

Und richti is's gschwind wieder liacht worn, und sie haltn vor an großn, großn Gschloß in schönstn Sunnaschei. An den Gschloß ist a goldes Tor gwest, und bein Seitntürl hat der Boanlkramer agläut und is glei der Petrus rauskemma.

»No Kasper«, sagt er, »bist amal da, jetz geh no glei eina, i wer dir's Paradies zoagn und werst a Freud dra habn.«

Und nimmt 'n Kaspern bei der Hand und führt 'n eini, aber der Boanlkramer hat draußt bleibn müssen. Und die zwoa stenga jetz in an weitn Saal mit durchsichtigi Wänd wie gschliffas Spiegelglas, und da hat ma weit nausgsegn in an Gartn mit die schönstn Bloamen in alli Farben und mit großi Baam voll Aepfi und Birn und Pfersi und Pomerantschn grad a Pracht, und der Kasper hat nit redn kinna vor lauter Verwunderung. Und in den Gartn san die schönstn Engl rumgwandelt mit silberni Flügl und glanzedi Kranzin in Haar und danehn aa viel, viel Leut, und auf amal springa zwoa Burschn daher und juxn und ruafa: »Ja, grüß Gott, Vater, Vater, grüß Gott!« und er derkennt sein Girgl und sein Toni.

»Jesses, meine Buabn«, schreit er und fallt ihna um'n Hals, und da schau! sei Traudl kimmt a daher und sei Vata und Muatta und a ganz Rudl vo seiner Freundschaft, und ist a »Grüß Gott« gwen hinum und herum und a Freud, daß ihm der Petrus, der zuagschaut hat, d' Augen gwischt hat.

Und in den Gewurl fliegt auf amal a kloaner Engl daher und sagt zum Kaspern: »Kasper, der Boanlkramer laßt Enk sagn, er fahret jetz wieder abi, ob's mitfahrts?«

»Na, liebs Bübi«, sagt der Kasper. »Sag ihm, er soll no alloa fahrn; i bleib da und will nix mehr wissen vo der Welt drunt und sag Herr vergelts Gott tausendmal, daß ma die Gnad worn ist, daß i da her kemma bi.«

Dees ist die Gschicht vom Brandner Kasper.

Kurt Wilhelm

Der Brandner Kaspar und das ewig' Leben

Personen

Im Diesseits:

Kaspar Brandner:	72 Jahre, Schlosser, Häusler, Jagdhelfer
Marei	seine Enkelin, 21 Jahre
Florian	Taglöhner in Albach, 24 Jahre
Simmerl	Jäger in Diensten des Herzogs in Bayern, 28 Jahre
Alois Senftl	Bürgermeister von Albach, 50 Jahre
Theres	Bäuerin aus Schliersee, Tante der Marei, 55 Jahre (zu spielen von einer wesentlich jüngeren Darstellerin)

Ein G'stanzlsänger
1. Bauernbursch
2. Bauernbursch
3 Jäger
Musiker
Herzoglicher Hornist
Ein Gendarm
Festgäste

Im Jenseits:
Der Boanlkramer
Der Heilige Portner
Der fast heilige Nantwein

Johannes Turmair	unter dem Namen Aventinus berühmter Historiker um 1540
Michael	Erzengel voll Grant und Grazie
Afra	eine junge Selige (gespielt von der Darstellerin der »Theres«)
Der alte Senftl	Posthalter aus Kreuth (gespielt vom Darsteller des Bürgermeisters »Alois Senftl«)
Hans-Joachim von Zieten	General der Husaren
Selige des Bayrischen Paradieses	(möglichst im Kostüm und in Gestalt der Figuren von Ignaz Günther)

Zeit: um 1850

1. Bild: Die Jagd

Musik Nr. 1   Ouvertüre

Die Szene stellt eine Waldlichtung dar. Im Hintergrund sieht man in der Tiefe den Tegernsee liegen. Abendstimmung im Frühjahr. Es war ein schöner Tag, die Vögel singen, das Licht wird golden, es fällt in breiten Bahnen zwischen den Bäumen durch, trifft und beleuchtet den großen Holzstoß, der in der Mitte der Bühne sich befindet.

Man hört zunächst eine kurze Ouvertüre, von Jagdhörnern gespielt. Sie leitet über in Jagdsignale von verschiedenen Seiten. In einiger Entfernung Hundegebell, Rufe, Unruhe der Jagdgesellschaft Hornrufe antworten. Man hat den Eindruck einer großen Jagd, bei der etwas Unvorhergesehenes passiert ist. Jetzt fallen einige Schüsse.

In der Mitte der Bühne steht neben dem Holzstoß ein herzoglicher Hornist in reicher Livree und bläst aus Leibeskräften das Signal: »Hirsch tot«. Gleich darauf kommt, mit allen Anzeichen devoten Entsetzens, der Bürgermeister des Dorfes Albach, Alois Senftl, gelaufen, ein Mann von etwa 50 Jahren mit einem zu seinem hageren Gestell nicht recht passenden Hängebauch. Sein Gesicht ist vor Aufregung gerötet, der Schnauzbart scheint sich zu sträuben. Senftl, der Choleriker, der Karrieremacher, der Dorfintrigant, trägt Jagdkleidung und Leuten des Herzogs gegenüber ein devotes Wesen zur Schau, während er die Bauern und das übrige niedrige Volk anzuherrschen beliebt.

Derzeit buckelt er. Der Hornist ist zwar nur ein Bedienter, aber er trägt immerhin herzogliche Livree.

Senftl: Nix »Hirsch tot«! Aufhören die Blaserei. Saudumm is' gangen. Unser Herzog laßt dem König von Belgien den Schuß, pumps der Hirsch stürzt, – Applaus, – die hohen Herrschaften begeben sich, – springt da net des Viech auf und roast davon, weil's grad a Prellschuß war. Ein Prellschuß!! An Blaserer bräuchert ma. jetzt: »verfolgen die Spur«, weil ma'n finden müassen, sonst derf ich'n ausbaden, dem Herzog sein Grant. Kruzinesen, muaß denn alles hin sein.

Der Hornist bläst ein Signal, Hörner hinter der Szene antworten. Beide laufen während Senftls Suada hinaus.

Einige Jagdteilnehmer rennen, auf der Suche nach dem Hirsch, kopflos deutend über die Bühne.

1. JÄGER: Da –!
2. JÄGER: Dorten –!
3. JÄGER: Herr Bürgermeister –!
1. JÄGER: Herr Bürgermoaster –!
2. JÄGER: Nur nach!
3. JÄGER: Burgermoasta!
2. JÄGER: Wo aus?
1. JÄGER: Da nauf ist er –!

In heller Aufregung rennen die Jäger hinaus. Mit ihnen war ein Treiber gekommen, ein kleines, zartes Männchen mit einem zu großen Hut, Lederhosen und einem Umhang, der ihm ebensowenig passen will, wie die großen Stiefel. Dieses Männchen ist ein junges Mädchen namens Marei, das sich als Treiber verkleidet hat. Sie steht im Vordergrund und freut sich, denn im allgemeinen Durcheinander ist ein junger Bursch auf die Bühne gekommen. Er heißt Flori, trägt ebenfalls die einfache, grobe Kleidung der Treiber und wendet sich jetzt aufgeregt an Marei, die grinsend ihm den Rücken zuwendet und darauf wartet, ob er sie erkennt.

FLORI: He! – Burgermoaster! Senftl! – *(zu Marei)* Wo ist er denn, du? – I hab g'sehn, wo der Hirsch naus ist.

MAREI *(abgewendet mit tiefer, verstellter Stimme):* Soso.

FLORI: Durch'n Bach. Da verlieren die Hund die Spur, aber i könnt mir denken, wo er eppa z'finden waar.

MAREI: Soso.

FLORI *(hat Marei erkannt, grinst, verändert den Ton):* Und für a guate Belohnung, – hm?

MAREI: Jaja –

FLORI: Was sagst? *(er geht auf sie zu)*

MAREI: A Geld braucht a jeds, sag i.

FLORI: Auch a g'wisse Marei? *(zieht ihr den Hut ab, Mareis lange Haare kommen zum Vorschein)*

MAREI: Herrschaft, hast mi doch kennt.

FLORI: Nacher net. Ja, du Anten, wie schaust denn du aus? Als Treiber gehn ist fei verboten für Weiberleut.

MAREI: I hab mir denkt – der Gmoadiener is a so kurzsichtig, i verdien mir die 90 Heller den Tag, grad so wie du. Und wennst an g'wissen Floni triffst, hab i mir denkt – *(sie lächelt ihn an)*

FLORI: Hast dir denkt?

MAREI *(lieb):* Freust di an seim dummen G'sicht.

FLORI: Dumm, hast dir denkt? *(er grinst)*

MAREI: Eppa net? Saudumm, sogar! *(Sie strahlt ihn verliebt an. Flori küßt sie. Schüsse. Hundegebell.)*

MAREI: Sie kommen daher. I druck mi besser, im Fall es doch koane Kurzsichtigen san –

Marei hat den Hut wieder aufgesetzt und die langen Locken versteckt. Sie sieht nun wieder wie ein lustiges Wurzelmandl aus. Flori schaut ihr verliebt nach, als sie davonläuft, dann geht er rasch nach der anderen Seite ab.
In der Nähe fällt ein Schuß. Hinter einer Staude, halb verdeckt, erscheint für einen Augenblick der Boanlkramer, macht eine ärgerliche Bewegung und verschwindet wieder. Gleichzeitig stolpert der Brandner Kaspar herein. Er ist 72 Jahre alt, von jener gedrungenen, drahtigen Statur, wie sie die zähesten unter den zähen Bayern auszeichnet. Auf den ersten Blick ein unscheinbarer Mann, erweist sich der Brandner Kaspar beim näheren Hinsehen als eine jener stillen Persönlichkeiten, die ob ihres Humors, ihrer Gescheitheit und ihrer Gelassenheit bald überall zum Mittelpunkt werden, ohne daß sie ein Aufhebens davon machen. Der Brandner Kaspar hat, das sei ausdrücklich vermerkt, bei der göttlichen Verteilung des Humors offensichtlich dreimal »hier« geschrien. Er ist ein ausgesprochenes Schlitzohr, einer, dessen höchste Freud es ist, seine Mitmenschen in gutmütiger Weise zu »tratzen«, der keine Gelegenheit versäumt, einen Spaß oder Scherz zu machen. Dabei wird er nie zum Gaudiburschen. Er spielt sich nicht in den Vordergrund. Seine Streiche sind vielmehr so geartet, daß er unbeteiligte Randfigur bleibt, während sich seine Opfer plötzlich in spaßige Situationen versetzt sehen, in denen sie falsch oder unzureichend reagieren, weil ihnen keine Wahl bleibt. Das freut dann die Mitwelt und den Brandner ganz besonders.
Jm Augenblick allerdings ist von Brandners Humor nichts zu bemerken. Er preßt die Hand aufs Ohr, wo eine Wunde blutet, ist völlig verstört und ratlos, dazu wütend. Er trägt, wie die anderen Treiber und Jagdgehilfrn, ein altes, unscheinbares Lodengewand zur Lederhose.

BRANDNER: Anhalten! Steh' bleiben!! – I hab di scho g'sehn – feiger Kerle! Aufrecht geherte Leut anschießen. Verkriech di net im Hinterhalt, du, hab die Schneid!

Brandner schaut hinter den Holzstoß, findet dort niemanden. Entdeckt Blut an seinem Ohr. In die Stille hinein wird ein ferner, dunkler Musikakkord hörbar.

BRANDNER *(verstört):* Wer schießt denn auf mi und verschwindt'? Und warum? – Heda –

FLORI *(kommt gelaufen):* Kaspar! Is dir was g'scheng?

BRANDNER *(klammert sich in seiner Angst an Floris Arm):* Woaßt, i hab's pfeifen g'hört und g'spürt wie an Schlag.

161

FLORI (*untersucht die Wunde):* A Schuß hat di g'striffen. Da kannst a Kerzen stiften.

BRANDNER: An Stich hats mir geben – da – (*deutet aufs Herz).* – Jetz is's aus, hab i denkt, drah mi um und – laß dir sagn – steht da net einer nah hiebei, halb hinter einer Nußstaudn, nah zum Greifen, und doch hab i'n net guat dersehng.

FLORI: Hast'n net kennt?

BRANDNER: Ja – naa. A schwarzer Kerle wars, hohlaugert und sper.

FLORI: A Jager, a fremder?

BRANDNER: Den Moment war er wie vom Erdboden g'schluckt. I greif in die Stauden – nix, – renn danach, weil's mir war, wie wenn's da hintern Holzstoß g'huscht sein könnt – und abermaln nix –. Schaug selber. – Meinoad, i bin noch ganz durchanand.

FLORI (*sucht):* Ninderscht zum Sehng. Des war a Jager, da wett i.

BRANDNER: Moanst?

FLORI: Solcherne Lalli g'hörert a Lehr verpaßt, fürn Leichtsinn. Schießen, wenn Leut davor san!

SIMMERL (*ruft hinter der Szene):* He, wer strawanzt mir da umanand im Schußfeld.

FLORI: Der Simmerl? Der allerdings schießt wia a Wildsau, wenn si wo was rührt.

BRANDNER: Sollt der die Lehr haben?

FLORI: Na, der vor alle.

BRANDNER (*freut sich auf einen neuen Streich):* Den tratz ma, des gibt a Gaudi. Paß auf und spiel mit. Bliat's no?

FLORI (*schaut an Brandners Ohr nach Blut):* Jaja!

Brandner kichert vor lauter Vorfreude, als er sich malerisch auf den Holzstoß plaziert und zu jammern beginnt. Flori kniet neben ihm, mimt Krankenpflege und hat ebenfalls Mühe, das Lachen zu verbeißen.

Der herzogliche Jäger Simmerl tritt ein. Ein hochgewachsener, stattlicher Mensch, der im Gegensatz zum Brandner bei der Verteilung des Humors völlig gefehlt haben muß. Diese Humorlosigkeit läßt ihn hilflos werden, wenn's rundum lustig wird. Er wehrt sich dann mit einer gewissen Grantigkeit, die seine Hilflosigkeit überdecken soll. Es mag an dieser Humorlosigkeit liegen, daß er trotz äußerer Vorzüge und seiner gut dotierten sicheren Position als herzoglicher Jager noch keine Frau hat. Er warb jahrelang um Brandners Enkelkind Marei. Sie war ihm gegenüber stets freundlich und herzlich. Als Hochzeiter indes wäre er für sie niemals in Frage gekommen. Schon gar nicht, als sie vor Jahresfrist den Flori traf, einen Bauernsohn, dessen

Vater verwirtschaftet hatte und der sich nun als Taglöhner durchschlagen mußte, stets auf der Suche nach einer guten Gelegenheit, wieder ein ehrengeachteter Bauer zu werden, denn der Taglöhnerstand war um 1850 nur recht gering angesehen.

Der Simmerl – recte Simon – sieht die lazarenische Szene vor sich, erschrickt zutiefst und sucht gleichzeitig das Erschrecken zu verbergen. Seiner eigenen Schießkünste durchaus bewußt, ist ihm sofort klar, daß nur ein Fehlschuß aus seiner Büchse Brandner getroffen haben kann. Demgemäß ist er augenblicklich schuldbewußt und sucht diese Regung zu verbergen.

SIMMERL: Welcher Narr –? Brandner? Was ist denn?

FLORI: Taat er no fragen. Statt daß er a Brillen aufsetzert, ehvor daß er's G'wehr in d' Hand nimmt.

BRANDNER: Ah – ah – ah –

SIMMERL (*untersucht die Wunde):* I hab dem Hirschen hinterherg'schossen.

BRANDNER (*matt):* Und an alten Dackel troffen – ah – ah –

SIMMERL: Schlimm schaugts net her.

BRANDNER (*recht wehleidig):* Aber schwindlig ist mir, so schwindlig.

SIMMERL: I verbind di, wart (*sucht im Rucksack).* Bei dera Jagdg'sellschaft san oa, die schießen wie die Wildsäu, wenn si wo was rührt.

BRANDNER: Was d' net sagst. (*Zwinkern zu Flori)*

FLORI: Gell, so a sicherer Schütz hat allweil 's Verbandszeug im Sack.

SIMMERL: Du mußt mi ausspotten, du Raatschenbertl.

Simmerl schüttet aus einer Schnapsflasche Kirschgeist auf den Verband.

BRANDNER: Naa – net äußerlich! Wär ewig schad.

SIMMERL: Was denn?

BRANDNER: Gib's mir als Stärkung. – Der Schwindel, verstehst.

SIMMERL: Von mir aus – da.

FLORI (*riecht daran):* A Kerschgeist, ui –

BRANDNER: Ganz was Rar's. Wo hast'n her?

SIMMERL: G'schenk vom Herzog. (*verbindet Brandner)*

BRANDNER: Vergelts Gott. (*trinkt und hört gar nicht mehr auf)*

SIMMERL: G'segn's Gott. – Net so viel! Der ist kostbar. Und b'suffa wenn di der Herzog findt –.

FLORI (*derbleckt ihn):* Du muaßt bedenken, wie groß daß der Schwindel vom Kaspar is.

SIMMERL (*grantig):* Du schmatz da net rum. Lauf nüber zur G'sellschaft und vermeld, daß i aufg'halten bin.

FLORI *(scheinheilig):* Weilst wen ang'schossen hast, sag i –

SIMMERL *(brüllt):* Du untersteh di und sag des!!

FLORI *(naiv):* Net? Sollt i was z'sammalügen – und du beichtst es hernach?

SIMMERL: Schieb ab!

Flori lachend ab.

SIMMERL: A frecher Kerle.

BRANDNER: A braver Bua.

SIMMERL: Den nimm i nimmer zu die Treiber, wenn er so frech is. *(setzt Brandner den Hut auf)* So sieht ma gar nix. Und dei'm Enkelkind sagst, du hast di g'rissen an am Ast, im Unterholz –.

BRANDNER *(leise, erstaunt):* Ist dir des allweil no wichtig, was 's Marei denkt?

SIMMERL: Nacha neet! *(sucht seine Unsicherheit zu verbergen)* Hörnerruf hinter der Szene.

SIMMERL: »Sammeln« blasens, dann kommen's da her. Steh auf jetzt.

BRANDNER *(spielt den armen Lazarus):* I kann net. Der Schwindel. Du müassertst mi tragen.

SIMMERL: Tragen??!

BRANDNER *(haucht):* Am Buckel. *(lächelt Simmerl erwartungsvoll an)*

SIMMERL *(ratlos):* Mi blamieren vor die Leut? – *(brüllt)* Stehst net auf?!

BRANDNER: Wennst mi so anschreist, krieg i völlig 'as Zittern.

SIMMERL: Legst es du an auf a Schmerzensgeld?

BRANDNER: Naa – naa – grad auf's Tragen.

SIMMERL *(zerrt ihn hoch):* Mann Gottes, mach mi net narrisch.

BRANDNER *(demütig):* Verzeih halt, der Schwindel.

SIMMERL: Du, i laß di da liegen!

BRANDNER: Des machert beim Marei fei an mäßigen Eindruck. Solltst di scho derbarmen.

SIMMERL *(verzweifelt):* Also – von mir aus – hopp!

Er bückt sich. Brandner springt wie ein Waldschrat auf seinen Rücken. Greift Simmerls Gewehr und Rucksack.

BRANDNER: So geht's.

SIMMERL: Mel Rucksack, mel G'wahr –!

BRANDNER: Hab i scho. Hüah, alter Schimmel!

Simmerl trabt los. Hörnerrufe und Lärm hinter der Szene. Da kommt Senftl mit einigen Jägern atemlos daher. Erstarrt.

SENFTL: I glaub, i traam.

SIMMERL *(leise):* Geh runter – sofort. *(versucht Brandner abzuschütteln)*

BRANDNER: Net – sonst werd mir noch schwindliger.

SENFTL *(ebenso höhnisch wie veräggert):* Darf ich mir die ergebenste Frage erlauben, ob herzogliche Jager neuerdings 'as Hutschpferd machen für alte Krattler?

SIMMERL *(verlegen):* Er ko net geh'. Er hat an Streifschuß derwischt.

SENFTL: Wo?

SIMMERL: Am Ohr.

SENFTL: So?! Geht der sonst auf die Ohrn?

SIMMERL Schwindlig ist eahm.

SENFTL: Dem? Den Schwindel kennt a jeds in der Gegend. Dem machst du grad an Kasperl. Schau'n doch an, wie er fürizahnt, der Spitzbua, der odrahte.

BRANDNER *(grinst):* So vui schwindlig.

SENFTL *(zerrt Brandner von Simmeris Rücken):* Was nimmst aa so an alten Dadädl als Jagdhelfer mit!

SIMMERL: Er kennt si da herob'n aus, wie koa Zwoater.

BRANDNER *(prostet Senftl mit der Kirschgeistflasche zu und trinkt)*

SENFTL: Ach – und dein Schnaps hat er aa scho. Brav!

SIMMERL *(immer verlegener):* Wenn's mei Schuß war, muaß ich doch –

SENFTL *(schreit ihn an):* Du muaßt – du muaßt! Du muaßt aa dem Hirsch hinterherschießen, wo der Schuß dem Herzog g'hört – und net amal treffen. Net amal des. Der Herzog hat a Wut, verlangt nach dir, und wer ist net da? Du! Du muaßt ja zahnluckerte Spitaler spaziarntragen.

SIMMERL: Was soll i denn macha?

SENFTL: Ja, nix mehr. Jetz hast scho alles g'macht, was ma verkehrt macha ko. – Woaßt wenigstens, wo der Hirsch naus ist?

SIMMERL: Da nauf, vermutlich.

SENFTL: Des meldst die hohen Herrschaften. Aber genau so und mit dem G'sicht. *(äfft Simmerl nach)* »Da nauf, vermutlich.« Na sagst es no auf französisch, daß der König vo Belgien aa a Freud hat, und na suchst dir a andere Arbeit, wennst no eine findst im rechtsrheinischen Bayern.

Im Streit vergaß Senftl auf Brandner. Der sitzt am Holzstoß, grinst und stopft sich seine Pfeife. Nun hört man Marei rufen, sie tritt auf und will, als sie Senftl sieht, auf dem Absatz kehrtmachen und fliehen.

MAREI: Flori! – Flori –! Ui je!

SENFTL: Halt amal, Bursch. G'hörst du zu die Treiber?

MAREI *(abgewandt, tiefe Stimme):* Ja.

SIMMERL *(für sich):* Des ist doch –

SENFTL: Hilf amal, den Brandner heimtragen, der ist ang'schossen.

MAREI *(vor Schreck vergißt sie das Verstellen der Stimme):* Ang'schossen? Wo ist er?

SENFTL: Da flackt er. Und fragst bei die andern Treiber, ob oaner den Malefizhirschen – *(erkennt Marei, die bei Brandner kniet)* I glaab, i traam. Die Marei??!

MAREI: Ja.

SENFTL: Als Treiber, Maschkra. So is' recht!

BRANDNER: Unsereins is halt auf so an Vodeanst ang'wiesen.

SENFTL: Du bi staad, du bist marod.

SIMMERL *(halblaut zu Marei):* Was rufst du 'n Flori?

MAREI: Werd scho sein Grund ham.

Hornruf: Sammeln. Gleich darauf Floris Ruf.

SENFTL *(verzweifelt):* Jetzt blasen s' wieder!

FLORI *(hinter der Szene):* Herr Burgermoasta! Senftl –!

SENFTL: Der aa no. Daß die Brandner-Blas'n wieder beinand is.

SIMMERL: Der Flori g'hört doch net dazu.

SENFTL *(halblaut):* Des hast bloß du no net g'spannt, daß der mit der Marei ziagt, die länger Zeit.

FLORI *(kommt):* An schönen Gruß vom Herzog und wo's ihr bleibt's? Er kimmt jetz her, laßt er sagn.

SENFTL *(zu Simmerl):* Na müaß ma. uns sputen.

FLORI *(zu Marei):* Ein G'schiß ist des, mit die G'wappelten.

SENFTL *(hat die Bemerkung gehört, fährt wütend herum):* A so mag i's von am meinigen Fuadaknecht, der no Schulden hat bei mir. 30 Gulden san morgen wieder fällig. Und da mag er von G'wappelte reden. Und überhaupts: du bist ausg'stellt, auf der Stell.

FLORI: Ausg'stellt? Warum?

SENFTL: Weil's mir paßt! Und weilst du mir nimmer paßt.

Die Anwesenden stehen etwas ratlos und betroffen vor dem plötzlichen Wutausbruch des dicken Senftl, der mit großen Schritten und imponierenden Gesten den Dorftyrannen darstellt. Er schaut zu Brandner hinüber, der ganz behaglich vor dem Holzstoß hockt, seine Pfeife angezündet hat und leise in sich hineinkichert, weil ihm der Zornesausbruch des Bürgermeisters so lächerlich vorkommt, daß er nicht einmal die sicherlich ernst gemeinte Kündigung wirklich ernst nehmen kann. Senftl reißt die Augen auf und schlägt in einen scheinbar leisen ruhigen Ton um, aus dem er zu desto unangenehmerem Gebrüll sich steigern wird.

SENFTL: Und der Schwerverwundete raucht, ja, da schau her! Was gibt's da zum Lachen? Ha?

BRANDNER *(behaglich):* Weil er dir wega am jeden

Schmarrn a so schee stinkt.

SENFTL: Du paß auf. Du werst mi net derblecken, wie damals mein Vatern!

BRANDNER: Geh, die alte G'schicht.

SENFTL *(großspurig):* Von dem Gütl, wost du wohnst, g'hört die größere Hälften scho mir. Und wennst fürder koa Pacht net zahlst, hoaßt's: Naus! Verstehst! Wenn i mag, klag i alles ein! Also – schön brav sein, und hilfreich! *(plötzlich ruhig)* Kann mir einer von euch sagen, wo der Hirsch naus is?

Brandner, Marei und Floni sehen einander mit einem kurzen Blick an.

FLORI: Mir wissen nix.

SIMMERL *(leise zu Senftl):* Hör doch auf, kumm, geh weiter!

Wieder ein Hornruf wie vorher. Simmerl und Senftl gehen eilig ab.

SENFTL: Du brauchst mir Vorhaltungen macha, du Preisschütz! Du bist überhaupt schuld an allem –

SIMMERL: I, wieso i?

SENFTL: Taat i fragen – danebnschiassn – den alten Deppen treffa – an Kerschgeist stehin lassen – alles dein Werk! – *(Beide sind fort)*

FLORI *(sieht Senftl verächtlich nach):* Des könna ma derwarten, daß den amal der Schlag trifft, vor lauter Geiz und Giez. Na werd er blau und fallt er um. – Kann der euch wirkli ausm Haus jagen?

BRANDNER *(erhebt sich. Die Gaudi ist vorbei. Senftls Gemeinheit hat alle deprimiert):* Rundumadum g'hört alles scho sein. Der Pfarrer hat neuhi g'sagt. Euer Anwesen ist wie a Insel im Senftl'schen Meer.

FLORI: I hätt scho sagen können, wo ma den Hirsch vermutet.

BRANDNER: I woaß. I aa. Aber, mei –

FLORI: Der Wirt von Scharling zahlt a gutes Geld, wenn ihm a Wildbret bringt. Und fragt aa net, woher daß 's kommt. Und wenn der Hirsch verendert und wir find'rn, – zufällig – hm? A kloana Umweg, da nauf –? *(Er deutet nach oben, wo er den geflohenen Hirsch auf dem Berg vermutet)*

MAREI *(findet das eine gute Idee):* Ja! Da könntst du was von dene 30 Gulden z'ruckzahlen. Und du was von der Pacht.

BRANDNER *(schüttelt den Kopf):* D' Unanständigkeit zinst sich net aus.

MAREI: Schad.

BRANDNER: Mir mögerten doch aa net b'stohlen werden. Und der Hirsch is herzogliches Eigentum.

FLORI: I siechs net ein.

BRANDNER: Ob's es du einsiechst oder net – der Ober sticht den Unter – des woaß ma vom Karten her. Und wer da b'scheißt, den laßt ma nimmer mitspieln.

FLORI: Ja, wenn's aufkommt.

BRANDNER: Irgadwann kommt's allweil auf. *(erhebt sich)* Rett' ma. die Ehre der Gemeinde, meld' ma.: der Hirsch werd da droben sein, am Sonnabüche. Wenn ma. Glück harn, schaut a Belohnung raus. Ist aa was.

MAREI *(horcht auf)*: Was ist jetzt wieder?

Hornsignale »Sammeln« kommen rasch näher. Zunehmend Lärm von Hunden und Menschen. Senftl kommt gelaufen, hinter ihm der Hornist.

SENFTL: Die hohen Herrschaften kommen da her. Die kloana Leut weg! Aus die Augen!

BRANDNER *(geht auf Senftl zu und will die Vermutung melden)*: Mir wollten dir nur sagen, Senftl –

SENFTL *(schreit ihn an und stößt ihn weg)*: Ihr sagt's mir gar nix. Der Herzog derf euch da net sehen. Schleicht's euch, Krattlerzeug überanand. – *(ruft)* Hoheit! Da samma! – *(zum Hornisten)* Wenn ma vielleicht blasen tat.

Der Hornist bläst »Sammeln der Schützen«. Flori, Marei und Brandner sehen einander an.

BRANDNER: Ja, wenn des a so is.

FLORI: Na mach ma doch den kloana Umweg?

BRANDNER *(unentschlossen)*: Schau ma scho.

SENFTL *(verbeugt sich tief)*: Hoheit!

Vor Auftritt des Herzogs: Vorhang

2. Bild: Der Boanlkramer

Der Brandner wohnt in einem kleinem Bauernhaus am Berg. Wenn er dieses Haus »mei Hütt'n« nennt, ist dies ein wenig untertrieben. Es ist ein solide gebautes kleines Haus aus Stein. Der Wohnteil, vornehinaus, hat kleine Fenster, vor denen Blumenkästen stehen, hat eine Stube, eine Schlafkammer, eine Küche, das Kammerl der Marei und noch weitere kleine Räume. Hinten am Haus befindet sich der Stall, darüber die Tenne. Das Dach ist mit Schindeln gedeckt und mit großen Steinen beschwert. Vor dem Hause, am Hang, eine flache Terrasse, von der aus man einen schönen Blick am Wallberg vorbei auf die Blauberge und den Halserspitz hat. Von dieser Terrasse aus tritt man in die Stube, in der das 2. Bild spielt. Ein niedriger Raum,

die Wände bis fast zur Decke hinauf mit Holz getäfelt. Oben ein Sims, auf dem allerlei Gegenstände stehen. Im Hintergrund die Tür ins Freie, links eine weitere Tür, die in die Schlafkammer führt. Vor dieser Tür der große Kachelofen, mit einer Balkeneinfassung, auf die man Wäsche zum Trocknen hängen kann. Davor, ebenfalls auf der linken Seite der Bühne, die Ofenbank, der Tisch und ein Stuhl. Über dem Tisch die Petroleumlampe.

Auf der rechten Seite die Fenster. An der Wand die alte Uhr mit dem Zifferblatt, auf dem man kaum mehr die Rosen erkennen kann. Ein Wandschränkchen, in dem der Schnaps und die Gläser zu finden sind und auch das Paket Spielkarten, das in diesem Bild die Hauptrolle spielt. Rechts im Vordergrund steht ein großer alter Lehnstuhl. Letztes rotes Abendlicht scheint durch die Fenster, und draußen singen noch die Vögel. Marei kommt, läßt die Tür offen und zündet die Petroleumlampe an. Dann tritt Brandner ein, geführt und ein wenig gestützt vom Flori. Brandner, noch immer den Verband um den Kopf wirkt abgespannt und müde, greift sich gelegentlich ans Herz und spricht etwas mühsam mit gepreßter Stimme. Wenn er es auch nicht zugibt, ihm ist nicht gut. Er setzt sich in den großen Lehnstuhl, Marei zieht ihm die Stiefel aus und bringt ihm Hausschuhe.

FLORI: Also? – G'funden hamma'n, den Hirschen. Meldst es, oder hol' ma'n uns – morgen früh?

BRANDNER: I überleg' ma's heut nacht nochamal. Es ist doch riskant und a große Anstrengung, zu zweit so a Mordstrumm derschleppen. *(greift sich ans Herz)*

MAREI *(besorgt)*: Sollt i lieber dableib'n, heut?

BRANDNER: Nix – ihr geht's zur Jagdtafel, holt's euren Treiberlohn ab und schaugts, ob was austeilt wird von der Strecke.

FLORI: A Ingreisch, wenn's hoch kommt.

MAREI: Naa, der Herzog ist großzügig. Da fallt mehra ab für die Bedürftigen.

BRANDNER: Na bringt's mir mein Anteil mit. *(greift wieder ans Herz)*

MAREI: Ist dir net extra?

BRANDNER: I han ja den Kerschgeist als Nothelfer. – Jetzt druckt's euch, daß die besseren Trümmer net scho vergeben san –

MAREI: Gut Nacht! Großvater.

FLORI: Mach uns koane G'schichten.

BRANDNER: Verschwindt's.

Er schiebt Marei und Flori zur Tür hinaus. Marei ist besorgt, sie würde lieber bleiben, aber Brandners Entschie-

denheit läßt keinen Widerspruch zu. Er schaut den beiden noch eine Weile nach, lächelt und winkt. Dann schließt er die Tür. Das Lächeln verschwindet, er hat Mühe den Schmerz, den Krampf in der Herzgegend zu übertauchen. Nach einer Weile nimmt er den Kopfverband ab, schaut nach, ob die Wunde am Ohr noch blutet. Mit einer heftigen Geste, ärgerlich darüber, daß ihm nicht gut ist, wirft er den Verband in den Ofen. Dann nimmt er sich eine Rehfiepe vor und probiert sie aus. Mit dem fiependen Ton unzufrieden, holt er sich ein Messer und beginnt daran herumzuschnitzen. Das geht eine Weile. Draußen ist es ganz dunkel geworden. Ein seltsames, tiefblaues Licht leuchtet durch die Fenster. Eine beklemmende Stille, aus der, wie aus unendlicher Ferne und kaum hörbar, eine Glocke zu läuten beginnt. Ein dünner, scheppernder Klang. Brandner hebt den Kopf.

BRANDNER: 's Totenglöckerl?

> *Er erhebt sich, geht zum Fenster, und sieht hinaus. Der Glockenton scheint näher zu kommen. Dazu ist ein Wehen des Windes zu hören, ein jaulendes Ums-Haus-Streichen.*

BRANDNER: A Weda aus klarem Himmel? – Hätt i an Dampes vo dem bissel Kerschgeist?

> *Brandner schwankt ein wenig. Das Herz macht ihm stärker zu schaffen. Mühsam geht er zur Tür und tritt hinaus. Sieht sich nach allen Seiten um und kann nichts entdecken. Der Himmel ist sternenklar, kein Blatt bewegt sich, aber Wind und Totenglocke sind deutlich zu hören. Brandner, der im blauen Nachtlicht draußen steht, bekreuzigt sich, schaudert ein wenig und geht rasch in die Stube zurück, setzt sich wieder an den Tisch und schnitzt weiter am Rechblatter. Die Geräusche draußen werden intensiver. Plötzlich klopft es an der Tür. Schlagartig sind Wind und Totenglocke zuende. Es ist totenstill. Nur die Uhr tickt.*

BRANDNER: No eina!

Die Tür fliegt auf ein plötzlicher Windstoß fegt in die Stube. Vor der Tür steht im geisterhaften, blauen Licht eine schwarze Gestalt. Schwarze Lederhosen, groteske, unmögliche verknitterte Stiefel, ein schwarzes Wams, darüber ein schwarzer, halblanger Umhang, eine schwarze Zipfelmütze und darüber ein schwarzer, verbeulter Hut mit einer langen Feder daran.

Der Boanlkramer. Sein bleiches Gesicht, seine weißen Hände sind nur undeutlich zu erkennen. Er tritt ein. Die Tür schließt sich von selber hinter ihm. Brandner hat keine Angst, aber das Unbehagen über diesen Besuch schwingt

in seiner Stimme mit, als er den schweigsamen Besuch, der ihn nur anstarrt und kein Wort sagt, anredet.

BRANDNER: Hab mir's glei denkt, daß des a Fremder is. Anklopfen ist bei mir nit der Brauch. – Alsdann, red – was geit's was willst? – Grad war i vor der Tür draußen, da war weit und breit koa Seel net zum Sehn. Bist eppa herg'flogen?

BOANL *(sanft):* Kunnt scho sein.

BRANDNER: Du bist ma einer. Zaundürr und klappert und bloach und hohlaugert zum Derbarma.

BOANL: Kennst mi net?

BRANDNER: Naa.

BOANL: Derratst mi net?

BRANDNER *(unsicher, nach einer kleinen Pause):* Mir is, als möcht' i dich net derraten.

BOANL: Mir san uns heut doch scho begegnet, für an kloan Augenblick –

BRANDNER *(steht erschrocken auf):* Du bist der –

BOANL: Sag: »Boanlkramer«. So hoaßen mi d' Leut.

BRANDNER *(in plötzlicher Angst):* Der –

BOANL: I han di fragen wollen, ob'st net eppa mit mir gehst?

BRANDNER *(will fort, bleibt nach einem Schritt wie angewurzelt stehen):* Naa, – i mag net.

BOANL: Es muß aber dengerscht sein.

BRANDNER *(heftig):* Naa, Bruder, naa –

BOANL: Schaug, der Büchsenschuß sollt dich vermahnen ans End von aller Zeitlichkeit.

BRANDNER: Du hast den Schuß g'lenkt? Und net amal troffen?

BOANL *(salbungsvoll):* Nach dem Schuß sollten d' Leut sagen: er hat den Schrecken nimmer überstanden.

BRANDNER *(angstvoll):* Naa, naa – der war net für mi –

BOANL: Der Tag heut ist für di. So ist dir's aufg'setzet Es geht auf's End.

BRANDNER: I bin doch g'sund wie der Fisch im Wasser. Schaun so die grablaufenden Leut aus, die'st holst ansonsten?

BOANL: Naa, naa, die mehrern san siech und lägrig.

BRANDNER: Und zaundürr und klappert, daß ma die Verwandtschaft glei kennt.

BOANL: Manch andere aber san voller Leben und es is ihnen dengerscht aufgesetzt.

BRANDNER: Ja, wenn's rauschig san und hoamwackeln –

BOANL *(lacht mit):* – und singen und hupfen – *(elegisch)* dann tun s' den falschen Schritt – und ich muß ihrer warten.

BRANDNER: Aber i? Hab i an Rausch? – Da, die Flaschen

Kerschgeist saufert i dir aus und stehert aufrecht. – Wart! *(schenkt sich ein Glas voll. Er sucht seine Angst hinter hektischer Aktivität zu verbergen. Der Boanlkramer sieht ihm milde lächelnd zu)*

BOANL: Nur zu. Leicht ist dir's aufgesetzt, daß draus a Schlagerl wurert. – Daß sie stehn bleibt, die Uhr.

BRANDNER *(hält im Trinken inne, schaut zur Uhr):* Die Uhr?

Als der Boanlkramer einen Schritt zur Wanduhr macht, läuft Brandner in einem plötzlichen Einfall zum Wandkasten hinüber, der neben der Uhr hängt, und schneidet ihm den Weg ab. Holt ein zweites Glas.

BRANDNER: G'scheiter als die ganze Rederei da waar, wennst mittrinkertst.

BOANL *(plötzlich nicht mehr feierlich, getragen, sondern skurril):* I? An Schnaps?

BRANDNER: Elendig und sper wiest bist, taat dir a Glasl gut.

BOANL: I sollt – du moanst – i derfert –?

BRANDNER: I trink net gern alloa. Des tun nur solcherne, die 's Leben vergessen wollen. Und des könnt mir keiner nachsagen. Da. *(hält ihm das Glas entgegen)*

BOANL: Des hat mir noch koana 'boten. Und viel ist mir scho g'schehn. *(riecht zaghaft am Glas)* Des ist a milder!

BRANDNER: A starker, guter. Probier'n.

BOANL *(zieht die Hand zurück):* Des geht do net.

BRANDNER: Traust di net?

BOANL: Geh, traun! – I woaß nur grad net ganz genau, ob des gern g'sehng wurert – *(Blick nach oben, gen Himmel)*

BRANDNER: Du mußt doch kennenlernen, von was für Seligkeiten du die Leut wegholst.

BOANL *(raunzt):* Geh »Seligkeiten«. – Irdische Freuden, allenfalls, vergängliche – *(zögert, probiert mit der Fingerspitze)* Schmecka taat er, scheint ma, guat. *(hüstelt. Blick nach oben)*

BRANDNER: Was wartst noch?

BOANL: Ja, wennst mi zwingst, gell. Und wenn i dir an G'fallen tu damit –? *(trinkt aus. Muß husten. Ängstlicher Blick nach oben. Erleichterung, als kein himmlisches Donnerwetter erfolgt.)*

BRANDNER: Bravo – und noch oan. *(schenkt wieder ein)* Des macht na unsern Dischkursi glei leichter, werst as sehng.

BOANL *(in verlogener Milde):* Dann is's guat. Alles, was dir 's Ja-Sagen leichter macht, soll g'schehn. Denn – Ja-sagen mußt – weil es dir so aufgesetzt ist – verstehst.

BRANDNER: Alsdann – *(trinkt nicht)*

BOANL: Alsdann. *(trinkt auf einen Zug aus, hustet und bekommt einen Schluckauf)* Hick. – Was is'n des?

BRANDNER: Des ist so, auf'n Kerschgeist.

BOANL: Bei dir machts aber net so. – Hick – *(es reißt ihn ungeheuer)*

BRANDNER: Weil i's g'wohnt bin.

BOANL: Hick.

BRANDNER *(tut so, als hätte auch er Schluckauf):* Hick.

BOANL *(glücklich):* Jetz hat's bei dir aa so g'macht. Hick.

BRANDNER *(schenkt wieder ein):* Nach dem dritten vergeht's.

BOANL: Des waar mir lieb, weil des steßt so schiali, daß ein' glei die Boaner klappern. Hick – *(trinkt aus)* Jetz is's weg.

BRANDNER *(hat wieder nicht getrunken):* Siehst.

BOANL *(staunt):* Ja, tatsächlich. Weg is's. *(da reißt es ihn wieder)* Hick.

BRANDNER: Bist halt nix Guat's net g'wohnt. *(schenkt ein)*

BOANL *(leicht betrunken, voll Selbstmitleid):* Naa, i bin wirkli nix Guat's net g'wohnt. Hick – *(trinkt aus)* – Woaßt, die Menschen! – Da jammern s' und greinen s', 's Leben is so schwar und ein Jammertal –

BRANDNER: Geh –

BOANL: Doch, sagen s' – und komm ich und will sie erlösen – na geht des G'schroa erst recht los. Da wollen s' ums Verrecken weiterleben – auf einmal wär alles hier so schön und grad Angst harn's *(er trinkt das nächste Glas aus)*.

BRANDNER: Muaßt's aa verstehen.

BOANL: Naa, muaß i net. I versteh's auch net. Tu ich sie doch geleiten in zarter Gnade und die Luft erfüllen mit sanfter Musik auf ihrem Wege, wenn's wollen, auf daß sie sollen getrost sein. Magst es hören? Paß auf! – Horch!!

Der Boanlkramer richtet sich auf, macht eine Handbewegung; von ferne ertönen zarte undefinierbare Klänge einer feierlichen lieblichen Musik. Brandner blickt nach oben, woher sie zu kommen scheint, steht auf magisch von diesen Klängen angezogen, geht ein paar Schritte und wagt kaum zu atmen. Der Boanlkramer sitzt am Tisch, grinst, trinkt und freut sich, welchen Effekt sein Musikkunststück beim Brandner macht. Dann fragt er ihn leise und schon siegessicher:

BOANL: No? Magst net doch mitgehn?

BRANDNER *(schüttelt den Kopf):* – I bin dahier vonnöten. 's Enkelkind, der Flori. Dene muß i des Gütl erhalten auf irgend a Weis'.

BOANL: Kaschper, dein Leben währet nun schon zweiundsiebzig Jahre –!

BRANDNER: Ja, woaßt denn du, Bruder, wie z' kurz des ist? Des lauft dahin wie der Bach oba vom Berg, und stürzt mit jedem Jahr schneller talab, – wie der Wasserfall. Vierz'g Jahr waren 's auf Lichtmeß, daß mir mei Traudl g'storben ist, an der Cholera – und einundzwanzig, daß mir die Tochter wegg'holt worden ist aus'm Kindbett – von dir! und mir is's, als wär's gestern g'wesen. Und jetz, wo i mi dreing'funden hab, wo's grad wieder a bissel im Lot ist, da kaamst ma du daher, mitten im Frühjahr, wo d' Hohfalz is und der Schnepfenstrich und die kloan Vögel am schönsten singen im Wald – und tätst mi drangsaliern, daß i mitgeh – freiwillig –?! Ja, narret –!

Die Musik verstummt.

BOANL *(beeindruckt):* Kaschper, i will net so sein. Net, daß d' sagst, an meinem Schnapse erlabt er sich, aber derkennt ist nix. *(hält ihm das leere Glas hin. Brandner schenkt ein.)* Hol i di halt im Summer.

BRANDNER: Da han i mit der Rehbirsch Arbeit und 's is aa z' hoaß.

BOANL *(elegisch):* So, z' hoaß. Mir ist nie z' hoaß. Bloß jetz grad is 's angenehm. *(trinkt aus)* Na kimm i im Hirgscht.

BRANDNER: Ja, was fallt dir denn ei'? Sollt i d' Hirschbrunft hintlassen? Und die Klopfeter und 's Oktoberschiassen und die Hofjagd?

BOANL *(beeindruckt):* Des ist alles im Hirgscht?

BRANDNER: Ja, freili.

BOANL: Die Hofjagd aa? Mit'n Kini? Majestät persönlich?

BRANDNER: Ja. – Und grad der will mi allweil dabei haben.

BOANL: Des hab ich nicht bedenket.

BRANDNER: Also, was redst na.

BOANL *(seufzt):* Guat, komm i im Winter. Punktum. *(trinkt)*

BRANDNER: Punktum magst du sagen? Und 's Fuchspassen und 's Marderausjag'n? Außerdem ist im Winter aa z' kalt.

BOANL *(weinerlich):* Ja, kalt. – Mir ist immer z' kalt. Verstehst, was des heißt, Kaschper? Zu kalt in Ewigkeit? *(legt die Hände auf den Kachelofen)*

BRANDNER: Der Ofen ist aa kalt. Da trink. Des wärmt! *(schenkt ein)* Schau, bei mir bist an der falschen Adreß. I g'hör noch net nüber. Des muaß an Irrtum sein.

BOANL: Irrtum? Mir san die oberste Inschtanz, Mensch!

BRANDNER: Leicht gibt's noch an andern Brandner Kaspar, kunnt doch sein; im Werdenfelser Land eppa –

BOANL *(erhebt sich, gekränkt, schwankend):* Kaschper – ich komme aus der Allweisheit und bin gesandt, dich zu geleiten in den ewigen Glanz – und du werferst mir a Amtsverwechslung vor. – Jetz trink ma aus, dann geh ma auf die Roas' mitanand, als guate Freund –

BRANDNER *(heftig):* »Guate Freund –« ja! Ist des a Freundschaft mit dem Kommandieren: mir gehn auf die Roas'. Des ist koa G'hörtsi unter g'standene Leut und braucht aa nix zun Trinken. *(nimmt ihm die Flasche weg)*

BOANL *(kläglich):* Kaschper, i hab dir a Jahr boten, als Zuawag – und du hast für alles a Ausred. Willst denn du no zehn Jahr leben?

BRANDNER: Mei Vater selig ist Neunz'ge wor'n. So alt wer i aa. Na kannst mi holn.

BOANL *(ist schon zu betrunken, um rechnen zu können, versucht mit Fingern zu zählen, fragt dann lieber):* Neunz'ge – achtz'ge – siebazg – Wieviel gäb' denn des so mitanander?

BRANDNER: Achtzehn. Akkrat.

Von draußen hört man Pferdewiehern.

BRANDNER: Was is des?

BOANL *(schreit in Richtung Tür):* Gib a Ruah, du Krampen! *(pfeift gellend. Das Wiehern verstummt)* Des is mei Karrenroß.

BRANDNER *(leise, angstvoll):* Auf am Karren –?

BOANL: Freili. I kann doch meine Passagier net gut am Buckel spedieren oder auf die Arm tragen. *(sentimental)* Höchstens die kloan' blassen Kinder, die im Eis einbrocha san – die san eine leichte Last. Aber a Prügel Mannsbild wie du –

BRANDNER: Jetzt sagst es selber.

Von draußen wieder das Wiehern.

BOANL: A Ruah' *(Pfiff)* Kusch! – Der werd mir ungeduldig. So lang hat er noch nia warten müssen.

BRANDNER: Zwegen meiner brauchert er net warten.

BOANL: Kaschper, sei vernünftig. Die Welt draht sie behaglich weiter ohne di – aber für dich fangt's dann erst an.

BRANDNER: Was?

BOANL: Das wahre Leben.

BRANDNER *(grantig):* Des sagt der Herr Pfarrer aa. G'sehng hat er's net.

BOANL *(eindringlich):* I hab's gesehn. Es is unendlich wahr und guat dorten. I derf ja net 'nei. Im Paradies brauchen s' koan Boanlkramer – so schön is's da. *(wieder betrunken, skurril)* Oa Glasl noch als Siegel drauf.

BRANDNER: Aber Neunz'ge. *(schenkt ein)* Daß i mi vor mei'm Vatern net genieren muß.

BOANL: Hab' doch a Einsehen. Schau, die Uhr da –
Der Boanlkramer erhebt sich und streckt die Hand nach der Wanduhr aus. Brandner will ihm den Weg zur Uhr verstellen, bleibt aber von seinem Blick angewurzelt und greift sich schmerzhaft ans Herz. Der Boanlkramer schwankt.

BOANL: Hui – da wackelt was. Der Boden hebt si, da nüber. *(er glotzt und reibt sich die Augen)*

BRANDNER: In einer Stund' is er wieder eben. *(als der Boanlkramer die Hand nach der Uhr ausstreckt)* Lang's net an. Die hat so redli d' Stunden zeigt – die voller Freud' und die voll Kummernis. *(gibt dem Boanlkramer ein volles Glas)*

BOANL: Alt is's. Schaug. Am Zifferblatt kannst kaum mehr d' Rosen seln, die aufg'malt g'wesen san, da, – im Eck. Und d' Zeiger wackeln, d' G'wichtschnur rutscht.

BRANDNER: Und dengerscht arbeit's fleißig fort und tut so g'schäftig dipp und dapp –

BOANL: Sie irrt eahm freili gnua dabei.

BRANDNER: Aber laßt net aus, ob s' z' fruah geht oder z' spät.

BOANL: Du g'freust di, daß s' no geht. Und siehst ihr alle Fehler nach und hoffst dabei, daß dir die kommenden Jahr akkrat so nachg'sehn werd, wenn dir die Zeiger wackeln, d' G'wichtschnur rutscht. Haha – *(er lacht über seinen Scherz)*

BRANDNER: Trink – und laß mir die Sorg, wie's weitergeht. Gilt? *(streckt ihm die Hand hin – er soll einschlagen)*

BOANL *(hat getrunken)*: Gilt! *(erschrickt)* Naa – gilt net! Hui – jetzt biegt si' gar die Wand. – *(sieht die Uhr an)* I könnt's anhalten auf Ja und Nein.

BRANDNER *(plötzlich in großer Angst)*: Woaßt du, was du tuast?

BOANL: Woaßt du, was i dir schenk?! Woaßt du, wohin du derfst? *(Er macht wieder die große Handbewegung, abermals ertönt ferne Musik, die gleich darauf bizarr, wie geisterhafte ferne Orgelklänge, Brandners Singen untermalt.)*

BRANDNER *(flehentlich)*: Boanlkramer – i bin zufrieden allhier. Woaßt du, was des bedeut: z'frieden sein? Mit dem was ist und was ma hat? Kennst net des Lied von der Zufriedenheit? *(singt)*
Nix hon i und do leb i halt
mit Gottes Gnad
Und 's Lebn oft oan nit besser g'fallt,
der ebbes hat!

BOANL: Kaschper, du derbarmst mi. Mach mir's doch net so schwer!

BRANDNER *(singt mit gesteigerter Intensität um sein Leben)*
Und dengerscht: 's hat mir Gott ja gebn
a fröhlich's Bluat.
Und fragst, wie steht's mit Leib und Lebn,
sag allzeit: »Guat!«

BOANL: Schön. Aber jetz gibst's Widerstreben auf und kommst.

Der Boanlkramer erhebt sich und geht mit möglichst festen Schritten der Tür zu. Die fliegt wieder auf, ohne daß eine Hand sie berührt hätte. Er streckt dabei einen Arm rückwärts, so, als würde er an einem unsichtbaren Band den alten Brandner hinter sich herziehen. Brandner folgt ihm mit schweren, steifen Schritten, als müsse er eine große Last tragen. Er will nicht gehen, aber eine Gewalt zwingt ihn. An der Tür angekommen, bleibt der Boanlkramer stehen und will Brandner vorausschicken. Auch Brandner bleibt stehen. Mit Aufbietung aller Kräfte wendet er sich seitwärts, sein Blick fällt auf das Wandschränkchen, aus dem er vorhin die Schnapsgläser holte und in dem auch die Spielkarten liegen. Da kommt ihm, in letzter Sekunde, eine Idee.

BRANDNER: Woaßt was: mach ma a G'spielei drum!
Der Boanlkramer bleibt total perplex stehen, läßt die Hand sinken. Die Musik bricht ab.

BOANL: Waas?

BRANDNER *(nimmt aus dem Wandschrank ein Kartenspiel)*: Da – san die Karten.

BOANL *(unfeierlich)*: Ja, du Hallodri –? Karten möcht er, ums ewig' Leben?

BRANDNER: Grad um achtzehn Jahr.

BOANL: I ko gar net kartln.

BRANDNER: Da brauchst nix könna. Misch.

BOANL: Wie macht ma des?

BRANDNER: A so.

Der Bann scheint gebrochen. Brandner kann sich wieder bewegen. Die Gewalt, die ihn niederdrückte, ist gewichen. Mit schnellen Bewegungen macht er dem Boanlkramer vor, wie man Karten mischt. Der, neugierig geworden, kommt schwankend näher und nimmt sich das Paket. Mit steifen Knochenfingern wirft er es so ungeschickt durcheinander, daß einige Karten zu Boden fallen. Kichernd hebt sie der Boanlkramer auf und bemerkt dabei nicht seinen Schicksalsmoment: Der Brandner Kaspar greift blitzschnell die obenauf liegende Karte und versteckt sie in seinem Ärmel. Es ist der Grasober. Nun kann das Spiel beginnen.

BOANL (lacht rasselnd): Jetzt, des hab i aa no net derlebt. Und?

BRANDNER: Heb dir a Häuferl ab. Und wenn da drin der Grasober ist –

BOANL: Der Grasober?

BOANL: Wie schaugt denn der aus?

BRANDNER: Des siehgst na scho.

BOANL: Und wenn der da drin is –?

BRANDNER: Na geh i mit dir.

BOANL: Ohne Widerred'?

BRANDNER: Ja.

BOANL: Versprocha?

BRANDNER: Gilt!

BOANL: Und wenn er in deim Häuferl is, gehst aa mit!

BRANDNER: Naa –! Na derfst ma nimmer kemma, bis i neunz'ge bin.

BOANL: Auweh. (er hat Gewissensbisse)

BRANDNER: Gilt's?

BOANL (gießt sich einen Schnaps ein, trinkt, und sagt plötzlich freundlich): Gilt und versprocha.

BRANDNER (deutet auf die Karten): Heb auf.

BOANL (kichert): Du bist a dummer Teifi, Kaschper. Weil, nimm mir so viel Karten in mei Häuferl, daß der Grasober dabei sein muaß!

BRANDNER: Des ist dei Sach. Es ist an ehrlich's G'spielei.
Bei dieser Lüge sieht Brandner den Boanlkramer nicht an. Ein Nüchterner würde den falschen Ton bemerkt haben, denn das Lügen ist nicht Brandners Stärke. Der Boanlkramer aber merkt in seinem Surri nichts davon. Er kichert, packt mit ungeschickten Fingern den ganzen Talon vom Tisch, läßt noch drei oder vier Karten liegen und freut sich seiner List und Klugheit.

BOANL (hebt ab): Da –. Die paar laß i dir noch. Alsdann. (Er blättert kichernd die Karten durch. Schreit plötzlich:) Da is er! – Net?

BRANDNER: Des ist der Schellnober. (während der Boanlkramer blättert, nennt er hie und da halblaut eine Karte) Herzzehner – Eichelsau – Grasneuner –

BOANL: Da –!

BRANDNER: Des ist der Grasunter!

BOANL (kleinlaut): Gibt's den aa? (er blättert wild) Ja, wo ist er denn, der Grippi? Ist er eppa 'nunterg'fallen? (sucht unter dem Tisch)
Brandner praktiziert, während der Boanlkramer nicht hersieht, den Grasober aus dem Ärmel in sein eigenes Häuferl.

BRANDNER: Schau halt amal bei mir nach.

BOANL (deckt die Karten auf): Ja – bei dir schaug i nach. –

Da ist er –! Verdammte G'schicht! Wo es dir doch aufgesetzet war für den heutigen Tag.
Pferdewiehern draußen.

BOANL: Kusch – du Häuter –!

BRANDNER (schenkt triumphierend zwei Gläser ein): Trink ma auf 'n Neunz'ger!

BOANL: Naa, i mag'n nimmer, den Kerschgeist, den hinterkünftigen. (trinkt aus) I glaub, da damit hast du mi drankriegt.

BRANDNER (grinst ihn an): Naa – da damit net.
Der Boanlkramer steht mühsam auf, tut einige schwere Schritte.

BOANL: Hui – die Füß –! Aber ebber reut di dei Glück amal, Kaschper – kunnt doch sein –!

BRANDNER: Kunnt ma's net denka.

BOANL: Na derfst mi grad rufen – glei bin i da!

BRANDNER (öffnet ihm die Tür): Hat guati Weg.

BOANL (mühsam hinausschwankend): Grad rufen –!

BRANDNER: Ist scho recht.
Der Boanlkramer macht noch einmal seine große Geste. Wieder ertönt die ferne Musik. Wind und Totenglocke. Er richtet sich groß auf und versucht, seinem Rausch bedeutendes Aussehen zu geben.

BOANL: Wenn's amal nimmer gilt, dei G'sangl, – (kräht) »Nix hoscht du und lebst aa –«

BRANDNER (singt lächelnd weiter, weil der Boanlkramer die Fortsetzung vergessen hat)
mit Gottes Gnad'
und 's Lebn oft oan nit besser g'fallt, der ebbes hat –

BOANL (hat mitgebrummt. Singt die letzte Zeile mit)
Der ebbes hat –
Und dengerscht ist eahm ja geb'n
a fröhlich's Bluat –
(verheddert sich mit der Melodie, singt weiter)
Und dengerscht hat er no Leib und Lebn –
dem geht's guat –

BRANDNER (ruft nach): Paß auf, daß d' ma net in' Bach einifaust! – Liegt scho drin!
Die Stimme des schrecklich falsch singenden Boanlkramers verklingt zusammen mit der Musik, der Totenglocke und dem Wind. Morgengrauen. Brandner schließt langsam die Türe, geht langsam in den Raum zurück.

BRANDNER: Neunz'ge – neunz'ge! (sagt er leise mit tiefem Atemholen und bekreuzigt sich.)
Von draußen, wo sich der Sonnenaufgang ankündigt, hört man einen Pfiff. Dann beginnen die Vögel zu singen. Flori kommt gelaufen. Er trägt den Anteil der

170

Jagdbeute in einem Rucksack.

FLORI: Brandner – Tag werd's, schee werd's. Was moanst, sollt ma den kloan Umweg jetzo machen?

BRANDNER: Und ob man machen! Und net bloß heut. Flori, jetz gibts koa Zaudern nimmer.

FLORI: Vui Eis liegt noch am Weg nauf in' Saugraben. Und übern Hang is's ganz schö g'fährli, weil's aper werd –

BRANDNER: Für mi ist nix mehr g'fährli, Flori! Nix! Für mi, da hebt sich jetz a Leb'n an, wie's ohne Beispiel is auf dera Welt.

FLORI *(sieht die strahlende Begeisterung des Alten und versteht den Grund nicht. Dann sieht er die leere Flasche Kirschgeist auf dem Tisch):* Hast du den ganzen Kerschgeist da –?

BRANDNER *(beginnt unbändig zu lachen)*

FLORI *(sieht ihn verständnislos an):* Respekt!

Vorhang

3. Bild: Das Fest

Hier sollen die irdischen Freuden vor Augen geführt werden. Der 75. Geburtstag des Brandner Kaspar ist Anlaß für seine Freunde aus dem Ort, der Gegend und von weit her, ihm eine Ehrung zu bereiten.

Die Szene stellt einen Wirtsgarten dar. Im Hintergrund die Fassade des Wirtshauses mit Geranienkästen und Lüftlmalerei, im Vordergrund eine große Kastanie, unter deren dichten Zweigen viel Platz für Tische und Bänke ist. Am Wirtshaus vorbei sieht man in die Tegernsee-Landschaft hinaus, sieht die Berge und den Himmel. Es ist ein schwüler Nachmittag. Es wird bald ein Gewitter geben. Fahles, gelbliches Licht, das nach Westen zu ins Bleigrau übergeht, das sich im Laufe des Bildes immer mehr verdüstert und zu schwarzen Wolken zusammenballt. Vor dem Panorama ragt ein Schützenbaum auf, wie ihn Quaglio auf seinem Bilde »Scheibenschießen in Bayrischzell« gemalt hat. Eine Art Maibaum, oben mit Hüten, Fähnchen und einer Schießscheibe geziert.

Aus dem Wirtshause hört man das Dudeln einer Kapelle. Die Szene ist einen Augenblick leer, dann tritt Marei aus dem Hause, gefolgt von Kellnerinnen und Wirtsburschen. Marei ist festtäglich gekleidet, trägt über dem Gewand aber eine Kellnerinnenschürze. Ihrem Auftreten nach ist sie in diesem Wirtshause die leitende Person. Sie kommandiert die anderen, sie bestimmt den Ablauf des Festes und sie ist die tüchtigste Kellnerin. Sie schaut prüfend zum

Himmel, die anderen erwarten ihre Entscheidung. Gleich darauf tritt Theres auf ein älteres, bäuerliches Weiberl mit einem deutlichen Hang zum Ratschen. Sie ist eine alte Tante der Marei. Man sieht ihrem hatschenden, müden Gang an, daß sie viele Stunden gelaufen ist.

MAREI *(sieht nach dem Wetter):* Die Tisch' raus wir riskieren's.

THERES *(ist aufgetreten):* Hättst halt fleißiger zum heiligen Michael bet' um a guts Wetter –

MAREI *(freut sich):* Theres! Du bist scho da?

THERES *(muß sich niedersetzen):* Ah, meine Füß! Fünf Stund' g'laufen –

Die Wirtsburschen und Kellnerinnen bringen während der folgenden Szene Tische, Bänke und alles zum Fest Nötige heraus.

MAREI: Da an Tisch hin und da und da –

1. BURSCH: Und alle Bänk?

MAREI: Ja, freili. – Für die vielen Gratulanten.

THERES *(überreicht einen Fichtenkranz mit der Zahl 75):* Da – selber g'macht.

MAREI: Von dir –?

THERES: Vo mei'm Mo, aber unter meiner Aufsicht.

MAREI *(geht zur Fahnenstange):* Den nageln ma da hin –

THERES: Herausd? – Ehvor die Ehrung anfangt, gibts a G'witter, so wie gestern, werst es sehn.

Der 1. Bursch kommt, eine Bank tragend, aus dem Haus. Einige Kellnerinnen bringen Girlanden, Tischschmuck, Geschirr und beginnen zu decken.

1. BURSCH: Wohin?

MAREI: No, da –.

THERES: Der Jubilar allaweil noch so gut beinand?

MAREI: Der sucht si jeden Tag a Dutzend Bäum' zum Ausreißen.

THERES: Ob der in an Jungbrunnen g'falln is? Oder es steckt a Weiberts dahinter?

MAREI: Ja freili –

Obwohl dieses Gespräch zwischen Marei und Theres nicht eben mit lauter Stimme geführt wurde, horchen die Wirtsburschen und Kellnerinnen auf als von dem »Weib« des Brandner die Rede ist. Sie kommen neugierig näher. Anlaß fürs Marei, der neugierigen Theres einen Bären aufzubinden. Sie macht ein ernstes, bekümmertes Gesicht und heizt die Spannung an.

THERES *(neugierig):* Naa, sag g'scheid! Tatsächlich? Diese Mannsbilder, je älter desto blöder – Wer is'n?

MAREI *(geheimnisvoll):* Sagst's net weiter?

THERES: Naa.
MAREI: Ich!

Burschen und Kellnerinnen lachen und gehen wieder an ihre Arbeit. – Die Theres, die gar keinen Humor hat, ist beleidigt, daß man mit ihr Scherz treibt.

THERES: Tu du nur dei alte Tant' derblecken.
MAREI: Ernsthaft. Er möcht mir's Gütl erhalten, hat er g'sagt vor drei Jahr und seitdem werd er jeden Tag jünger.
THERES: Und eure Schulden?
MAREI: Samma beinah los, ja was glaubst denn!
THERES: Des gibt's net!
MAREI: Alle drei fleißi g'arwat! –
THERES: Du da als Kellnerin?
MAREI: So is's. Und a jeder Heller Trinkgeld ist sofort an' Senftl gangen –
THERES: I woaß ja no gut, wie der Senftl als junger Dachs mit'm Bauchladen hausieren gangen is. Die Franzosen waren grad ausm Land, 'geben hat's wenig, da hat er mit Knöpf und Bandl und G'raffi g'handelt –
[Theres meint die Befreiungskriege von 1813, als die napoleonische Gnadensonne, die den Bayern das Königtum und einige Blüte beschert hatte, unterging.]
MAREI: Was willst – so hat er's 'bracht zum Bürgermoaster.
THERES *(mit wegwerfender Handbewegung):* Aa so a Zeichen für den nahenden Untergang Bayerns.
Die zuhörenden Burschen und Kellnerinnen lachen. Im Hause spielt die Musik. Theres druckst herum.
THERES *(halblaut):* I hätt ja was z' reden mit dir, –
MAREI: Red.
THERES: Naa – alloa – es wär mir wichtig –! No, später vielleicht. Ah, die Füaß –
Theres mit schmerzenden Füßen ab ins Haus. Flori kommt gelaufen.
FLORI: I sag dir's, bis von Berchtesgaden kommen d' Leut daher. Es ist schier net zum glauben, wieviel Freund der Kaspar hat.
MAREI *(deprimiert):* Flori, i sollt mi freuen heut, und mir ist gradnaus bang –
FLORI *(halblaut):* I muß fei nachher weg, des weißt –
MAREI *(erschrocken):* Heut?!
FLORI: Es geht net anders. Uns hat einer ang'redt'.
MAREI: Wer?
FLORI: Von der Stadt oaner. – Mir ham ihn net kennt, – der zahlt 20 Gulden für a jede Gams. Und i hab' a Rudel ausg'macht, oberhalb von der Wolfsschlucht, im Eis.

MAREI *(erschrocken und hilflos):* Naa, Flori – naa! Da ist vor zwoa Tag bei dem G'witter a Steinlawine runter. Und schaug dir den Himmel heut an!
FLORI: I geh doch übern Saugraben.
MAREI: Da is vorigs Jahr der Falter Toni abg'stürzt.
FLORI: Unterhalb vom Eis weiß i an Platz für a Nachtquartier, wenns dumm geht.
Marei ist mit der Wilderei schon lange nicht mehr einverstanden. Ihr redlicher Sinn, vor allem aber ihre Angst um die Männer lassen sie alle Vorsicht vergessen. Ohne auf die anwesenden Kellnerinnen und Burschen Rücksicht zu nehmen, sagt sie mit großer Intensität und unvorsichtig lauter Stimme, was sie besorgt.
MAREI: Bist du narret! Der Simmerl hat di scho zweimal beinah derwischt. Wennst heut fehlst, braucht er dir bloß nach und hat di scho!
FLORI *(leise und rasch):* Andersrum werd a Schuh draus. Die Jager verlustiern sich da beim Freibier – und i hab droben mei Ruh. Nach der Feier kommt ma der Kasper dann nach zum Schleppen. Der Stutzen ist oben versteckt. Wenn mi unterwegs wer siecht, gibt's wieder kein' Beweis. Erst wenn ma mi mit'm G'wehr antreffert –
MAREI *(heftig):* Flori, gebt's a Ruh! Die Schulden sind so gut wie zahlt. Schlimm genug, daß's auf a unredliche Weis' g'schehn is. Ihr seids ja wie besessen. Was wollts denn noch alls riskieren?!

Während der letzten heftigen Sätze ist der herzogliche Jäger Simmerl eingetreten. Er ist ein tragischer Fall. Seine Redlichkeit wird durch seine Humorlosigkeit absorbiert und was er an Beharrungsvermögen besitzt, verkehrt sich zu seinem Nachteil, weil er allenthalben unbeliebt ist. Daß Marei ihn wegen Florti verließ, hat in ihm einen tieferen Defekt verursacht, als er je zugeben würde. Daß dieser Flori, dessen Namen er feindselig amtlich »Florian« ausspricht, vor seiner Nase wildert, ohne daß ihm jemals etwas nachzuweisen wäre, hat den Simmerl in eine Feindschaft getrieben, die seinem ruhigen, langweiligen Wesen im Grunde fremd ist. Simmerl wäre im Grunde ein Mann, wie ihn eine Frau sich wünschen sollte: zuverlässig, solide, dazu im festen Dienstverhältnis beim Herzog. Aber Marei denkt mit dem Herzen, nicht mit dem Kopf. Simmerl legt die penetrante Freundlichkeit an den Tag, in die er sich rettet, wenn er dem Nebenbuhler begegnet. Er hat Mareis letzte Worte zwar nicht verstanden, aber am Tonfall gehört, daß sie den Florian schimpft. Das freut ihn.

SIMMERL: Bravo, Marei – beiß'n z'samm! »Das Weib sei

untertan dem Manne« hoaßt's, aber bloß wenn's a richtiger Mo is.

FLORI *(furchtlos):* Du halt di z'ruck! Gell!

MAREI: Zum Gratulieren bist fei z' früh. Der Großvater ist no net da.

SIMMERL *(mit falschem Grinsen):* Macht nix. Ich hab Zeit. Heut passiert nix im Revier. Heut san alle Wilderer da herunten – haha –

FLORI: Lustig.

MAREI: Bier gibt's aa no koans –

SIMMERL: Doch – ich hab a kloans Faßl mitbracht – für mein' Jagdhelfer.

MAREI *(ungläubig):* Du machst uns a G'schenk?

SIMMERL: Der Senftl kommt auch und spendiert was.

MAREI: Jetzt glaub i bald wieder an'n Osterhasen.

SIMMERL *(zu Flori):* Kumm, Florian, – hilf ma's reintragen. *(höhnisch)* Und schön freundlich sein, wenn man was g'schenkt kriegt – und schön bedanken nachher, komm – *Flori, mit grimmigem Gesicht, und Simmerl gehen hinaus. Theres begegnet ihnen. Die Burschen und Kellnerinnen sind ins Haus gegangen.*

THERES: Da schau her – die san doch sonst wie Hund und Katz. – Könnt i jetzt mit dir was reden?

Nach Mareis wegwerfender Handbewegung hat Theres nun Gelegenheit herauszufragen, was sie so brennend interessiert. Sie tut es vorsichtig und weit ausholend. Marei arbeitet währenddessen, macht Tische sauber, deckt und bereitet für die Gäste vor. Das Geschwafel der Tante aber beeindruckt sie und macht sie ärgerlich.

MAREI: Hast a Ratscherei g'hört?

THERES: Ja. I glaubs ja net, i bin ja die letzte, die auf a Ratscherei hört –

MAREI: Wird g'sagt, wir hätten g'wildert? Des hätten andere auch schon in der Gemeinde.

THERES: Naa, des bekümmert nur 's Gericht, wenn ma derwischt wird.

MAREI: Was sonst?

THERES *(leise und bedeutsam):* Daß – äh – daß s' net derwischt worn san. – Schaug, die Leut sagen, vor a paar Wochen, an der Halserspitz, – *(sie deutet hinauf)* da haben die Jager die ganze Nacht auf der Lauer g'legen. Und dann harn sie 's ausg'macht, im Frühlicht, ganz deutlich, alle zwei! Ham's 'trieben zur Schlucht in ein'm Kesseltreiben und dort –

MAREI *(ärgerlich):* Was soll dort g'wen sein?

THERES *(geheimnisvoll):* Dort ham's lediglich den Flori g'stellt. Ohne Stutzen noch dazu – nicht zum nachweisen, daß er g'wildert hätt'.

MAREI: Also – was gibt's dann zum Ratschen?

THERES: Daß – der Kaspar verschwunden war!

MAREI: Er werd scho net droben g'wesen sein.

THERES: Er war drobn. Er ist vom Rand der Schlucht verschwunden, wie vom Erdboden g'schluckt.

Marei muß sich beherrschen, die Alte nicht anzufahren. Sie möchte ihr am liebsten erklären, daß Fleiß keine Hexerei ist, daß die Brandners Glück hatten, daß alles mit natürlichen Dingen zugeht. Aber genau das würde Theres nicht hören und nicht glauben wollen. Sie will die Gerüchte, die Übertreibungen, die Unbegreiflichkeiten. In diesem Augenblick kommen Simmerl und Flori vorbei. Sie tragen gemeinsam ein Faß Bier ins Haus.

FLORI: Schau, Marei –! Kloa, aber immerhin –

SIMMERL: Jetzt zapf ma o und na trink ma mir zwoa as erste Mäu voll mitanand –

MAREI: Jaja, geht's nur zua.

THERES *(sensationslüstern):* Marei, i derf die Wahrheit wissen! Ist dir nie was aufg'fallen?

MAREI: Theres, des san Märchen.

THERES *(hält Marei am Arm fest):* D' Leut sagen, es geht net zu mit rechten Dingen! Kein Ausweichen war net möglich da droben – er hätt' sich hundert Klafter tief in die Schlucht stürzen müssen, – und da wär er tot g'wen!

MAREI: Des ist doch gradnaus zum Lachen –!

THERES *(leise und angstvoll):* Naa – zum Lachen ist des nimmer. – G'sagt wird, er ist mit'm Teufel im Bund, er wird net derwischt, weil er in Höllenschluchten springt, der Teufel hat eahm aa 's Geld verschafft –. Die alt' Sixtin von Finsterwald hat heut g'sagt zu mir: Schaug den schweflichten Himmml an! Des is dem Teufel sei Festbeleuchtung für den Jubilar. Und Anzeig is erstattet worden, heißt's, beim Bischof! Euer Pfarrer ist zitiert, zum Auskunft geben –. Ist dir wirkli nix aufg'fallen, was net sei Richtigkeit g'habt haben könnt?

MAREI *(verzweifelt über so viel Ratscherei):* Mein Gott und Herr – bloß weil er fleißig war –? Als Jagdg'hilf, und nebsbei g'schlossert hat, Büchsen g'richt, die Landwirtschaft versehen –?

THERES *(hört ihren Verdacht bestätigt):* In dem Alter so viel Kraft? Woher?

MAREI: Vom Teufel net –!

THERES: Was treibt den rum? Des ist ja a ganz a anderer Mensch; die Tollkühnheit, grad zum Ferchten!

Flori erscheint in der Türe des Wirtshauses.

FLORI: Marei – komm halt!

MAREI: Jja! –

THERES: Und die Wahrheit?

MAREI *(schreit sie an)*: Die Wahrheit? Schau ihm ins G'sicht – da steht die Wahrheit drin und scham di!

THERES *(kleinlaut):* Na ja, d' Leut reden ein' schier damisch.

FLORI: Marei, geh zua!

MAREI: Mei, ist diese Welt ein Narrenhaus!

Marei läuft zum Haus. Simmerl kommt ihr entgegen, einen Bierkrug in der Hand.

SIMMERL: Marei! Kimm, steß mit mir o –!

MAREI *(wütend)*: Laßt's mir doch mei Ruah! Hab ma z'toa grad g'nua –! Wenn der Großvater kummt, werd aa no Zeit sei. Heut geht's um eahm und neamd andern.

SIMMERL: Mei, bist du hantig heut'! Da hab i ja a Glück, daß i dir auskemma bi!

Flori, Marei und Theres ins Haus ab. Simmerl bleibt heraußen. Gleich darauf tritt Senftl auf, sieht Simmerl und wird höhnisch.

SENFTL: Daß i di da nur wieder siech, beim Freibier – und derweil schießen s' dir draußen dein Wald leer.

SIMMERL: Des werd si bald ändern! Heut genga's ma in die Falle.

SENFTL: Zeit waar's. Drei Monat Gnadenfrist hat dir der Herzog noch zuab'standn, wiest'n aus der Stadt g'holt hast, daß er endlich den Vierzehnender schießt, auf den er so lang paßt hat – und in der Nacht davor patschen s' 'n dir vor der Nasen weg! Du Kampel!

SIMMERL: Des ist net erwiesen, daß der g'wildert worden is.

SENFTL *(ganz süß)*: Naa – Flügerl san eahm g'wachsen und aufg'schwebt ist er – pfeigrad in' Hirschhimmel. Paß auf, da kommst du auch amal hin – aber zu die größten Hirschen!

SIMMERL *(bockig ob der Schmähung)*: Und wenn er's Revier g'wechselt hätt, ha?

SENFTL: Des hätt' ma vernumma. – Naa, den harn die Teufeln g'schossen, die seit drei Jahr vor deiner Nasen macha, was eahna grad paßt – und du schaust zua.

SIMMERL: Wart bis morgen. Heut genga's in die Falle.

SENFTL: Legst du an Hinterhalt?

SIMMERL: Ja! Halt mir den Alten auf da herunten. Der derf mir net wieder dazwischen kommen mit seine Zauberkunststückl. I muß den Florian z'erst alloa derwischen.

SENFTL: Der Alte ist mir wichtiger.

SIMMERL *(deutet ans Hirn: »denk nach«)*: Für den is doch der Junge dann der Köder!

Im Hintergrund hört man die Musik – Ziehharmonika und Gitarre –, die Brandner begleitet, näher kommen.

SENFTL: Aha – die Musi. Auf geht's.

SIMMERL: Net weglassen von da.

SENFTL: I sag, der Herzog kommt.

SIMMERL: Kommt der wirklich?

SENFTL: Ah wo –

Brandner tritt auf, begleitet von 2 Musikanten und einigen Freunden, die ihn in der Mitte gehen lassen. Als er Senftl sieht, winkt er dem kleinen Zug, anzuhalten.

BRANDNER: Oha – da g'spensterts.

SENFTL: Daß i irr ganga waar, moanst?

SIMMERL: Wo hast'n *die* Musi aufg'fischt?

BRANDNER *(fidel)*: Ah, die narrischen Gischpi'n, die san mir zuglaufen, und jetz zieh'n's scho den halben Tag mit – grausam – aber freuen tut's mi doch.

SENFTL: Wie auf »Heilig Drei König«: Der Kaspar – und der Melchior und der Balthasar. Der welcherne ist da die schwarze Seel'?

BRANDNER: Die schwärzest' am Ort, moan i, allweil no du!

SENFTL *(schluckt)*: Du traust dich was!

BRANDNER *(behaglich)*: Was sollt' i ferchten? Warum ferchten si überhaupt Leut vor andere Leut? I versteh s nimmer. Aber scho gar nimmer!

SENFTL: No, Jubilar?

BRANDNER: Du werst ma doch net auch gratulieren?

SENFTL *(nickt)*: Namens der Obrigkeit. Da werst spitzn.

BRANDNER *(halblaut)*: Derfst Du a so lügen? Aber guat, daß i di alloa triff, i hätt sowieso was zum Reden mit Dir. *(zu den anderen)* Geht's nur derweil eini. I kimm glei nach – *(alle ab ins Haus. Simmerl auf Hinweis und Pfiff auch)*

SENFTL: No?

BRANDNER *(grinst ihn an)*: Vor zwei Monat hast no probiert, daß d' mich aus meiner Hütten verjagst, mit'n Gericht.

SENFTL *(lächelt ebenso)*: Warst ma im Weg.

BRANDNER *(erstaunt)*: Warst?

SENFTL *(strahlend)*: A adeliger Preiß hätt dei Hütt'n kaufen mög'n.

BRANDNER: Ausdipfit die mei?

SENFTL: Koa andere.

BRANDNER: Und a Preuß?

SENFTL: Und was für oaner. Kai-Uwe bat er g'hoaßen, von Zieten hat er si g'schrieb'n. Und von der Residenz ist a Wink kemma, i sollt des ermöglichen. Aber du stirbst ja nicht ums Verrecken. Aus lauter Bosheit.

BRANDNER: Naa. Da werst schaun, wie i 's ewige Leben hab!

SENFTL: Schweren Herzens find' i mich drein. As Pfeiferl schmeckt?

BRANDNER: Dank da Nachfrag. A bissel an starken Tabak han ich derwischt. Wenn ich fest oziag, drahts mi.

SENFTL: Werst halt nimmer den rechten Zug hab'n.

BRANDNER: Di schnauf i allaweil no auf und laaf damit auf Minka.

SENFTL: Ma kunnt doch amal den alten Streit begrabn. I waar bereit, am heutigen Festtag.

BRANDNER: So? – Noja, an Geburtstagswunsch hätt i scho.

SENFTL: Was für oan?

BRANDNER: Daß d' ma du vom »Senftl'schen Meer«, vom Land um mei Häusl rum, a vier, a fünf Tagwerk zruckverkaufertst. Zahlbar innert zwoa Jahr.

SENFTL: Wer woaß, obst du in zwoa Jahr no lebst.

BRANDNER: I scho. Bloß bei dir is' net so sicher – no?

SENFTL: Red ma später. Da schau, jetzt singen's di an.

Aus dem Haus kamen auch jene Musikanten, die bisher die Musik im Hintergrunde spielten. Sie musizieren mit den beiden Ankömmlingen in der Folge als eine gemeinsame Kapelle. Sie stimmen jetzt schon in die Auftritts- und Einzugsmusik ein. Während des Dialogs sind von allen Seiten Freunde, Gäste und Besucher aufgetreten. Viele von ihnen haben Sonntagstracht angelegt, die Tegernseer, die Schlierseer, die aus der Tölzer Gegend. Die meisten von ihnen sind Bauern und einfache Leute, doch fehlen auch nicht die Honoratioren, der Herr Pfarrer, der Kommandant der Landesschützen, Jagdherren und Jäger. Ein großes farbiges Bild ergibt sich, immer neue Leute kommen dazu, man applaudiert der Musik, es herrscht eine frohe gemütliche Stimmung, als man Brandner zu gratulieren beginnt. Nichts geht schnell oder hektisch vor sich, alles ergibt sich zwanglos. Marei und zwei Mädchen (Volksmusik-Sängerinnen) haben sich aufgestellt, um Brandners Lied zu singen, von der Kapelle leise begleitet.

MAREI UND SÄNGERINNEN:
Nix hon i, und do leb i halt
Mit Gottes Gnad.
Und 's Lebn oft oan' nit besser gfallt,
der ebbes hat.

Viel Habn, viel Sorg, es ist scho g'wiß
wie leicht hos i.
Grad daß mei nix oft z'weni is,
des irgert mi.

Und dengerscht: 's hat mir Gott ja gebn
A fröhlichs Bluat
Und fragst, wie stehts mit Leib und Lebn,
Sag allzeit: »Guat!«

Tusch. Applaus. Alle beginnen zu gratulieren.

Theres ist wieder aus dem Hause gekommen. Wenn sie zu weinen beginnt, so ist dies eine Mischung aus Angst vor dem Verwandten, der mit dem Teufel im Bunde ist, und der Sentimentalität über die irdische Vergänglichkeit.

BRANDNER: Ja, die Theres is auch da.

THERES: Ja, Kaspar. *(sie bricht in Tränen aus)*

BRANDNER: Na, was gibt's denn da zum Trenzen –?

THERES: Weil – weil – mir zwei scho so alt san.
Gelächter. Brandner will Theres trösten, sie läuft aber weg, ins Haus.

BRANDNER: Mei, geht's mir heut guat.
Senftl tritt vor und beginnt seine Rede.

SENFTL: Lieber Kaspar –! Liebe Gemeinde und Befreundete. Unser ehrengeachteter Mitbürger, Herr Kaspar Brandner, hat heutigentages sein 75. Lebensjahr vollendet – und des ist a Wort. Vor 75 Jahr, da war sei Vater noch a Leibeigener –

BRANDNER: Der deine aa.

SENFTL: Jawohl. Und damals hat die Welt no anderst ausg'schaut.

BRANDNER: Da hat der greisli Kurfürst no regiert.

SENFTL: Der vo Mannheim, ja. Und d'Franzosen harn a Mords-Revolution g'macht und die Leut die Küpf nur grad so abg'haut –. Der Napolium ist bei uns erschienen und hat uns g'führt gega Tirol und Moskau und anderwärts –

BRANDNER: A schlimme Zeit.

SENFTL: Aber unser Land ist auferstanden aus der Asche sozusagen, allem zum Trotz –

THERES: Werd des a G'schichtsstund heut?

SENFTL *(ärgerlich)*: Naa. Eine Welt hat sich verändert seither, will i damit sagen. Bloß unser Kaspar ist sozusagen allerweil der gleiche blieben.

BRANDNER: Der gleiche Bazi meinst?

MAREI: Moana taat er's scho, aber sagen darf er's heut net.
Gelächter. Die Feierlichkeit der Rede weicht allgemeiner Vergnügtheit.

SENFTL *(ärgerlich):* Ihr seid's fei scho recht hagelbucherne Rammeln. Kein Sinn für a feierliche Red'.

BRANDNER *(begütigend):* Doch, doch, Senftl. Die gute Absicht ist derkennt. Red weiter.

1. BURSCH: Aber jetzt lob'n.

SENFTL *(holt tief Luft):* Desungeachtet all der Heimsuchung und der Plagen, die ihm auferlegt, voll Mannesmut und tugendsamem Stolz –

BRANDNER: Jetzt werd's a Predigt – *(Gelächter)*

SENFTL: Du warst scho immer a arger Hallodri und hast d' Leut tratzt.

BRANDNER *(scheinheilig staunend):* Was du net sagst –

SENFTL: Von dem, was d' mit mei'm Vatern ang'stellt hast, red net –

BRANDNER: Des ist fuchz'g Jahr her –!

SENFTL: Dem Festl hast seinerzeit an Mistwag'n aufs Hausdach g'setzt –

BRANDNER: Weil er hoamli die Nachbarn die Grenzstein versetzt hat.

SENFTL: Beim Höck hast nachts den Kamin zuag'mauert, daß er im Rauch in der Kuchl halbert derstickt is –

BRANDNER: Weil er mir a derfeit's G'räucherts verkaaft hat – des hab i eahm grad a bissel nachräuchern müssen.

SENFTL: Die tugendsam züchtige Jungfrau Notburga hat sich seinerzeit bitter beschwert über dich –

BRANDNER: Die hätt' dem halbertn Dorf d' Unsittlichkeit nachsagen mögen – da hab i's halt leider im Wald, mit am Jager, selber derwischt.

Großes Gelächter von allen Seiten. Senftl ärgert sich, daß es seiner Autorität nicht gelungen ist, eine feierliche Lobrede zu halten.

SENFTL: Aber die letzten Jahr hast gelebt, no – ma muß' zugeben – vorbildlich. Oft hab' i g'sagt, der fleißigste Mann in unserer Gemeinde ist der Kaspar, – auf daß du dermaleinst dei'm Enkelkind, der tugendsamen Marei, a schuldenfreies Heiratsgut hinterlassen kannst, gehet unser Wunsch dahin, daß es dir bald gelingen möge und du die wohlverdiente Ruhe des Alters genießen kannst in zugemessener Behaglichkeit – in unser aller Namen –

BRANDNER: Amen.

Gelächter und Beifall. Senftl macht eine ärgerliche Geste, aber Brandner tritt zu ihm.

BRANDNER: Senftl, dei Red – war schön und hat mi recht ang'rührt. Wirkli. An so an Tag werd so a alter Depp wie ich ganz loami vor lauter Sinnieren. G'wiß. Heut nacht – *(zu der Runde)* habt's ihr des auch scho g'habt, daß 's zum Himmel naufschaut's und denkt's: wie

werd's wohl da droben sein? Wie der Herr Pfarrer verspricht? A Herrlichkeit, wie's keine gibt auf Erden? So schee – so ewig? Aha –!? Und dengerscht pressierts koa'm, daß er hi'kummt. Am jeden kommt's Fortgehn ausm Leben hart an, wie wenn's was ganz B'sunders wär' dahier. Aber es huift nix. A jeder muaß fort – mit oa'm Schlag und ganz g'schwind. Oft wundert's mi, daß i lustig bin –

Betroffenheit über Brandners ernsthafte, aggressive Rede. Marei ist besonders angerührt von seiner seltsamen Stimmung.

MAREI: Aber Großvater, grad extra dei Lustigkeit ist doch dei Best's.

BRANDNER: Freili. Wer an guat'n Hanswurstl macha ko, der ko was Besseres aa, sagt der Spruch. Mit der Lustigkeit schadst neamd, und des ist freihi wichtig, daß d' deine Nachbarn net zum Schaden bist. Weil, allein bist nix, füreinander samma vonnöten und erst mit die andern werd alles was wert.

SENFTL *(erstaunt):* Ah, du g'fallst ma.

MAREI: Jetzt hörst aber auf.

SENFTL: Wir erhoffen uns, daß du G'spassettl machst am heutigen Tag.

SIMMERL: Und du haltst uns die irger Predigt über's Absterben dahier?

BRANDNER *(unbeirrt in seiner Ernsthaftigkeit):* Vor der Mess' heut war i am Friedhof, – der Stoa ist scho ganz verwittert und verfallen in Staub, der über meiner Traudl, meiner Tochter und meine Eltern steht. Und nur i woaß no, wie's ausg'schaut ham – in mir san's no lebendi – ich hätt' ihrer noch lange Jahre bedurft, aber – der »unerforschliche Ratschluß«, wißt's scho –. Bloß i alter ausg'latschter Stiefl, i bin allweil no da? Für was?

MAREI: Jetzt gibst a Ruh, Großvater. Du bist uns vonnöten und gar is's.

BRANDNER *(sieht sie an. Nach einer kleinen Pause lächelt er verschmitzt):* Ja? Wenn's a so ist, ist alls gut. No, hab i enk an wolternen Pfarrer vorg'spielt –?

THERES: Hast uns wieder derbleckt, du Hallodri.

BRANDNER: Du spannst aber aa alles – I mach mein Dank für die Ehrung – Glückwünsch wern og'numma – samma fidel jetzt alle mitnand und ganz lebendi – Musikanten, laßt's enk hör'n.

Die Musik beginnt zu spielen – eine Bauernpolka. Zwei Bierfässer werden hereingerollt und während des Folgenden von Schankburschen angestochen. Einige drängen mit Krügen zu den Fässern. Andere beginnen zu tanzen. Mädchen sind in der Überzahl.

MAREI *(zu ihrem Großvater):* Den Ehrentanz? Magst?

BRANDNER *(tanzt mit ihr):* Hast vernumma, wie mi der Senftl hat lob'n müassen.

MAREI: Und wie's ihm hart ankommen is.

BRANDNER: Heut red i'n an, als Geburtstagswunsch, daß er mir noch a Stück Land z'ruckverkauft, a vier, a fünf Tagwerk vom »Senftl'schen Meer«, daß wiederum richtige Bauern werden aus uns.

MAREI: Willst du di noch mehra abrackern?

BRANDNER: Für des bin i da. Jetzt geht's ja erst o, die nächsten fuchzeh' Jahr. – I nimm mir'n glei vor!

Brandner und Marei hören auf zu tanzen. Marei sucht Flori, der schon während Senftls Rede verschwunden ist. Simmerl tritt zu ihr.

SIMMERL: Dei Flori is fort. Der muaß a ganz a wichtig's G'schäft ham, an so am Tag –

MAREI *(heftig):* Der is glei wieder da! –

SIMMERL: Moanst? Tanzst mit mir? So z'wider werd i dir doch net sein, oder?

MAREI: Du bist mir gar net z'wider. *(Sie beginnt mit ihm zu tanzen)* Du tust dem Flori unrecht.

SIMMERL: Müaßt ma ihn halt amal auf die Prob stellen.

MAREI *(unsicher):* Was hast jetzt wieder im Sinn?

SIMMERL *(breit):* Müaßt ma ihm jemand schicken, der ihn anstiften möcht, beispielmäßig, daß er ihm was Unerlaubts besorgert – 'as Stück für 20 Gulden! –

MAREI *(bleibt erschrocken stehen)*

SIMMERL *(penetrant):* Was tanzst net weiter? – Wenn er so ehrli ist, wiest du sagst, ist ja nix zum Befürchten, oder?

MAREI *(tanzt weiter):* Freili net.

SIMMERL: Und wenn's doch anders wär – und er besteht die Prob' net, – ich trag dir nix nach, Marei, ich wär allerweil noch da für dich.

MAREI: Wennst den Flori g'jagt und g'hetzt und zur Strecke bracht hast, moanst –!

SIMMERL *(setzt ihren Satz fort):* – wart' allweil noch a anständiger Mo auf dich. Auf des sollst denken.

MAREI *(schreit):* Pfui Teufel! Du – Pharisäer –

Sie läßt ihn stehen. Das wird von den Umstehenden bemerkt. Für den »G'stanzlsänger« (einen der Burschen) ist dieser Vorfall das Signal zu jenem spöttischen »Aussingen«, das zu so einem Fest gehört. Er springt aufs Musikpodium. Die Kapelle unterbricht mitten im Takt die Tanzmusik und intoniert a tempo die bekannte Einleitungs- und Zwischenmusik für altbayrische G'stanzln. Die Gemeinde freut sich der kommenden Frotzelei, hört zu, einige tanzen weiter. Der G'stanzlsänger singt höhnisch in

Richtung Simmerl. Im Folgenden sind die G'stanzltexte nicht ihrer Reimzeile nach geschrieben, sondern in der Art, wie sie, jeweils vor dem Reim, rhythmisch skandiert werden.

G'STANZLSÄNGER: Manch an Jager, der koan Wuiderer fangt ergeht's ninderscht schee, jetzt lasst'n neuerdings beim Tanzen 'as Deandl gäh steh' –
Zwischenspiel. Gelächter. Simmerl tut noch so, als ginge ihn das nichts an. Dem Brauch nach muß er jedoch antworten.

BRANDNER: Woaßt, so Deandl is a Zither, wo drüber nix geht und grad dem macht's d' schönst' Musi, der s' Spielen versteht –.
Zwischenspiel. Gelächter. Der Simmerl tritt vor und stellt sich. Er singt die Antwort, als doppelte Strophe.

SIMMERL: A gschnippigi, gschnappigi, dalketi, dappigi, – naa, da is's aus, muaßt as haben im Haus, Aber a willigi, billigi, rührigi, g'führigi, da is's a Leb'n, kann koa lustigers gebn.

Zwischenspiel. Die Gemeinde ist mit der Antwort zwar zufrieden, provoziert den 1. Burschen aber zu einer neuen Strophe.

1. BURSCH: Möcht' so a Jaga sich beklag'n, er hätt' bei G'schnappige koa Glück –. Wenn er g'schnappig in sein Wald 'neinruft, hallt's akkrat so zurück.
Zwischenspiel. Simmerl macht wegwerfende Handbewegungen und begibt sich zu seinem Bier. Er möchte nicht antworten. Also setzt der 1. Bursch fort.

1. BURSCH: Jetzt werst allbot oaschichti' da draußd in dein Re – vier, grad Schmetterling und Käfer findst noch, aber koan Rehbock gar nia.
Zwischenspiel. Gelächter.

SIMMERL *(spricht während des Zwischenspiels):* Haha, könnt' mi' dotlacha. Hört's doch auf!

G'STANZLSÄNGER *(von den Umstehenden wieder ermutigt, tritt nahe an Simmerl heran)* Wennst jetzt aussigehst in dein Wald, findst koa Viecherl no so kloa, drum suchst a Deandl als Begleitung, daß di net fürchtst so alloa –!
Zwischenspiel. Großes Gelächter. Simmerl stößt den 1.

177

Burschen, der ihm zu nahe gekommen war, zurück und ärgert sich. Aus der Gemeinde kommen weitere Rufe.

2. BURSCH: Recht hat er. Ganz laar g'schossen harns' dir dein Wald. Den letzten Kuckuck hat ma auf Michaeli g'hört!

3. BURSCH: Unser Herzog soll si aus Verzweiflung auf d' Fischerei g'worfen harn.

1. BURSCH: A paar Mäus kennt ma dir schenken, zur Aufzucht!

Simmerl macht immer wieder seine wegwerfende Handbewegung und wendet der lachenden Gemeinde den Rücken zu. Währenddessen hat die Kapelle ununterbrochen den rhythmischen Vorreiter der G'stanzi gespielt. Brandner, der beim Senftl sitzt, hat die Derbleckerei mit Vergnügen quittiert. Jetzt geht er zur Musik und singt seinerseits eine provozierende Strophe.

BRANDNER: jetzt muß i eahm aa eine naufschiessen! *(singt)*
 Ja so a Jager siecht
 guat, aber in der Lieb ist er
 blind und i han die Be-
 fürchtung, daß er a so koane mehr findt'!
 Zwischenspiel. Großes Gelächter. Simmerl, jetzt recht wütend, antwortet dem Brandner, indem er die Marei erneut zu beleidigen versucht.

SIMMERL: So a grandigi, handigi, hitzigi
 stützigi, da dank i
 schee. Bua, da kunnt's oa'm vergeh' –.
 Aber a schneidigi, freudigi, tüchtigi,
 richtigi, die wird mei
 Wei', ja da bin i dabei!
 Zur Bekräftigung springt er mit einem Satz zur Theres und beginnt während des Zwischenspiels mit ihr unter dem erneuten Gelächter und vereinzeltem »Uuuuh« des Mißbilligens zu tanzen. Andere schließen sich an.

1. BURSCH *(zu Brandner)*: Was is'? Tratz' ma'n weiter?

BRANDNER: Naa, naa, sonst fangt er uns a Rauferei an und für des is's noch z' fruah.

G'STANZLSÄNGER: Schad. –

Der G'stanzlsänger winkt der Kapelle, die noch immer die »Vorreiter« spielt. Sie setzt daraufhin mit einem Zwiefachen ein.

Die Gemeinde geht wieder zum Tanzen und Trinken über. Im Hintergrunde wird Essen aufgetragen. Inzwischen sind alle Festteilnehmer eingetroffen. Die Tänzer des »Zwiefachen« tanzen den etwas gravitätischen gemütvollen Originaltanz. Alles ist dekoriert. Ein Bild

großer Behaglichkeit. Marei serviert und ordnet an. Simmerl läßt Theres los und geht zum Essen.

THERES *(kommt atemlos)*: Ein Durchanand' ist des – alles z'wengs dir.

MAREI *(deutet auf Mädchen)*: Warum tanzen die Madeln da net?

THERES *(sinkt auf die Bank und fächelt sich mit der Hand zu)*: Ihre Burschen san net da.

MAREI: Wie des?

THERES: Die san vor zwoa Stund' den Berg nauf, mit die G'wahr, wie zu anara Treibjagd.

MAREI *(erstaunt)*: Heut', bei dem Wetter?

THERES: Weiß auch net. Der Jager Simmerl hat's g'schickt und am jeden an Gulden versprocha.

MAREI *(begreift schlagartig und sucht ihr Erschrecken zu verbergen)*: Sachen gibt's! Gehn die leicht auf Mankei'n oder zum Edelweißbrocka?
 Marei, die erkannt hat, welche Falle der Simmerl gestellt hat, geht rasch zu Brandner hinüber, der mit Senftl verhandelt. Ferner, erster Blitz, später der Donner.

BRANDNER *(ruft ihr entgegen)*: Marei – der Senftl wär geneigt, denk dir nur – fünf Tagwerk vom »Senftl'schen Meer«!

MAREI *(zieht Brandner beiseite und sagt leise und in großer Angst)*: Der Simmerl hat dem Flori an Lockspitzel g'schickt, 20 Gulden für a jede Gams. Der Flori ist nauf und oben san Burschen postiert. Desmal fangens eahm!

BRANDNER: Ausg'schlossen!

MAREI *(verzweifelt)*: Wir müssen ihn z'ruckholen eh's z'spät is!

BRANDNER: Du und ich, wir können doch jetzt net weg. Des wär ja wie a Schuldeinb'ständnis.

Zweiter Blitz. Donner näher. Brandner ist unsicher und ratlos. Flori hinaufgelockt zu wissen und ihn nur unter Aufbietung aller Energie warnen zu können, ist zuviel für seine Entschlußkraft. Marei starrt ihn an. So kennt sie ihren Großvater nicht. Ihre Angst um Flori wird desto größer, je mehr der alte Mann zögert. Während der letzten Minuten war es zusehends dunkler geworden. Unter dem letzten Dialog hat es geblitzt. Jetzt ein lang anhaltender Donner. Die Musik bricht ab. Senftl spricht zur Gemeinde, während im Vordergrund, überlappend, der leise Dialog Brandner/Marei weitergeht.

SENFTL *(Hintergrund)*: Auweh, Leut – mir ham scho a Pech!

MAREI *(flehend):* Die Burschen ham die G'wahr dabei –.

SENFTL *(Hintergrund):* Den ganzen Tag die Hitz und jetzt geht's dahin –. I hab's so im G'fühl, des werd a Unwetter wie des gestrige –

BRANDNER *(leise):* In a paar Minuten ist die Gaudi da z'end.

MAREI: So lang kann i net warten.

Marei läuft davon. Senftl sieht ihr nach.

SENFTL: Mir scheint, da hat eine Angst vorm G'witter.

BRANDNER *(ratlos, plötzlich alt und hilflos):* Mein Gott und Herr, was soll i denn nur toa?

Blitz und Donner. Man beginnt ins Haus umzuräumen. Senftl geht langsam auf Brandner zu. Begegnet seinem Blick.

SENFTL: No, Kaspar? Du wirst doch jetzt net weg wollen, wo der Herzog jeden Moment höchstselbst erscheinen kann.

BRANDNER: Bei mir?

SENFTL: Er will dir sein Ehrentaler überreichen, han i vernumma. Und wenn er kaam – und du waarst net da –

Senftl lächelt Brandner an und steht ihm im Wege, versperrt das Weitergehen. Brandner sieht sich um. Von der anderen Seite kommt der Simmerl auf ihn zu und versperrt ihm den Rückzug. Klein, arm und alt steht der Jubilar zwischen den beiden, die ihn gelassen lächelnd betrachten. Sie sind sich ihres Sieges sicher. Sie haben ihn in der Zange.

SIMMERL *(geht auf ihn zu):* No, Kaspar?

BRANDNER: Hast jetzt dein Triumph, daß i mir koan Rat nimmer woaß?

SIMMERL: Versteh gar net, von was du redst. Des ist doch dei Triumph heut. Soviel Ehr von alle Seiten.

BRANDNER *(noch immer unsicher):* I kann net bleiben.

SIMMERL: Aber der Herzog –!

SENFTL *(jovial):* Kumm –! Wir reden drin weiter über'n Rückkauf. Hast die richtige Stund' derwischt. Heut waar i geneigt.

SIMMERL: 's Regnen fangts an.

Regen setzt ein. Blitz und Donner. Alles läuft ins Haus. Die Totenglocke ist zu hören.

THERES *(kommt gelaufen):* Kaspar, komm doch!

BRANDNER: Die Totenglocken!

SENFTL: Des is's Wetterläuten, drunt vom See.

BRANDNER: Naa, des ist die Totenglocken! I kenn s' doch!

Aus dem Haus wieder Tanzmusik.

SENFTL: Horch, sie spielen wieder. Komm!

BRANDNER: I muaß jetzt helfen! Mir kann ja nix g'scheng!

I hab ja die Kraft – i hab ja des ewige Leben!

(läuft fort)

SENFTL: Halt aus!

SIMMERL: Laß'n. Er holt den Florian doch nimmer ein.

THERES: Was hat er denn?

SENFTL: Er werd halt langsam alt.

SIMMERL: Jetzt geht's dahi mit eahm.

SENFTL: Lang g'nua hat's dauert.

Vorhang. Musikübergang und schneller Umbau.

4. Bild: Der Himmel

Noch bei geschlossenem Vorhang setzt festliche Musik ein. Bei flüchtigem Hinhören lediglich gängige Barockmusik, in der Händels »Halleluja«-Rufe verarbeitet sind. Bei genauem Hinhören aber sollte man erkennen, daß auch bayrische Landler und Klänge des mit Recht berühmten bayrischen Defiliermarsches kontrapunktisch im Strom der Töne schwimmen.

Wenn sich der Vorhang öffnet, sieht man auf einem undurchsichtigen Schleier eines jener barocken Sonnenembleme, auf denen lange goldene Strahlen von einem Mittelpunkt aus leuchten. Dieser Mittelpunkt kann eines jener Dreiecke sein, aus denen das Auge Gottes blickt, kann aber auch die weißblauen Rauten des Landes enthalten. Vielleicht schwebt aber auch einer jener Engel, Putto genannt, inmitten, und weist uns den Weg ins barocke Paradies.

Das Sonnenemblem wird schwächer, wird durchsichtig. Dahinter taucht das Bühnenbild auf die himmlische Kanzlei. Gedacht wie Bauten und Räume barocker Deckengemälde in Kirchen, auf denen zu sehen ist, wie Treppen, Säulen und Wände in Wolken stehen, halb von den Wolken verdeckt, frei schwebend in der Ewigkeit, im Blau. Die himmlische Kanzlei wird begrenzt und gebildet von drei Toren. Links ist sozusagen der Auftritt von der Erde her, rechts geht es zu den »Nebenräumen«, in die sich der Portner und die Seligen gelegentlich zurückziehen. Im Hintergrunde dominiert als riesiges Tor ein Hochaltar – etwa der, den François Cuvilliés für die Kirche in Dießen am Ammersee schuf. Die mächtigen Säulen, der reich verzierte Aufsatz darüber. Nur fehlt der Altartisch, und anstelle des Altargemäldes sind zwei große Flügeltüren eingesetzt, durch die man in die Ewigkeit gelangt, ins ewige Licht. Der Hochaltar ist also die Pforte in den Himmel. Auch fehlen alle Darstellungen des Leidens Christi, denn

179

in der himmlischen Kanzlei herrscht Heiterkeit. Das Irdische liegt hinter uns, der Sündenfall ist überwunden, die Erlösung vollzogen.

Der Kanzleibezirk wird gebildet von hohen schönen Bücherregalen, wie man sie etwa in der Klosterbibliothek des Stiftes Melk an der Donau findet. In den Regalen würdige Folianten, andere Bücher auf schweren geschnitzten Lesepulten. Ein großer Schreibtisch mit Lehnstuhl als Platz für den Portner, den heiligen Petrus. Erd- und Himmelsgloben sind vorhanden sowie ein meterhohes Instrument auf einem barocken Gestell in Art der Globusgestelle, halb Fernrohr, halb Brennspiegel: der »Fraunhofer«, mit dem man auf die Erde hinuntersehen kann, benannt nach seinem Erfinder, dem damals schon seligen Münchener Gelehrten Joseph Fraunhofer (1787–1826), der verbesserte Fernrohre baute und die Spektralanalyse entdeckte.

Alles hier wirkt leicht, licht und graziös. Sogar die zahlreichen Aktenstücke und großen gebundenen Journale auf dem Kanzleitisch verbreiten keine Büroatmosphäre. Die Seligen und Heiligen, die im Laufe der Zeit auftreten, tragen Gewänder, die in Form und Schnitt das Jahrhundert ausdrücken, aus dem sie stammen, doch sind die Farben dieser Gewänder durchweg sehr hell, in allerzartesten Pastelltönen gehalten.

Während das Bild hinter dem Schleier sich langsam erhellt und das Sonnenemblem verschwindet, wird die Musik leiser und ferner. Man hört, wie Spielkarten auf einen Tisch gedroschen werden, und sieht, aus dem Dunkel auftauchend, im Vordergrund beisammensitzen:

Michael, den Erzengel im barocken Gewand à la Ignaz Günther mit großen Flügeln und graziösen, tänzerischen Posen.

Nantwein, den fast heiligen Nantovinus, im Pilgergewand von 1268, mit langen Locken, wirklichen historischen Märtyrer aus Wolfratshausen, und

Turmair, Johannes mit Vornamen, Wissenden unter dem Namen Aventinus bekannt, Historiker, in der Tracht von 1540.

Die drei dreschen voll Inbrunst Karten. Michael gewinnt. Turmair sieht Nantwein vorwurfsvoll an, zeigt ihm einen Stich und schüttelt den Kopf Nantwein winkt resigniert ab. Vor den dreien stehen leere gläserne Bierkrüge. Sie klopfen daran. Die Krüge füllen sich wie durch Zauberei. Sie trinken behaglich. Über die leise gewordene Musik hört man das Näherkommen des rasselnden Fuhrwerks des Boanlkramer.

NANTWEIN *(stets eifrig und streberhaft)*: Appropinquat quidam.

MICHAEL *(erhebt sich und tänzelt dem Ausgang zu)*

TURMAIR: 's Flammenschwert!

MICHAEL *(bleibt stehen und ärgert sich)*: Herrschaft, jedsmal vergiß i's! *(holt es)*

NANTWEIN *(gibt Michael eine Liste vom Schreibtisch)*: Memento mortis. Lista Boanlkrameriensis.

MICHAEL *(schaut auf die Liste und wundert sich)*: So wenig Aufträg' für'n Boanlkramer? Ruhige Zeiten.

Als Michael hinausgegangen ist, sieht Nantwein noch einmal den Stich an.

NANTWEIN: Cor! Cor! Cur cor? Cor supremum erat.

TURMAIR: Herz hat a jeder Mensch, hab i denkt. Den pack dant, hab i denkt –. Tu ma die Karten weg, wenn die neue Seele kommt. Drunt gilt des als Sünd. – Wer des aufbracht' hat, möcht i wissen. Aber da ham sich ja viele Irrtümer eing'schlichen im Lauf der Jahrhunderte.

NANTWEIN: Errare aeternum est.

TURMAIR: Et etiam in coelis.

Sanfte Musik erklingt, die Tür links wird geöffnet. Michael führt Marei herein. Sie trägt das gleiche Gewand wie im 3. Bild. Marei sieht sich schüchtern um. Michael flirtet ein wenig mit ihr.

TURMAIR: Nur zu, Marei.

MAREI: Mit Verlaub, Euer Heiligkeit.

TURMAIR: I bin koa Heiligkeit. Ich bin bloß der selige Johannes Turmair. Und des ist der Nantwein.

NANTWEIN *(stolz)*: Nantovinus eram.

TURMAIR: Nur näher – net schüchtern.

MAREI: Vergelts Gott – *(erschrocken)* Derf ma des da heroben sagen?

TURMAIR: Ja, du bist guat, was denn sonst.

MAREI *(unruhig)*: Bittschön, wieso hab ich hierher kommen müssen – *(sie korrigiert sich nach einem strengen Blick Michaels)* ich mein, dürfen?

TURMAIR: Das sei dir vom Portner gesagt, der die Seelen aufnimmt und weiset.

MAREI: Vom heiligen Petrus?

TURMAIR *(nickt)*: Vom Portner in Ewigkeit und allerorten.

MAREI *(nickt und sieht sich schüchtern um)*: Wo ist er denn, bittschön?

NANTWEIN *(würdig)*: Ad sausicios albos.

MAREI: Wo?

NANTWEIN: Bei die Weißwürscht.

TURMAIR: Es ist grad die Zeit.

NANTWEIN: Wir ham zwar koa direkts Zwölfeläuten heroben, aber man hat's so im Gefühl, wenn's recht san.

MAREI (hat kaum zugehört. Sie ist voll Angst und Verwirrung): Was ist denn nur g'scheng? I bin durchs Gewitter g'rennt – und dann –

NANTWEIN: Hat dir der Boanlkramer nix verraten?

MAREI: Der hat nur allerweil g'seufzt, daß er grad mich zum Passagier haben muß.

TURMAIR: Hast Angst um dein Flori?

MAREI (aus tiefstem Herzen): Ja.

TURMAIR: Laß ma's durch'n Fraunhofer schaun?

Nantwein nickt und führt Marei zu diesem Gerät. Schwenkt es.

NANTWEIN (sieht durch, seufzt): Ah – Wolfratshausen! – (oder ad lib. den Ort der Aufführung. Dann läßt er das Marei durchschauen)

MAREI: Vergelts Gott tausendmal. – Da sind ja die Blauberg – der Halserspitz – weiter nüber, bittschön. – Die Wolfsschlucht, da muß er sein. Des G'witter ist immer noch. – Da ist a Steinschlag runter – (erschrickt) – um alles, da liegt a Gestalt. Ist das er? Oder net?

Während der letzten Sätze aus der Ferne feierliche Musik.

TURMAIR: Der Portner kommt. Hörst, Marei.

MAREI (hört nicht): Ich kann's net erkennen. Ich seh' das Gesicht net.

NANTWEIN (schaut durch das Okular): Das ist net der Flori. Das bist du, Marei, die da liegt.

Der Portner tritt ein, im grauen Gewand mit blauer Stola, wie Kobell ihn beschreibt. Turmair und Nantwein weisen auf Marei hin, schließen das große Tor und gehen mit Michael nach rechts ab. Marei nimmt von all dem keine Notiz. Erst als der Portner sie anspricht, fährt sie herum und fällt auf die Knie.

MAREI: Ich lieg' da drunten? Und wo ist er? Koa Mensch rundumadum, die Burschen net und net der Großvater!

PORTNER (nett): Hängst noch so sehr am Leben?

MAREI (kniet): Euer Heiligkeit, er ist in Gefahr.

PORTNER: Meinst?

MAREI (aufgeregt): Die schießen ihn tot und dann –

PORTNER: Was dann?

MAREI (unsicher): – dann –

PORTNER: – kommt er hierher, zu dir. Was gäb's da zum Ängstigen?

MAREI (unsicher): Ja, kommt er hierher?

PORTNER: Marei, du bist im ewigen Frieden. Und wie lang 's auch dauern mag, bis dein Flori dir folgt, es wird nur eine ganz kleine Weile sein.

MAREI: Ja. – Aber noch hab i Angst.

PORTNER: Wir schreiten durch dieses Tor da, und sie fällt von dir ab, mit dem Zeitlichen. Angst haben, das bedeutet: sich fürchten vor Bösem, oder daß man etwas verlieren könnt'. Hier gibt's keine Angst, weil alles Bestand hat und gut ist von Anbeginn und gut für alle. Willst das nicht auch deinem Flori gönnen?

MAREI: Ja freili. Bin ja scho staad.

PORTNER (zum Tisch, liest aus dem großen Journal): Du bist in der Finsternis gelaufen – abg'stürzt in Hast, hundert Klafter tief –. »Danzl, Maria Katharina, aus Albach gebürtig, hat redlich gelebt und niemals Schaden getan an Menschen und Seelen. Heimzurufen durch Gnade, im zweiundvierzigsten Lebensjahr«, (stutzt) zwora-vierzge? (sieht sie an)

MAREI (schüttelt den Kopf): Vierazwanzig.

PORTNER (ganz aus dem Konzept): Jetz des ist g'spaßig. Haben die sich da verschrieben?

MAREI: G'hör' i am End noch net rauf?

PORTNER: Doch, doch – (liest weiter) »im 24. Lebensjahre, auf daß ihr erspart werde viel Leid und Qual, so anders den ferneren Lebensweg hätten gekreuzt.«

MAREI: Dankschön in Demut.

PORTNER: »Wird erwartet in Sehnsucht von ihren Eltern und Großeltern, der Traudl, dem Kaspar –«

MAREI (erschrocken): Der Großvater ist auch tot?

PORTNER (erstaunt): Scho lang doch –

MAREI: Naa – der müßt nach mir kommen sein.

PORTNER (sieht im Journal nach): Seit drei Jahr ist er da.

MAREI: I will mi ja net gega die heilige Allwissenheit versündigen, aber grad war er no drunt.

PORTNER: Drunt? – Geh!

MAREI: Wenn Euer Heiligkeit vielleicht abischaun möchten?

PORTNER (sieht nach einigem Widerstreben durch den Fraunhofer): Ja, verreck! (Er schwingt die Tischglocke. Turmair und Nantwein stürzen herein, Weißwürste essend.)

PORTNER: Ruft's ma den Boanlkramer, aber sofort.

TURMAIR (mit vollem Mund): Der ist net da.

NANTWEIN: Ist ohne Gruß auf und davon wie der Wind.

PORTNER (donnert): Dann holt's ma'n ein! – Beeilung, Beeilung! – Engerl her, junge, g'schwinde und nach!

Nantwein läuft diensteifrig hinaus, die Weißwurst zwischen den gefalteten Händen. Der Portner geht ans Aktenregal und sucht. Turmair wartet, kauend.

PORTNER (grantig): Des Journal von vor drei Jahr müßt doch da stehen! I begreif des net. So was ist die letzten tausendachthundert Jahr nimmer fürkemma, seit wir ausm Orient umzogen sind. Damals hat's noch hie und da Schlamperei geben mit g'wisse Sekten – aber so was – naa!

MAREI: 'leicht trifft 'n Boanlkramer koa Schuld. Der Großvater ist a eiserner Dickkopf.

PORTNER: Des san's alle, die Bayern.

TURMAIR: Mit ihrem Grant in Ewigkeit.

MAREI: Der werd si da heroben scho legen.

PORTNER (ärgerlich): Ah, woher.

TURMAIR: Den müß' ma am jeden lassen –

PORTNER: – sonst machen's uns womögli no Reformation.

MAREI (ungläubig): Jetzt werd i derbleekt.

TURMAIR: G'wiß wahr!

PORTNER: No, der Herzog Tassilo der Dritte – weißt no?

TURMAIR: Und ob! Wie der anno 803 raufkommen ist nach am argen Martyrium, glei sucht er sein' Vetter, den Karl den Großen. Er möcht' ihn a bissel aufmischen, der Karl wüßt schon warum.

PORTNER: Der war zum Glück noch auf Erden, und später hat er ins Fegfeuer müssen wega die Sachsen und auch wega Bayern.

MAREI: Und wie er dann kommen ist?

PORTNER: Ja, der ist noch net da.

MAREI (erstaunt): Aber der ist doch heilig g'sprochen.

PORTNER: Ja, in Rom!

TURMAIR: Des gilt doch bei uns nix!

Nantwein kommt zurück.

NANTWEIN: Wir ham den Boanlkramer.

PORTNER: Wo war er?

NANTWEIN: Bei die Passionsspiel zu Erl hat er si verkrochen. I hab'n dersehng.

PORTNER (weist auf Nantwein, zu Marei): In Passionen kennt er si aus, der Nantwein, weil – ihm harn's an Märtyrertod bereitet, damals – in Wolfratshausen.

MAREI: Aus Unglauben?

NANTWEIN: Ah wo! Weil's an Heiligen braucht ham. Zwölfhundert –

TURMAIR: – achtundsechzig.

NANTWEIN (grantig): Ja, i woaß. Meinst, i woaß des net, 1268! Ham's mi verbrennt, oder di –!? – Gschaftlhuber.

PORTNER: Damals hat schon a jede Gegend an heiligen Mann g'habt. Bloß die Wolfratshauser noch net.

NANTWEIN: Da bin ich als Rompilger daherkomma – wohlhabend und gottesfürchtig – (Portner und Turmair sehen ihn ironisch an) – Für Wolfratshausen hat's g'langt!! –

PORTNER: Und weil a Heiliger tot sein muß, daß er a Hei-liger wird, ham's'n in Gottsnamen umbracht.

NANTWEIN (stolz): Und jetzt werd ich verehrt.

MAREI (schüttelt den Kopf): Sowas könnt' heut' nimmer fürkemma.

PORTNER: Jaja, die Bayern sind aa nimmer des, was s'amal waren. – Marei, jetzt wünschst dir wen, der dich in die Ewigkeit geleitet. Wen möchtst?

TURMAIR: An Gelehrten vielleicht? Der dir alles erklärt? Denen offenbaren sich hierorts alle Geheimnisse der Schöpfung.

PORTNER: Und wenn's alles wissen, dürfens alles wieder vergessen und von neuem beginnen. Da strahlen s'!

TURMAIR: Oder an Künstler?

PORTNER: Die schaffen hier befreit von Mißgunst, Dummheit und Kritik.

TURMAIR: Und ham ihr Ruah. Wenn's grad genial san, kommt net die Frau penzen: »'s Essen werd kalt« –

PORTNER: An bayrischen Dichter? – Der Wolfram von Eschenbach wird oft verlangt und kommt auch recht gern –

TURMAIR (grinst): B'sonders bei Mäderln –

PORTNER: An Musiker? – Den Gluck –? Den Orlando –? – Der Mozart ist aa mehra bei uns wie bei die Österreicher. Die san eahm zu ung'wiß –

Marei sieht erstaunt von einem zum anderen. Ihre Angst von vorhin ist verschwunden. Sie strahlt und leuchtet in der Vorfreude auf die kommenden Freuden des Paradieses, von denen die Gegenwart der erlauchten Namen nur die erste und bei weitem nicht die gewaltigste sein wird.

TURMAIR: Oder magst den Kaiser Ludwig, den Bayern –

MAREI: Geh, an Kaiser – für mi –?

NANTWEIN (feierlich): Koa Schüchternheit wär net vonnöten. Die großen Namen sind hier deinesgleichen. Und du wirst sein wie sie.

MAREI: Gang net ganz einfach von mir dahoam wer?

PORTNER (lächelt über Mareis Bescheidenheit): Is scho wer da.

Portner zieht an einem Glockenband, fern ein zartes Läuten. Nantwein öffnet das große Tor. Dort steht im hellen Licht die Darstellerin der Theres, anders frisiert, im pastellfarbenen Gewand von 1835, begleitet von Michael mit dem Flammenschwert, der sie zu Marei führt. Nantwein ab nach links, den Boanlkramer erwartend.

AFRA: Willkommen dahoam, Marei.

MAREI: Theres –? Du bist da? – Aber nein, du bist net die Theres.

AFRA: Kennst mich doch nimmer. I bin die Großmutter von der Theres. Die Afra.

MAREI: Die liebe alte Afra –! Die jahrelang siech war und so elendi g'storben is. – Aber so jung? Schaugst jünger aus wie dei Enkelin.

PORTNER: Ja, weißt – im Paradies nimmt a jeds des Alter an, das ihm am besten g'fallt. Was glaubst, warum so viele Engel kleine Kinder sin? Des hat doch alles sein Grund.

In diesem Augenblick ertönt aus großer Entfernung eine Musik, ein Trommelrhythmus, über dem klingen allerlei Zitate aus allerlei preußischen Militärmärschen, wie etwa »Lott ist dot, Jule liecht im Sterben, wenn se det noch weitertreibt kann ick ihr beerben« und ähnliches. Die Anwesenden horchen auf, die Fröhlichkeit weicht einer gewissen Kümmernis. Marei kann sich das veränderte Benehmen der Seligen und Heiligen nicht recht erklären. Sie staunt und fragt. Das Marschkompott kommt näher und wird lauter.

Die folgende Szene wurde nicht von allen Bühnen gespielt. Eine Textfassung für diesen Fall steht auf den Seiten 198 bis 199.

TURMAIR: A Marsch?

PORTNER *(seufzt):* Kommt wieder a Preuß.

MAREI *(staunt):* San die da auch?

TURMAIR *(verzweifelt):* Wo san die net!

PORTNER: Aber wir lassens' net rein. Sonst wär's ja koa Paradies nimmer. *(Marei atmet auf)* Hoffentlich is's net der große Kurfürst oder der Soldatenkönig. Da werd's allweil so laut.

TURMAIR *(schaut durch den Fraunhofer):* Der Zieten aus dem Busch is's, der Generalhusar.

PORTNER: Der kommt wieder kundschaften!

TURMAIR: Oder er hat a unangenehme Botschaft.

MAREI: Woher kommt der, bittschön?

PORTNER: Aus 'm Preußenhimmel.

MAREI *(staunt noch mehr):* Die ham an eigenen?

PORTNER: Und was für ein! Immer nach der neuesten Mode eing'richt … Andauernd werd um'baut, umg'räumt, umg'nennt.

MAREI: Wie des?

PORTNER: Weil für die Preußen der Himmel immer des ist, was grad anderswo modern is. Die schicksten Ortschaften, die neuesten Modetänze, die Gewänder, wo grad anderswo 'tragen werden und wenn's bei die Neger is –. Eignes ham's net viel – da machens einfach alles nach –

TURMAIR: Was die scho alles imitiert ham –!

PORTNER: No, Griechenland, Frankreich –

TURMAIR: Sparta! Sparta! Des hätten's gern derglengt.

PORTNER: Im Moment san mir dran.

MAREI: Bayern?

TURMAIR *(nickt und sagt mit spitzem Munde):* Die alpenländische Sepplwelt.

PORTNER: Oder was die halt drunter verstehn.

MAREI: Wie schauts na bei dene im Himmel aus?

PORTNER: Woaß net. Die lassen dort im Gegensatz zu uns zwar an jeden rein, aber hab noch kein troffen, der da freiwillig –

TURMAIR: Sollt man Zieten amal fragen?

PORTNER: Der ist ihr offizieller Gesandter –

TURMAIR: Und inoffiziell spioniert er, der Gaudibursch, der trockene, wie's bei uns ausschaut.

MAREI: Derf der des?

PORTNER: Ja weißt, unser Himmel ist der siebte. Und der preußische a Vorstuf zum ersten. Aber des wissen's net, und des g'langt auch. Grad manchmal kimmt's eahna net ausreichend vor, und na schickens an Kundschafter.

TURMAIR: Weißt, nach dem Motto. »Wir ham zwar in Preußen keine Berge, aber wenn wir welche hätten, wären sie höher!«

MICHAEL: Wie lang sollt i jetz da no umanander stehn und mir euern Schmarrn anhören, euern politischen. Zeit werd's, daß die Seele da heimkehrt – vor i windi werd.

PORTNER Er hat ja recht. *(zu Turmair)* Der Preuß soll warten. Komm Marei, über die Schwelle, wohin zu verlangst.

MAREI: Zu die Meinen.

PORTNER: Heim halt. Komm.

Während der letzten Sätze wurde das Licht hinter dem offenen Tor stärker. Der Marsch ist verklungen. Nun ertönt aus dem Hintergrund Musik. Portner und Afra geleiten Marei durch das Tor. Turmair und Nantwein ab.

Die Bühne bleibt einen Augenblick leer, dann tritt Hans-Joachim von Zieten (1699–1786) in heller Uniform ein. Sieht sich um. Er spricht seinen »klassischen« Text mit beliebig preußischem Akzent.

ZIETEN: Keener da. Ei, det schon wieder. – Traun fürwahr, undenkbar wäre dererlei in unseren Kontoren. He, Portner, he! – Und Portner auch, auf daß die Extrawurst gebraten sei in südlicher Manier heißt's »Portner« –. Nich Portier –! Dies kropf'ge Idiom, just kraus genug, daß nicht einmal im Paradiese es zu erlernen uns vergönnt und unverständlich jedem Brandenburger bleibt, was Bayern äußern. Flöß nicht der milde Tau der

Seligkeit in meinen Adern, ich müßte mir die Mauke ärgern. Doch, gemach, Hans-Joachim, beut trutzig Halt des Zornes Wallen. Du bist ja selig – bis ins Mark!

Turmair tritt wieder ein.

TURMAIR: Ja, der Herr Zieten. Welche Ehre.

ZIETEN *(salutiert)*: In besonderer Mission.

TURMAIR: Was gibt's?

ZIETEN: Geheimer Auftrag. Nur für Portners Ohr. Ein Casus voller Peinlichkeit.

TURMAIR: So?

ZIETEN: Ja! Indes, wie wär's?

TURMAIR: Was denn?

ZIETEN *(vertraulich)*: Ein Blick.

TURMAIR: Wohin?

ZIETEN: Je nun, ins Innere!

TURMAIR: In unsern Himmel?

ZIETEN: Ja, doch, ja. Daß man vermelden könnt und wohl auch profitieren.

TURMAIR: Geh, bei uns Primitive gibts doch nix zum Profitieren.

ZIETEN *(glaubt das nicht)*: Ihr habt Besonderheiten. Blick ich umher in eures Himmels Hallen, so fällt mir auf: – die Ehnlichkeit.

TURMAIR: Was Ähnlichkeit?

ZIETEN: Mit Euren Kürchen drunten, voll mit Gold, mit Putten und Gemurkel.

TURMAIR: Gemurkel meinen S'?

ZIETEN: Ja doch, ja. – Wie kömmt das, he?

TURMAIR: Naja, die Kirchen drunt auf Erden sind halt sozusagen von uns direkt inspiriert.

ZIETEN: Ah ja? Aha. Die unseren sind karg.

TURMAIR: Des glaub i gern. Wie schaugt denn euer Himmel derzeit aus?

ZIETEN *(strahlend, daß sich jemand interessiert)*: Soll ich's verraten? Ja? Mit Worten malen all die Herrlichkeit, die unser Geist erschuf?

TURMAIR: Da bin i g'spannt.

ZIETEN: Ganz im Vertraun vorweg: Wir haben schon auf Erden nicht verstanden, weshalb der Herr der Dinge ausgerechnet euch die prächtige Gebirgswelt zugeteilt.

TURMAIR: Warum net?

ZIETEN: Ihr seid doch außerstande, sie zu nutzen. Wie sagt ihr doch mit breit behäb'gem Grinsen: Berge von unten, Kürchen von außen, Kneipen von innen. – Hahaha! Das dünkt uns so verschwendet, daß wir unser Paradies, die Fehler eures Stamms vermeidend, uns dergestalt nun eingerichtet, daß, – ich weiß, ihr werdet Neid empfinden müssen, – uns an der Zugspitz' riesigem

Massiv liegt, was wohl –? Leuchtend klar, das ew'ge Potsdam!

TURMAIR *(matt)*: Potsdam an der Zugspitz?

ZIETEN: Ja. Neustrelitz liegt bei uns am Tegernsee.

TURMAIR: Ja, verreck!

ZIETEN: Und Timmendorf nebst Meer im kleinen Walsertal. Was sagt ihr nu?

TURMAIR: Nix.

ZIETEN *(verzückt mit Schillerschem Pathos, als sei's aus »Wilhelm Tell«)*: Und die Ordnung! Der Wanderwege breite Bänder bunt markiert. Gemäßigt sind, bequem, die Steigungen hinauf zu trutzgen Gipfeln. Und Alpenstangen trägt ein jeder Mann. In grüne Matten hingeschmiegt am klaren Quell die schmucken Alpenhütten, wo der zarten Senn'rin Hand den Kelch kredenzt mit jenem prickelnden Getränk, das unser Volksmund zärtlich nennt: Weiße mit Schuß. Und für des Appetites Lüste – Bouletten gibt's und rote Beete, Aal grün und Schrippen – Na?

TURMAIR *(enerviert, aber höflich)*: Da könna mir net mit.

ZIETEN: Nicht wahr, das fiel euch niemals ein!

TURMAIR: Gewiß net.

ZIETEN: Und zu Millionen klettern unsre Leute dort in strahlender Glückseligkeit die Berge hoch, sie jodeln, rufen laut Juhu – immer in großen Gruppen. Kein fremder Laut stört ihren unaufhörlich frohen Redefluß. Die Sprache des Gebiets ist preußisch!

TURMAIR: Gell, eure Seligen sin immer selig.

ZIETEN: Ununterbrochen. Und je mehr sich rührt, zu desto höh'rer Hitze steigert sich die Seligkeit. Was setzt ihr uns entgegen? Was wecket Glücksgefühl in Bayernherzen?

TURMAIR *(verlegen)*: Mei –

Während der letzten Sätze ist der Portner eingetreten, hat von Preußens Glück gehört und antwortet nun anstelle Turmairs.

PORTNER: Wenn's staad ist. – Und bei euch?

ZIETEN *(sieghaft schmetternd)*: Wenn wir für unsres Reiches Ruhm und hehrer Herrscher Glorie in Staub den Feind geschlagen – Sieg über Sieg an unsre Fahnen heftend.

PORTNER: Die Bayern – wenn's ihr Ruh ham und der König nix Besondres unternimmt.

ZIETEN: Reisen durch die weite Welt.

PORTNER: Net reisen, naa, dahoam sei.

ZIETEN: Das preuß'sche Wesen fremden Völkern nahebringen, bis es dort also zugeht wie bei uns.

PORTNER: Wir wolln nur unsre Lebensart behalten, niemand solls nachmachen müssen.

ZIETEN *(immer begeistert)*: In unserem Wesen liegt: des Fortschritts Herold sein. Immer à jour, die neueste Erfindung, neueste Mode –

PORTNER: Da brauchen mir des meiste net. Uns ist das Altbewährte lieber.

ZIETEN: Im Ernst? Und das Gespräch?

PORTNER: Gespräch?

ZIETEN: Ohn Unterlaß und über alles reden, Gedanken tauschen –

PORTNER: Schweigen.

ZIETEN *(total perplex)*: Schweigen??!! Macht Bayern glücklich? *(deprimiert)* Nein, wie schrecklich.

PORTNER: Mei –
Portner und Turmair lächeln einander zu. Turmair geht hinaus.

ZIETEN: Da müssen doch, so scheint mir itzo, gewisse Unterschiede walten.

PORTNER *(überhört diese tiefe Erkenntnis)*: Was führt Euch heut hierher?

ZIETEN: Nun, ein gewisser Vorfall. Hört. Ein wackrer Zieten lebt derzeit auf Erden. Urenkelkind, Kai-Uwe.

PORTNER: Ui.

ZIETEN: Er hat zu Wohlstand es gebracht zu Greifswald, mit Kattun, ist reich – und Diplomat. Der soll, so steht in unserem Schicksalsbuch zu lesen, eben jetzt nach Bayern, dort sich anzusiedeln. Man führt ihn ein bei Hof. Dort wird Minister er für sich gewinnen, wird Einfluß nehmen – Ihr versteht –.

PORTNER: Ganz leicht.

ZIETEN: Just wo er wohnt, als Pensionär, dort an des Tegernsees Gefilden, soll er Besuch von Freunden sehn, aus der Mark, aus Pommern und dem Hannov'rischen, sie alle, alle kommen und – bezaubert von der Gegend Urigkeit, sie siedeln dort, gleich ihm.

PORTNER *(mit unterdrücktem Grimm)*: Aha. Ja, freili.

ZIETEN *(stolz)*: Noble Preußen. Klare Köpfe. Kai-Uwe führt sie ein bei Hof – man hört auf ihren Rat und, – also steht's im Schicksalsbuche – im Jahre achtzehnsechsundsechzig sieht dank dieser Männer Überzeugungskraft die bayrische Regierung ein, daß sie mit Preußen sich vereingen muß – zu einem Staat!!

PORTNER *(perplex)*: So? Des steht im Schicksalsbuch. *(resignierend)* Na werd's so kommen müssen –!

ZIETEN *(verzweifelt)*: Eben nich! Kai-Uwe kann nich siedeln. Er sollte eine Alpenhütte kaufen vom reichsten Mann dort – namens Senftl. Die Hütte aber ist nich frei. Da wohnt ein andrer drin, – ein – *(sieht auf einem Zettel nach)* Kaspar Brandner.

PORTNER *(nahe am Wutanfall)*: So? Der?

ZIETEN: Der Weltenplan ist in Gefahr. Bayern soll preußisch werden. Und nu geht's nicht.
Turmair und Nantwein treten ein.

TURMAIR: Er ist da.

PORTNER: Nur rein damit.

ZIETEN: Was wollt ihr tun?

PORTNER: Unser Möglichstes, daß der Kai-Uwe zu dem Häuserl kommt.

Der Portner ist ganz rot im Gesicht vor Ärger, daß in seinem Ressort eine solche Schlamperei passieren mußte. Die ebenso naive wie penetrante Art Zietens, der nicht aufhört, in der Wunde »Brandner« herumzustochern, versetzt sogar diesen Heiligen in Hilflosigkeit. Dazu sieht Zieten ihn aus wasserblauen runden Augen so erwartungsvoll fragend an, daß dem Portner, der keine Antwort geben mag, erst recht der Zorn zu Kopfe steigt.
Nun wird der Boanlkramer hereingeführt. Im pastellenen Himmel bildet diese bleiche, schwarz gekleidete Gestalt einen schroffen Kontrast, noch dazu, weil der Boanlkramer, ganz krumm vor Angst, versucht, mit beständigem Grinsen, Buckeln und Verneigen sein schlechtes Gewissen zu bemänteln.

BOANL: Man hat mi g'sucht, hab' i vernommen.

ZIETEN: Sieh da, Freund Hein.

BOANL: Han?

ZIETEN: So heißt der unsere.

BOANL: Ah ja. I laß'n schön grüßen. Den blanken Hans auch, wann S' 'n treffen.

ZIETEN: Wird bestellt. *(leise zum Portner)* Der sieht erbarmungswürdig aus. Auch unserer hat hohle Augen, wirres Haar – erscheint jedoch in schnieker Uniform, mit Mütze.

BOANL: Ich stör' nur. Komm' a andersmal.

PORTNER: Du wartst!! Erst der Besuch. Und dann!!! –

ZIETEN: Was wird nu mit Kai-Uwe?

PORTNER: Warten S' doch, i denk grad nach.

ZIETEN: Und sagen nichts? Beim Denken?

PORTNER: I weiß, die Preußen sprechen ihren ganzen Denkvorgang mit. Der Bayer gibt's Ergebnis nur bekannt.

ZIETEN: Macht Denken da noch Spaß, wenn keiner zuhört? Teurer Freund – die Bayern mögen wertvoll sein, mit reichem Innenleben, zugestanden, nur – es kommt nischt raus. Glaubt mir: durchschlagend wirkungsvoll wird auf die Dauer nur das preuß'sche Wesen

sein. Das walzt die Traditionen nieder – setzt Köpfchen an die Stelle von Gefühl und glorreich führt's die Welt ins kommende Jahrtausend. Grüß Gott!
Mit dieser siegreichen Rede ab, gefolgt vom Portner. Turmair und Boanlkramer sehen einander an. Der Boanlkramer, voll schlechten Gewissens, grinst.

BOANL: »Und dann«, hat er g'sagt. – Warten soll i.

TURMAIR: Ja. *(befaßt sich mit einem alten Folianten)*

BOANL: Wo i so viel z'toa hätt. – 's Wagerl putzen, 's Roß fuadern. – Was gelt's denn überhaupts?

TURMAIR: Des sagt dir der Portner selber.

BOANL *(seufzt):* »und dann« *(blickt über Turmairs Schulter in den Folianten)* Unser Zukunftsbüchl?

TURMAIR: Ja.

BOANL: Viel zum toa für mi?

TURMAIR: Viel *(blättert)* Kommen böse Zeiten.

BOANL: Krieg?

TURMAIR *(nickt):* Und andere Bedrängnis.

BOANL: A schieche Cholera scho wieder?

TURMAIR *(schüttelt den Kopf):* Desmal werd's anderst schlimm. Der Preuß hat recht. Die Fremden rucken ein ins Land und bleiben da und werden immer mehra.

BOANL: Truppen?

TURMAIR: Schlimmer. Zug'roaste. – Unser Wesensart verkommt, die Sprach geht verloren – die stille Ausrottung setzt ein, – lächerlich machen s' uns, alles aus »Liebe zu Bayern«.

BOANL: Auf lang?

TURMAIR *(blättert weiter):* Hundert Jahr – des hört nimmer auf, allweil ärger werd's. Grad überlegen fühlen sie sich und grad verbessern wollens' uns und machen alles hin, was g'wachsen und gut war. Sie drucken ins Land, weil's dort schön ist – und indem s' bleiben, macht a jeder a Stück vom Schönen hin –

BOANL: Wie kann des g'schehn?

TURMAIR: Auf der Welt gibts Tüchtige und Lustige. Und allerweil gewinnen die Tüchtigen die Oberhand – und na werds fad.

BOANL: Wen meint des große Kreuzl da?

TURMAIR: Der König wird verraten und ertränkt. Den mußt ausm See holen.

BOANL *(schlägt ihm das Buch zu):* Mach's zu. So genau muaß des alles net wissen. Verrat mir, was der Portner will, – komm. Wo gehst denn hin, Turmair, bleib doch da!

TURMAIR: Besser, er redt mit dir allein.

Turmair durch die rechte Tür ab. Der Boanlkramer, krumm vor Angst, zieht unter seiner Weste das Journal

hervor und will es an seinen Platz stellen.
(Ende des alternativen Textes von Seite 199)

BOANL: Naa, net allein – bloß net –! Aufkommen hat's müssen! I hätt ja 's Marei net auch noch drunt lassen können. Da wär's ja noch ärger wor'n. Und des Journal, des i krampfit hab – des stell i glei zruck – ist ja grad koaner da – was'n da los? – Da hams ja umgräumt?! Da kennt se koa Sau mehr aus.

Der Portner tritt ein. Der Boanlkramer versteckt das Journal unter der Weste und spielt den Unbefangenen.

PORTNER: No?

BOANL *(buckelnd):* Dank der Nachfrag', guat.

PORTNER: So?

BOANL: Ja.

PORTNER: Und?

BOANL: Vui Arbeit, oh mei –

PORTNER: Was d' net sagst.

BOANL: Und grad jetzt, im Augenblick, hätt i so viel dringende G'schäfter. Herr Portner, könnt i bittschön wieder gehn –?

PORTNER: Mir ham was zum Reden.

BOANL *(unter ständigen Verbeugungen):* So? Was gelt's? Soll Enk was b'sorgen? Gern!

PORTNER: Es ist z'weg'n dem Brandner Kaspar.

BOANL *(scheinheilig):* Brandner Kaspar? Wer ist des?

PORTNER: Geh, stell di net.

BOANL: Der Name ist mir augenblicks nicht geläufig.

PORTNER: Denk nach.

BOANL: Hmmm – jaaa –. Ah so, ja, der von Albach.

PORTNER: Ja, der!

BOANL *(recht süß und verlegen):* Is was mit dem?

PORTNER: Des frag ich dich!

BOANL: Ja, no –

PORTNER: Drunt' ist er!

BOANL *(erstaunt):* Soo?

PORTNER: Und herob'n sollt er sein!

BOANL: Jaa?

PORTNER: Ums Paradies wird er betrogen!

BOANL: Ja, wie des?

PORTNER: Und sei Enkelkind ist um achtzehn Jahr zu früh da.

BOANL *(erschrickt):* Akkrat um achtzehn Jahr?

Ihm wird schlagartig klar, daß nach dem Gesetz: »Die Energiesumme im Weltall ist konstant«, das Meyer und Helmholtz in Bälde entdecken werden, die dem Brandner belassenen achtzehn Jahre natürlich irgendwo abgezogen werden mußten. Daß somit das Marei die Lücke büßt.

Der Boanlkramer verliert seine Sicherheit im Lügen, seine Kiefer beginnen zu klappern, er würde sicherlich bleich, wenn er es nicht schon im äußersten Maße wäre.

PORTNER: Verwundert di des? Komm, beicht …

BOANL: Ja, i – äh – i könnt mir des nur so erklären, daß da unvorhergesehene Umstand eintreten san, – äh – die wo –

PORTNER: Beichten sollst, net stottern!

BOANL: Aber des müßt doch im Journal stehn.

PORTNER: Des is verschwunden.

BOANL: Geh – in der Ewigkeit geht doch nix verloren.

PORTNER: Na such's amal, 'leicht findst es du.

BOANL: I bin so frei.

Er tritt hinter Petrus an das Bücherregal, sieht sich immer wieder nach ihm um, lächelt gequält und versucht das Journal an seinen Platz zu stellen. Längeres Spiel.

PORTNER: No?

BOANL: Hab's no net.

PORTNER: Sollt' i' wegschaun?

BOANL: Wenn 's gang –

PORTNER *(donnert ihn an):* Na tu's scho raus unter der Joppen!

BOANL *(sinkt zusammen, zieht das Journal hervor und überreicht es mit kläglicher Miene):* Da. Tausendmal um Vergebung.

PORTNER *(blättert):* Brandner Kaspar, 72 Jahre falsch abg'hakelt.

BOANL *(Augenaufschlag):* Des war i. I schaam mi ja so.

PORTNER: Jetzt machst an Rapport. Aber d'Wahrheit bitt i aus.

BOANL *(rafft sich auf, nimmt Haltung an und einen offiziellen Tonfall):* Drei Jahre zuvor, wie's aufgesetzt war, bin ich im Walde ihm erschienen.

PORTNER: Da steht: »er starb am Büchsenschuß«.

BOANL: Naa – net.

PORTNER: Was soll des heißen?

BOANL: Daß es – mißlang. I hab den Schuß vom Jager g'lenkt, aber leider, er hat'n bloß g'stroaft.

PORTNER: Und?

BOANL: Na war er teuer. –

PORTNER: Wer?

BOANL: – der gute Rat. I bin zu ihm in d'Hütten und hab'n ersucht, ob er freiwillig mitkummert – *(verheddert sich im Dialekt)* kamert – gehert. Aber er war obstinat.

PORTNER *(ungnädig):* Werst'n scho recht saudumm ang'redt haben.

BOANL *(in seiner Ehre verletzt, empört):* Ich? Nie!!

PORTNER: I möcht net wissen, wie du die Leut oft erscheinst, weils di gar so fürchten. De nihilo nisi.

BOANL: Was hoaßt'n des?

PORTNER: Vo nix kommt nix, hoaßt des.

BOANL: Hart opacka hab i'n ja net derfen, weil er koa wolterner Sünder war – also, was machst?

PORTNER: Und was hast na g'macht?

BOANL: Nachdenkt – und grad sinniert – und währenddem hat er, – ganz hinterkünftig – äh –

PORTNER: Was?

BOANL: Oans hing'stellt.

PORTNER: Was?

BOANL *(verschämt):* – ein Gefäß –

PORTNER: Bier?

BOANL *(haucht):* Kerschgeist.

PORTNER: Ah, so.

BOANL: I trink's ganz in Gedanken, –

PORTNER: Und er schenkt wiederum ein.

BOANL: Er hat mich überlistet.

PORTNER: Wie oft?

BOANL *(klappt nacheinander alle zehn Finger hoch)*

PORTNER *(entsetzt):* Zehne?

BOANL: Zwölf.

PORTNER: Zwölf Kerschgeist auf oamal? Ja, na glaub i's.

BOANL *(mit gefalteten Händen, kläglich):* Herr Portner, wenn Sie wüßten, wia's mir oft kalt ist auf der Fahrt durch Eis und Hagel, naß wiara 'taufte Maus – und allweil wieder: nauf, nunter – koa Platz zum Aufwarma und grad zittern und klappern – wega dem ist auch die Kugel auf den Brandner fehl ganga, weil i grad so viel scheppern hab müssen –. I bin doch der ärmste Bolandi, dahoam net in der Seligkeit, im ewigen Licht und drunt auf Erden gemieden. Naa! – Und einmal in Äonen stellt mir einer an Schnaps hin. Sagen S' doch selber!

PORTNER: Da hast ihm glei 's Weiterleben versprochen.

BOANL *(immer verzweifelter):* Nein, nie. Ich kenn doch mei Pflicht. Auch wenn ich nach dem Fehlschuß ihm gegenüber in der schlechteren Lage war.

PORTNER: Wieso ist er dann net da?

BOANL *(schreit verzweifelt und zu laut):* Weil er mich b'schissen hat!

PORTNER *(mit leichtem Tadel):* Tu dich nur äußern, freimütig.

BOANL: Kart' hamma. Und ich siech doch net guat, aus Gnad, daß ich des viele Leid und Elend net so erkennen kann, in des ich kumm. Da hat er mich mit 'm Grasober 'tupft.

187

PORTNER: Wieviel hast ihm na gütigst zub'standen, in dei'm Surni?

BOANL: Neunz'ge. Wie seine Ahndln.

PORTNER: Achtzehn Jahr drauf? Ja, bist denn du narret?

BOANL: I hab mir denkt, mir ham doch da herobn scho so viel Leut, kommt's auf den oana net z'samm.

PORTNER: Schamst di du net?

BOANL (demütig): Doch. Und 's wär mir leichter, wenn S' mi jetzt ordentlich anschreierten.

PORTNER: Ja, mir fallt ja gar nix ein

BOANL: Ich bereue. Es hat mi arg 'druckt.

PORTNER: So was hat's ja noch nie geb'n.

BOANL: Doch. Mei'm Kollegen aus'm Morgenland ist vor viertausend Jahr was Ähnlichs passiert. Mit'n Palmwein, hat er mir verzählt, weil, der friert ja no mehra, wegen dem Klima, wissen S'. – Jetz is's scho a so. Was mach ma?

PORTNER: I woaß net, sollt' i lacha oder woana.

BOANL: Lacha gang aa.

PORTNER: Des könnt dir passen.

BOANL: Jetz is's beicht' – na geh i und mach wieder pünktlich mei Arbeit, wie seit Ewigkeit. Und wenn's vergessen werden könnt, die G'schicht, wär i recht froh. Ich selber will's net vergessen. So was ist mir grad oamal passiert. Empfehle mich und wart auf neue Aufträg – –
Er will sich unter vielen Bücklingen zurückziehen, da trifft ihn das Wort des Portners wie ein Blitz in den Rücken.

PORTNER: Der nächste Auftrag ist: Du holst den Brandner Kaspar auf der Stell. Bald hätt' i g'sagt: tot oder lebendig.

BOANL (fährt herum, stottert): Naa, nur des net. I hab doch mei Wort geb'n!

PORTNER: Willst du den Willen unseres Herrn mißachten?

BOANL (fleht): Herr Portner, wenn scho mir niedrigen übersinnlichen Mächte as Wort nimmer halten, wie schaugt si des für die Lebendigen o? I kann mi ja ninderscht mehr sehng lassen, wenn des aufkimmt. Naa, naa, alles, bloß koan schlechten Kerl macha.
Er streckt flehend die Hände gegen den Portner aus und macht Miene, hinzuknien und womöglich vor den Heiligen hinzurutschen, so desolat ist er.

PORTNER: (erhebt nur gebieterisch den Arm und sagt in ruhigem Ton, der keine Antwort zuläßt) Favete Linguis – dictum est.

BOANL: Scho wieder Lateinisch – i versteh's doch net. Was hoaßt des?

PORTNER: Dei Mäu sollst halten – hoaßt des – und i sag's

bloß einmal: Du hast dir die Suppen einbrockt – löffit's aus. Sonst jag i di vom Deanst und stell di' vor's höchste Gricht. Glaubst du, mir machen G'spaß?

BOANL (jault): Der geht mir net mit.

PORTNER: Du bringst'n! Sonst staubt's!! (ab)

BOANL: Da hamma die Soß! Oje! Wenn's finster wird, sans ganz bös!

Mit Abgang des Portner wird es rasch finster. Lichtkegel auf den Boanlkramer und Licht auf den Hintergrund, so daß die nun auftretenden Personen als Silhouetten erscheinen. Es beginnt ein großes Laufen und Huschen von Seligen in Gewändern aller Epochen christlicher Zeit. Sie kichern und rufen einander zu – im Hintergrund rasche, geisterhaft auftauchende Orgelklänge.

STIMMEN: Habt's g'hört? – Der Boanlkramer – zwölf Kerschgeist! Neunz'ge – Jetzt ham's'n derwischt! Die Gaudi –! Haha –!

BOANL: Is's scho rum, die Blamasch. Was tuari bloß? Wenn auf mi koa Verlaß nimmer wär, könnt ja koa Mensch mehr sagen: »todsicher«! – Ja, lacht's nur, lacht's – ihr braucht's koan Kerschgeist. Euch is ewig warm. – Jetzt waar i lieber der Teifi! – Und neamd, der ein' Rat hat –! Michael? Turmair? – Nantwein –?

Michael, Turmair und Nantwein huschen herein, zucken die Achseln und verschwinden wieder.

BOANL: Soll i mi vielleicht vor ihm hinkniagl'n und ihn mit aufgehobene Knochenhand' bitten?

Der Karren des Boanlkramer fährt herein. Der Wagen mit zwei großen Rädern hat die Form eines Sarges. Davor ein Kutschbock mit kleinem Geländer. Ein Klepper – mit beweglichen Beinen – zieht ihn. Es wird immer dunkler. Das geisterhafte Gelächter und die jagende Orgelmusik steigern sich. Michael erscheint wieder und weist ihn mit dem Flammenschwert hinaus.

BOANL (fast heulend): Ja, jetzt pressiert's. Guat, i fahr! Und wenn's mei letzte Fuhr ist!
Er schwingt sich auf den Wagen, nimmt die Peitsche.

BOANL: Des kommt davon, wenn man sich mit am Menschen einlaßt, ehvor daß er tot ist –! Hüah!
Er fährt hinaus.

Vorhang. Große Pause.

5. Bild: Die Trauer

Die Stube des Brandner Kaspar wie im 2. Bild. Es ist Nacht. Brandner sitzt am Tisch und liest, mit Brille, in einem alten Buch. Sein Haar ist weißer geworden in den letzten zwei Tagen. Er hat sich verändert. Seine Bewegungen sind langsamer, greisenhafter. Auch seine Augen haben sich verändert. Sie blicken starr in die Gegend, in ihnen flackert das Alter. Das Beruhigende, Kräftige ist verschwunden, geblieben ist der unbändige Trotz eines alten Mannes, der sich gegen sein Schicksal auflehnen möchte – wüßte er nur wie. Er trägt dunkle Kleidung. Vor ihm eine brennende Kerze. Die Tür im Hintergrund ist halb offen. Während Brandner halblaut aus dem Buche liest, erscheint in der Türe Simmerl und sieht herein. Nach kurzer Zeit macht er sich bemerkbar.

BRANDNER *(liest leise, stockend)* »Aufersteh'n, ja aufersteh'n wirst du, mein Staub, nach kurzer Ruh. Das ewig' Leben wird, der dich rief, dir geben –«

SIMMERL: Brandner. – Redst mit mir? *(er ist das personifizierte schlechte Gewissen)*

BRANDNER *(ohne ihn anzusehen)*: Ja. – Naa. – Wozu?
Simmerl tritt ein, legt den Rucksack ab.

SIMMERL *(mühsam)*: I muß dir des sagen: Wenn ma den Florian gefangen hätt' auf der frischen Tat – i hätt'n net einsperren lassen. I hätt bloß g'sagt: laß dir's a Lehr sein.

BRANDNER: Versteh di scho. Dich schreckt die Lawine, die aus dei'm kleinen Steinwurf worden ist. Möchtst am liebsten alles ung'schehen machen. Geht net. *(er sieht Simmerl ins Gesicht und sagt rauh)* Seit heut mittag liegt sie auf'm Freithof fünf Schuh unter der Erd, weil sie's in Liebe net ertragen hätt', daß ihm ein Leid g'schieht.

SIMMERL: Nix tut so weh, wie wenn eine, die ma so verzweifelt zum Leben braucht, ei'm andern alles gibt. Jahrelang war sie gut mit mir und dann hab i zuschaug'n müssen, wie sie auf einmal dem andern anhängt. Nix tut so weh!

BRANDNER *(nickt versonnen vor sich hin)*: Und dann die Macht, den Nebenbuhler ausm Weg z' räumen. Hättst a Heiliger sein müssen, wennst dem widerstanden hättst. Und wennst verstanden hättst, daß die zwei, eins fürs andere, sogar das Leben riskieren. *(er wendet sich ihm zu)* Aus Lieb is des g'schehng, Mensch – 's Wildern, des Arbeiten, mir drei ham alles riskiert, bloß daß wieder richtige Leut werden aus die Krattler. – Und jetzt ham ma 's Beste verloren.

SIMMERL: Und wie soll i weiterleb'n mit dem?

BRANDNER: Da danach fragt neamad. Lebst halt dahin.

SIMMERL: Auf'm Begräbnis hat mi scho keiner mehr ang'schaut. Naa, i kündig' mein Deanst auf und geh fort aus dera Gegend. Was soll i noch da?

BRANDNER *(in hilfloser Trauer)*: Ja, was soll'n ma noch da. Der Boden ist weg. Das Licht is aus. Magst's net ertragen? – Muaßt's ertragen! Möchtst dich auflehna –? Gega wen? Kannst bloß dahocken und warten – Die Uhr dappt weiter – nächste Stund – nächste Stund – a jede bringt dich weiter weg von dera Todesstund' – aber die Schinderei werd net g'ringer. So a Trauer ist a Hilflosigkeit, aus der 's kein Ausweg net gibt.

SIMMERL *(erhebt sich und geht zur Tür)*

BRANDNER *(leise, für sich)*: Dabei bräucht' ich bloß rufen – aber naa, – naa –!

SIMMERL *(sieht hinaus)*: Jetzt komma s'.

BRANDNER *(blickt auf)*: Wer, um Gotteswillen!

SIMMERL *(verlegen)*: Der Florian will dich nochamal sehn, eh' daß s' ihn mi'm Schub wegbringen. Der Gendarm führt 'n und der Senftl ist aa dabei.

BRANDNER *(leise)*: Heilige Muatter Gottes, muß des aa no sein?

SIMMERL *(geht zur kleinen Seitentür, die links aus dem Raum führt)*: Könnt i da 'nein? Daß er mi siecht, des kann ma ihm dersparn. *(ab)*

BRANDNER: »Dersparen.« Und wer derspart mir was? *(er löscht die Kerze, klappt das Buch zu)*

SENFTL *(erscheint in der halb offenen Türe)*: Kaspar –! Der Flori hat den Wunsch geäußert, –

BRANDNER: Rein damit –!

SENFTL *(winkt dem Gendarmen. Zu Brandner)*: Laß dir noch amal sagen, es is oa Bedauern in der G'moa und in der Nachbarschaft – und bei mir –

BRANDNER *(winkt ab, antwortet nicht)*

Unter der Türe wird der Gendarm einen Moment sichtbar, der Flori führt. Er weist Flori in die Stube. Floris Hände sind mit Stricken gebunden. Er tritt ein. Senftl schließt die Tür hinter ihm. Brandner und Flori bleiben allein und sehen einander an.

FLORI: *(weist die gebundenen Hände vor)* Schön schau ma aus –

BRANDNER: Hock di her.

FLORI *(versucht zu lächeln)*: Es is grad ums Pfüa-God-Sagen, Kaspar. Wer weiß, ob ma si wiedersiecht. A paar Jahr wer'n's mir g'wiß naufhaun.

BRANDNER: I bin dann scho no da.

FLORI: Jaja. Du hast 's ewig Leben, wie a alter Baum, hast ja immer g'sagt.

BRANDNER (*schüttelt den Kopf*): Der Baum is abg'sägt, Flori. Da ist grad no a alter Wurzelstock – lebendi? – tot –? – Ma woaß net. Zu nix mehr nutz. Bloß da.

FLORI (*plötzlich ausbrechend, gegen Tränen anschreiend*): Kasper, i sag dir's, i mag nimmer leb'n. I bin doch schuld an allem.

BRANDNER: Des derfst du net sag'n.

FLORI: Sie hat mi g'warnt, bevor i 'gangen bin: macht's a End mit dera Lumperei, hat's g'sagt – Naa – wenn oans die Stoaner hatten derschlagen sollen, waar i des g'wen. I bin schuld!

BRANDNER (*heftig*): Flori! Eins lebt vom andern, – eins is des andern Tod auf dera Welt. Der Fuchs reißt die Hennen – wir schießen den Fuchsen, als Beute is er uns lieb. Desmal ham's uns g'jagt. Und die unschuldigste Seel'–! Aber weiter müaß ma. – Geht's net übern Berg, geht's außen rum – aber weiter gehn mußt!

FLORI: Glaubst selber, was d' sagst?

BRANDNER: Ja. Weil's koa andere Rettung net gibt.

Flori sieht Simmerls Rucksack liegen.

FLORI: Wem g'hört der Rucksack da?

BRANDNER: Dem armen Teufel, der g'iagt hat – und der jetz aa net besser dran ist, wie mir zween –

FLORI: Arm net. Der Teufel, ja. Hörst es, du da drin!? Komm raus, wennst a Schneid hast.

Simmerl kommt aus der Kammer.

FLORI (*verachtungsvoll und feindlich*): Du machst 's Leben ärmer, wo'st hinkommst. Du wenn die Welt g'macht hättst, sparerst am Tag mit'm Sonnenschein und bei der Nacht mit'm Mond – dir singert koa Vogel, des kostet z'viel. Und wenn wo a Bleami blüht, ruhst net, ehvor 's net zertreten ist. An dir ist grad eins groß: der Neid!

Die beiden starren einander an. Brandner tritt zwischen sie.

BRANDNER: Horchts zua. – Es hat si ergeben, daß ihr zwoa habts Todfeind wern müssen. – Wär's anderst 'gangen, hätt euch aa a Freundschaft sein könna. –

FLORI (*verächtlich*): Mit dem?

BRANDNER (*eindringlich und fast bittend zu beiden*): Wenn der Haß weiterlebt, Flori, hätt's zwoamal koan Sinn, daß sie hat sterbn müassen. Des ist doch zum Einsehng, oder –?

Während der letzten Worte waren, wie im 2. Bild, von ferne die Totenglocke und der Wind aufgetaucht. Brand-

ner *unterbricht seine Rede, horcht. Die anderen hören nichts. – Simmerl tritt nahe an Flori heran und sagt leise:*

SIMMERL: Vor Gericht gibt's bloß oa Aussag': – die meine. Und i sag, daß i mich g'irrt hab, und a g'wuiderte Gams hab i net g'funden, und koan Stutzen aa net.

FLORI (*erstaunt*): Aber du hasts doch g'funden!

SIMMERL (*bestimmt*): Nein! Und der Zeuge aus der Stadt wird aa net benennt.

FLORI (*ungläubig*): Die Blamasch nimmst du auf di?

Flori und Simmerl sehen einander in die Augen. Flori erkennt, wie ernst dem Jäger die Reue ist. Simmerl nickt. Zwischen den beiden ist das Einverständnis, den Streit zu begraben, spürbar.

Brandner steht abseits. Er ist sehr erregt. Das Kommen des Boanlkramer, das sich durch Wind und Totenglocke ankündigt, bringt ihn ganz aus der Fassung. Mit geballten Fäusten steht er da. Läuft zum Fenster und sieht hinaus. Dann wendet er sich heftig um und sagt, fast vorwurfsvoll, zu den beiden Burschen:

BRANDNER: Hörts net? Die Totenglocken scho wieder? Flori!

Flori: Hör nix.

BRANDNER (*reißt die Tür auf*): Und abermaln der Wind – und koa Blattl rührt si.

SENFTL (*tritt von außen heran*): Was geit's, Kaspar?

BRANDNER: Hörst du aa nix?

SENFTL: Naa – was sollt i denn hören? Ist dir net extra?

Die drei und der Gendarm, der immer noch draußen wartet, sehen einander erstaunt an. Brandners Benehmen ist ihnen unverständlich. Er läuft hinaus vor die Hütte, blickt um die Ecken, sieht zum Wald hinüber, schaut in die Luft. Das alles mit Anzeichen großer Erregung. Flori ist besorgt. Was hat der Alte? Er will zu ihm eilen, will ihn fragen. Da wird Brandner mit einem Male ganz ruhig, wendet sich den Männern zu und spricht leise, gefaßt, mit entschlossener Beherrschung.

BRANDNER: Ihr geht's jetz. Flori – Gott befohlen. Es werd alls net so grausam, hat der Jager versprochen. A jeds nimmt a Einsicht mit ins Künftige. A jeds lernt ertragen, was kommt. (*Glocke und Wind aus.*) Jetzt hör' i nix mehr.

SENFTL (*erstaunt*): Brandner, fürchtst du was?

BRANDNER (*bitter*): Fürchten? I?! Wo's Schlimmste scho g'schehn is? Was jetzt noch kommt, wird minder schwar. Pfüat euch – –

Er hat die Männer hinausgedrängt und sieht ihnen, unter der Türe stehend, nach. Blickt sich draußen um. Lange Pause. Spricht nach draußen.

BRANDNER: Na, wo bleibst denn? I g'spürs doch in alle Knochen, daß d' kommst!

Der Boanlkramer erhebt sich aus dem Lehnstuhl, wo er – für das Publikum unsichtbar – seit Beginn des Bildes saß. Brandner fährt herum und starrt ihn an – dann schließt er die Tür.

BOANL: Bin doch scho lang da, Kaspar.

BRANDNER *(in großer Spannung)*: I hab di fei net g'rufen.

BOANL *(milde)*: Aber du warst nah dran, – heut –.

BRANDNER: Aber g'rufen hab i net. Justament net!

BOANL *(ganz sanft)*: Hast doch grad g'redt von der Einsicht. Gibst net auf?

BRANDNER: Nia!!

BOANL: Hat sie sich g'lohnt, die Frist, die 'st erlangt hast von mir? – Net, gell? Wär auch net möglich.

BRANDNER: Willst an schlechten Kerl macha? Mi holen mit G'walt?

BOANL: Naa, naa – grad a B'such – nachschaung. *(kläglich)* I hab doch neamd außer dir, mit dem i amal ratschen könnt. Die i ansonsten triff, die sieh' i alle bloß oamal – ein einziges Mal! Du hast ja koa Idee, was für a Ausnahm du bist. In Freundschaft, Kaspar, laß mi a bissel da. Zünd dir a Pfeifen an – kumm –

BRANDNER *(grantig)*: Schmeckt ma nimmer.

BOANL *(listig)*: Und der Schnaps?

BRANDNER *(schaut ihn plötzlich an)*: Möchtst wieder ein'?

BOANL *(grinst)*: Da sagert i net naa.

BRANDNER *(erlöst)*: Alter Bazi! Deszwegen laufst du mir zu?

BOANL *(verlogen)*: Wiest es derratst. I hab ja so oft an den Kerschgeist denken müssen, ob i wollen hab *(mit schnellem Blick gen Himmel)* oder net. *(riecht daran, während Brandner einschenkt)* Ah – wie der scho riacht. Da wüßt i nix im Elysium, was da dagegen aufstehert. Auf Ehr. Net amal des Manna.

BRANDNER *(hat zwei Gläser eingeschenkt)*: I brauch aa oan. Alsdann!

BOANL: Dei Wohl –! *(Beide trinken. Kaspar auf einen Zug, der Boanlkramer nippt nur)* Ah, der warmt. Seit damaln hab i kein mehr trunken. Gibt mir ja neamd was, verstehst –

BRANDNER: Bist auf d'letzt doch an armer Kerl. Aber – *(seufzt)* wer ist des net, am End. *(schenkt wieder ein und trinkt)*

BOANL *(teilnahmsvoll)*: Du auch, i woaß. Du kommst ma älter für – um mehra wie drei Jahr. Hab i recht?

BRANDNER *(grimmig)*: Werd scho der »Zahn der Zeit« sei, wie ma so sagt.

BOANL: Jaja – die Zeit. Die hat an woltern' Biß. *(kichert)* Die kaut die größten Trümmer z'samm – die dicksten Mauern beißt's oft schartig. Oft – *(lacht)* oft hab i ma denkt, wenn die Zeit zahnluckert wur' – und könnt nimmer beißen – und nix gang z' Grund – des gab a G'wirkst! Waar koa Platz mehr für Neu's auf der Welt vor lauter oitem Graffi – *(lacht sehr)*

BRANDNER *(der sich erneut eingeschenkt hat, sieht ihn befremdet an)*

BOANL *(schämt sich etwas)*: Bläd, gell.

BRANDNER: Hast heunt an extrigen Humor.

BOANL: Dei' eigene Gspaßigkeit ist aa g'ringer wor'n?

BRANDNER *(hart, vorwurfsvoll)*: Wundert's di?

BOANL *(elegisch)*: Naa, naa – i woaß scho. Es schmerzt halt alles doppelt, wenn man bleibt über die Zeit.

BRANDNER: Doppelt, ja. *(trinkt)*

BOANL: Heunt trinkst du mehra.

BRANDNER: Und du machst net »hick«.

BOANL: Man lernt halt dazua. – Geh, du tust mir so leid. Auf was wartst denn noch, Kasper?

BRANDNER *(grantig)*: Werd scho was sein!

BOANL: D' Hoh'falz, der Schnepfastrich – d' Rehbirsch – die Hofjagd –

BRANDNER *(schüttelt den Kopf)*: Des alles werd g'ring.

BOANL: Lauft's Leben allweil no g'schwind talab und stürzt als wie der Wasserfall?

Vor den lauernden Fragen des Boanlkramer erhebt sich Brandner. Er geht in großer Spannung beiseite, um sein Gesicht nicht zeigen zu müssen. Die Fragen quälen ihn. Sein Trotz ist stärker. Er mag nicht zugeben, daß seit Mareis Tod das Leben für ihn keinen Wert mehr hat. Sein Dickkopf heißt ihn sich in Hoffnung und Illusion retten.

BRANDNER: Naa, jetzt tröpfelt's grad noch. – Aber – es kommt ganz g'wiß no was B'sonders. Und wenn's a Wunder waar.

BOANL: Des waar a Wunder. *(eindringlich)* Kommt nix mehr, Kaschper – Ist nix mehr vorgesehen für dich im himmlischen Plan. Bist überall'n im Weg. Alles stößt si an dir, weilst nimmer herg'hörst! Kommt nix als Winter, Eis – dumper und graab – starr in Frost, fuchzeh' Jahr lang. – Was willst denn noch da? Hast leicht Angst vor drüben?

BRANDNER *(schreit ihn an, in großer Spannung)*: Des werd

i dir grad sagen. Extra dir! Du hast mir g'nua dazu toa, daß 's kaum mehr zum Tragen is.

BOANL: Mit Bedauern, Kaspar, wirklich. Daß i grad 's Marei hab holen müssen, jung und blühert, wo du so gut warst gegenüber mir –! Des hätt dir erspart bleiben sollen, wennst damals mit wärst. – Erspart! Verstehst!? Und statt dem die Seligkeiten da drüben und jetzo scho längst mit ihr wiederum vereint.

BRANDNER: Red net so viel, – trink.

BOANL *(sieht zur Uhr hinüber)*: Wenn ma's jetzt anhalten und du gehst mit, bist augenblicks am Weg zum Marei und allem anderen, was dich glücklicher macht.

BRANDNER: Naa!

BOANL *(beleidigt)*: »Naa!« Du leidst's ja net, daß ma dir was Gutes tut, Dickschädel, bayrischer!

BRANDNER: Werd scho recht sein a so.

BOANL *(grantig)*: Dei Wohl!

BRANDNER *(ebenso grantig)*: Des dei und fünfzehn Jahr Kältn, wenns anderst net sei ko.

BOANL: Wohl bekomms!

Beide trinken grimmig. Brandner lenkt wieder ein.

BRANDNER: Muaßt net grantln, Bruder.

BOANL: Durchaus net. Ist ja nur dei Schaden. Leb's durch, werst es scho sehn.

BRANDNER *(etwas angetrunken)*: Es ist an dem: i glaab dir nix. Die Drohung net und aa net des Versprechen von Seligkeit und Glück.

BOANL *(fassungslos)*: Du glaabst mir nix?

BRANDNER: Aber scho gar nix. Gell, da schaugst!

BOANL *(erhebt sich)*: Ja, hör i denn recht? Ich bin gesandt vom Höchsten, und du glaabst mir nix?

BRANDNER *(freut sich über die Fassungslosigkeit des Boanlkramer)*: Nix.

BOANL *(setzt sich wieder)*: An dem Volksstamm kannst zerschellen. Kaspar, hast du nie g'hört, wie's ausschaut da droben?

BRANDNER *(winkt ab)*: Harpfn und Chorg'sang, sagt der Herr Pfarrer.

BOANL: Der kann bloß sagen, was er weiß.

BRANDNER *(stur)*: Und wissen tut er nix.

BOANL: Wo's Wissen aufhört, fangt der Glauben an. Und ohne Glauben bist koa Mensch. Und wenn ich komm – muß a jeds dran glauben!

BRANDNER *(halsstarrig)*: Und i glaub grad des, was i mit eigene Augen siech, verstehst.

BOANL *(erhebt sich. In würdiger Wut)*: Ja, du Laugner – du hagelbuachener Atheist! Überzwercher Unglaub'n ohne Urfurcht. – Seligkeiten san da, ohne Ende – Lö-

sung, ohne Qual. Und g'mütli is's und gleicherweis erhaben! Ausfüllend herrlich – und er sitzt da und glaabt nix.

BRANDNER: Schimpf weiter, aber vergeß ma net 's Trinka.

BOANL: Ja, jetzt brauch i oan. *(trinkt aus und schenkt sich wieder ein)* Und no oan. Hast da sowas scho derlebt. *(er hält plötzlich inne)* Mit eigene Augen, sagst –?

BRANDNER: Andrster net

BOANL: I könnt dir's ja zeigen.

BRANDNER *(winkt ab)*: Jaja, i woaß scho –

BOANL *(verführerisch)*: Naa, naa – mit Retourbillett. Da gibts an Platz, wo ma schee hoamli neischaun kann ins Paradies. Und in oaner Stund waar ma z'ruck.

BRANDNER *(winkt ungläubig ab)*: Geh, du Planer – wennst mi du erst auf deim Karren hast –.

BOANL *(feierlich)*: Brandner Kaspar, hab i net mei Wort g'halten seit drei Jahr? Und also geb i jetzo mei Wort: oa Stund.

BRANDNER: Auf Ehr?

BOANL: Auf Ehr!

BRANDNER *(fasziniert, leise)*: Des waar scho was.

Das Ticken der Uhr wird unregelmäßig.

BOANL *(leise, suggestiv)*: Mitfahren – neischaun – mit eigene Augen – grad a Stund.

BRANDNER: Was hat die Uhr?

BOANL *(winkt ab)*: Alt is's. D' Zoager wackeln, d' G'wichtschnur rutscht –

BRANDNER: Neischaun?

BOANL *(dicht bei Brandner)*: 's Marei sehng – mit eigene Augen!

BRANDNER: 's Marei?

BOANL *(haucht)*: In der Seligkeit!

BRANDNER: Gilt! *(steht auf)* Kumm!

BOANL *(hält die Uhr an)*: Grad a Stund.

BRANDNER *(nimmt seinen Hut vom Nagel)*: Aber die Tür bleibt offen.

BOANL: Alles bleibt offen.

Mit einer devoten, einladenden Verbeugung geleitet der Boanlkramer den Brandner aus dem Hause. Der geht, seinen Hut in der Hand mit erwartungsvollen, unsicheren Schritten hinaus und sieht sich dort um, als erwarte er sogleich etwas Besonderes, Übernatürliches.
Von ferne tönt wieder die geisterhafte sanfte Himmelsmusik aus dem 2. Bild. Es wird schnell finster. Blaugrünes Licht hüllt die Gegend ein. Der Boanlkramer macht eine große Geste. Brandners Hütte verschwindet. Von der Seite rollt im gespenstischen Licht lautlos der Karren des Boanl-

kramer herein, gezogen von der schwarzen Mähre. In diesem Augenblick erschauert der Brandner. Der geisterhafte Wind wird wieder hörbar.

BOANL *(triumphierend)*: Da –! Da geht der Weg. Komm, Brandner – traust dich net?

BRANDNER: Der Wagen – schaut ja wie a Totentruchen aus –

BOANL: Die ansonsten mit mir fahren, müssen liegen. Du sitzt di oben nauf. – Und laß di net schrecken von der Finsternis. Die Reise geht ins Licht.
Brandner schwingt sich auf, hält sich an der Rückenlehne des Kutschbocks fest. Der Boanlkramer springt auf den Bock, nimmt die Peitsche.

BOANL: Einhalten! – Hüah

Der Wagen fährt hinaus.

6. Bild: Die Himmelfahrt

Sturmmusik, Wetterleuchten. Man sieht die Kutsche über die Baumwipfel fliegen und steil hinaufsteigen, als Silhouette am Halserspitz vorbei. Finstere Wolken fallen vor, fließen durcheinander. Es blitzt und donnert.

BRANDNER *(schreit)*: Net so gach, Boanlkramer, i krieg koa Luft!

BOANL: Halt di ein! Des is gleich vorüber. Da hoaßt ma's »bei die schwarzen Wolken«, da san die Donnerwetter z' Haus. Wir san aber glei durch, derfst di nit ferchten!
Es beginnt zu regnen, zu hageln, zu schneien. Brandner klammert sich an die Truhe. Der Boanlkramer treibt das Pferd wie über Hürden an.

BOANL: Hüah, Krampen! Greif aus! – Heut hamma a Rarität! An lebendigen Passagier, den friert's noch.

BRANDNER: Und wie! –

Das Unwetter erreicht seinen Höhepunkt. Blitze explodieren, gefolgt von krachendem Donnern; Regen, Schnee und Hagel.

BRANDNER: I kann mi nimmer halten – kehr um! Kehr um –!

BOANL: Samma glei durch! Na komm ma ins Reich der Stille –!

Die Kutsche verschwindet hinter Blitzen und Wolken. Die Musik flaut ab. Die Wolken zerfließen.
Neue Verwandlung. Zartes Licht von oben. Ein unendli-

cher Sternenhimmel ist zu sehen. Dann dringt durch die Nacht von oben ein immer heller werdender Schein.

Zwischenvorhang

(Anmerkung: Da wohl nur große Bühnen mit modernster technischer Einrichtung die Effekte bewältigen können, muß es meist genügen, die Texte hörspielartig vom Band zuzuspielen.)

7. Bild: Die Ewigkeit

Ein Platz neben dem Paradies. Wie in der himmlischen Kanzlei Säulen, Brüstungen und Tore in Wolken. Ein Monument in Art der Pestsäulen der Barockzeit, die, auf Stufen stehend, sich nach oben zu in Wolkendarstellung und ein krönendes Emblem verjüngen. Der Platz wird ferner umrahmt von großen Figuren von Heiligen.
Als der Zwischenvorhang aufgeht, befinden sich auf diesem »Platz außerhalb des Paradieses« viele Heilige und Selige. Im Vordergrund haben Turmair und Nantwein einen »Fraunhofer« aufgestellt und verfolgen lachend die Fahrt des Boanlkramer mit dem Brandner. Die Heiligen und Seligen, alle in hellen Gewändern verschiedener Jahrhunderte, sind ebenfalls sehr vergnügt. Sie blicken nach unten und schauen sich den Flug der Kutsche an. Sie freuen sich, daß es dem Boanlkramer durch die List mit dem Versprechen eines Retourbilletts gelungen ist, den Brandner heraufzulocken. Es besteht nicht der geringste Zweifel, daß er, überwältigt von den Herrlichkeiten der Ewigkeit, hier bleiben wird. An ein retardierendes Moment denkt niemand.

NANTWEIN *(lacht)*: Wie er sich an die Truchen klammert! Jetzt werds ihm doch a bissel bang, trotz aller Courasch.

TURMAIR: Schlau war's scho vom Boanlkramer. List wider List.
Michael, im Erzengelornat, tritt auf, ein Journal in der Hand. Er ist zutiefst grantig.

MICHAEL: Werd ihm aber nix nützen. Da – das Sündenregister vom Brandner.

TURMAIR: Auweh – Fegfeuer?

MICHAEL: Und net z' weni!

NANTWEIN: Na bleibt er net da. – Na besteht er auf seine fuchzehn Jahr.
Enttäuschung bei den Seligen. Michael raunzt sie an.

MICHAEL: Was mankelt's ihr überhaupts da heraußd umanand? Schleicht's euch ins Paradies! Die Hoheiten aa und die Heiligen dazua!

Damit meint der grantige Michael den Kaiser Heinrich und seine Gemahlin Kunigunde, die, so wie Ignaz Günther sie geschnitzt hat, im Ornat mit Kronen und Insignien auf die Begebnisse blicken, sowie den heiligen Benno vom gleichen Meister, der ebenfalls seine Neugierde im Fall Brandner bezeugt.

MICHAEL: Mir sagen's euch na scho, wie's ausgangen ist, die G'schicht.

Die Seligen ziehen maulend ab.

TURMAIR: Armer Boanlkramer. So g'schickt eing'fadelt und so nah am Triumph gehts daneben.

MICHAEL: Wer hat ihm den Kerschgeist g'hoaßen?

NANTWEIN: Geh, sei doch net so streng –

TURMAIR: Mit dei'm Flammaschwert!

MICHAEL *(würdig)*: An Ordnung muaß sei. Und desmal statuier ma's Exempel.

TURMAIR *(leise zu Nantwein)*: Er hat sein nissigen Tag.

NANTWEIN *(leise)*: Er stinkt eahm, daß er den Schwindel vom Boanlkramer net aufdeckt hat, mit seiner Allwissenheit. Er hat net aufpaßt, weil er grad mit uns 'kart hat.

TURMAIR: Ach – deswegen wird 's Kartenspielen verboten sei'! Wegen ihm! *(Sie deuten mit Fingern provozierend auf Michael)*

NANTWEIN *(scheinheilig)*: Wegen ihm? Wegen dera Zwiderwurzn? *(deutet)*

TURMAIR: Freilich. Und paß auf, des kommt noch, daß's uns as Bier verbieten – und die Weißwürscht – und's Schnupfen – und's Kegeln –

NANTWEIN: Da war doch noch was –

TURMAIR: – des wird auch net gern g'sehn.

MICHAEL *(schaut die beiden rauflustig an)*: Is was?

TURMAIR *(zart)*: Naa, naa, gar nix!

Turmair und Nantwein legen es drauf an, Michael zu ärgern. Sie flüstern, deuten auf ihn und kichern. Und wenn er herschaut, machen sie harmlose Gesichter und schauen in die Luft, bis er vor würdiger Wut zu knirschen scheint. Nun rauschen sie hinaus, Michael, der stets in herrlichen Posen dasteht, seinem Zorn überlassen.
Man hört die Schritte des Brandner und des Boanlkramer. Michael versteckt sich hinter einer Statue.
Der Boanlkramer tritt ein und winkt Brandner, der ihm voll Ehrfurcht, zögernd, sich nach allen Seiten umsehend,

folgt. Schüchtern geht er ein paar Schritte. Der Boanlkramer spricht leise mit ihm, wie man es in einer Kirche tun soll.

BOANL: Kumm – *(leise, eifrig)* Hier hoaßt ma's: »endgültiger Weg«. Da kehrts Eigentliche zurück in die Seelen. Des, wo ma verliert, sei Leben lang, stückerlweis –

BRANDNER: Was verliert ma denn?

BOANL: Na, – 's Gewissen, die innere Stimm', die sagt, was recht ist und was falsch. Als guate Kinder ziehn s' aus, als grundschlechte Leut kehren s' heim. Fanatismus und Stolz, Rach' und Revanche – Eigennutz, lebenslange Verlogenheit und die ärgste Sünd' von alle: die rücksichtslose Dummheit –. Des alles fallt hier ab, der Mensch kommt zum Vorschein, so, wie er g'moant war vom – *(er spricht den Namen Gottes nicht aus, deutet nur nach oben)* Woaßt scho. Ach, ist des schee –

BRANDNER: Wie war ma denn g'moant?

BOANL *(verzückt)*: Unendli grüabi. Koane Deppen net, koane Besserwisser und net Oaner ohne an guaten Humor. Lauter zünftige Spezln – o mei, – die taaten dir g'fallen, da drin.

BRANDNER: Von wo siech i denn 'nei?

BOANL: Da nüber wennst schaugst, da steigts aus'm Dunkel.

Brandner setzt sich auf die Stufen des Monuments und schaut in die angegebene Richtung. Leise Musik, die näher zu kommen scheint. Dazu bricht ein Schein durch das Dunkel. Gebannt starrt er hinüber und bemerkt nicht, daß der Boanlkramer grinsend hinter das Monument huscht, wo sich Erzengel Michael verbirgt. Er wippt und springt vor Freude über seinen Triumph.

BOANL: Da hab i'n – was sagst!?

MICHAEL *(patzig)*: Bleibt net da!

BOANL: Wart's nur ab –

BRANDNER *(im Vordergrund)*: Da licht' sich was auf! Sind des Berg?

BOANL *(huscht zu ihm)*: Jaja, da erscheints. Oh, g'freu di, g'freu di!

BRANDNER: Da is's ganz grea und ganz klar. Und Täler san da und Berg – und a See –!

BOANL *(bei Michael)*: Hörst as?

MICHAEL: Bleibt net da. Will wieder abi!

BOANL: Da wett i doch glei.

MICHAEL *(hält ihm das Journal vor)*: Auf seine Sünden steht Fegfeuer, – und was sagst jetzt?

BOANL *(erschrickt sehr)*: Auweh –. Und i?

MICHAEL: Du g'hörst der Katz.

BRANDNER (in zunehmender Begeisterung): Des schaut fast aus wie unser Dorf –!? Da drüben, mei Hütten, nur größer und schöner. Was sieh i denn da?

Der Schein des Paradieses ist so stark geworden, daß Brandners Antlitz vom Widerschein golden zu leuchten beginnt. Er bemerkt nicht, daß der Portner hinter ihn getreten ist, vom Boanlkramer mit einem tiefen Bückling begrüßt, den er mit einer Handbewegung abwehrt: nicht stören. Brandner hört zwar eine fremde Stimme antworten, kann sich aber vom Anblick des Paradieses nicht losreißen. Der Boanlkramer wird ganz nervös, weil ein Irdischer von seinem höchsten Vorgesetzten keine Notiz nimmt.

Er buckelt und deutet stolz auf den Brandner. Der bemerkt den Portner nicht, der nun neben ihn tritt.

PORTNER: 's Paradies, Brandner Kaspar. Dein Daheim is's ja 's Paradies. Der Herr hat Euch drunten schon ein Übriges von seiner Pracht geschenkt. Bloß bringt ihr's ja auf Erden net z'amm, daß ihr's Euch dort schon zum Paradies macht –

BRANDNER: (ohne den Blick zu wenden) – Wer steht denn da drüben, bei meiner Hütten?

PORTNER: 's Marei –.

BRANDNER: 's Marei!! – Derf i zu ihr?

BOANL: (stupst ihn) – Daa – der heilige Portner!!

BRANDNER: (fährt auf und kniet mit gefalteten Händen)

(Musik endet)

PORTNER: Inkommodier Dich net. (hebt ihn auf) – Hast uns ganz schön warten lassen. – G'fallt's Dir bei uns?

BRANDNER: Ich hätt mir nie ausmalen können, wie sehr –

PORTNER: Jaja, in der Regel mach ma auf Neue sogleich an günstigen Eindruck. Dabei is's des erst von außen. Von innen müßtest es sehen –

BRANDNER: So friedlich schaugts her.

PORTNER: Dies ist die wahre Welt. So, wie sie geschaffen is. In euerm Spiegelbild drunt bringts ihr ja allweil bloß Rankelei und Kriege z'amm. Wir verstehen des net. Wir tun wahrhaftig alles, zu jeder Zeit. Wir erleuchten, inspirieren, verkünden von hier aus – unsere Pfarrer drunt reden sich 's Mäu fransig – und dauernd werd g'rauft, Mensch gegen Mensch – Volk gegen Volk. Kannst Du mir des erklären?

BRANDNER: Da dürfen S' net die kleinen Leut fragen, Heiligkeit. Die befolgen bloß, was ang'schafft wird. Es heißt meist, die bösen Nachbarn san schuld.

PORTNER: Und keiner kommt drauf, daß er selber der Bosniggel is? – Ihr bräuchterts bloß unsere Gebote befolgen – ?

BRANDNER: Mei – für des langt halt bei die mehrern wahrscheinlich 'as Hirn net aus –

PORTNER: (lacht) – Des wird's sein – und drum auch so bleiben, fürcht ich. – Aber daß ma uns net verratschen – bleibertst gern da?

BRANDNER: O mei – ! Ich zweifel bloß, ob's gang. I war koa recht guter Mensch – und hab g'sündigt grad g'nua –

MICHAEL: (springt vom Podest) – Er sagt's selber!

PORTNER: Des ist der Michael. – Mußt aa net hinknien. (bedeutungsvoll, mit einem strengen Blick zu Michael) Bei uns geht's kommod.

BOANL (ängstlich): Aber des habts doch g'hört: Bleiben möcht er. Na ist mein Auftrag erfüllt!

MICHAEL: Du bist staad. (zeigt Petrus das Journal) Sein Sündenregister. Ganz schee scho.

BRANDNER: Mit wieviel Höll müßt i denn rechnen?

PORTNER: Schau ma. amal.

MICHAEL: G'wuidert – o mei (blättert) g'wuidert, g'wuidert und des als a Jagdhelfer!

PORTNER: Wuidern guit hier nix. Des ist a weltliches Gebot.

BRANDNER (perplex): Ah – da staun i.

PORTNER (gemütlich): Bei uns derf ma jagen. Des kannst doch am Bayern net nehma.

BRANDNER: Naa –? Und schießen?

PORTNER: Des g'hört dazua.

BRANDNER: Und wenn ma na trifft?

PORTNER: Fallt's Viech um, steht wieder auf und sagt: Pack ma's nomal?

BOANL (flehentlich): Geh, seid's doch net kleinlich und laßt's 'n halt da, wenn ich 'n schon raufkutschiert hab mit so vieler Müh'!

MICHAEL (blättert weiter): Und d' Leut hat er tratzt, grad hunderteweis'.

BOANL (trumpft auf): Des hat alle g'fallen, und g'lacht ham s' dazua. Des zählt net.

PORTNER: Hat oaner Schaden g'nommen?

BOANL (vorschnell): Koaner –!

MICHAEL (sieht den Boanlkramer grimmig an. Zu Petrus): Schmeiß' ma den 'naus.

PORTNER (winkt ab): Laß'n. Für eahm geht's ja um was.

MICHAEL (deutet ins Buch): Da – der Posthalter von Kreuth is drei Monat krank g'legen mit der Gall, so hat er'n blamiert vor der zuschauerten G'moa.

BOANL *(spielt sich mehr und mehr als Verteidiger auf):* Geh – der miserablige Kerle!

PORTNER *(schaut ins Buch):* Der Posthalter ist eahm nach-g'rennt, mit'm Stecka und dabei »ist er in die Odelgrube gestürzet, die der Brandner vorsorglich aufgemacht hat«. – *(vorwurfsvoller Blick auf Brandner)*

BOANL *(lacht krampfhaft):* Des war doch grad zünfti! Haha – *(kläglich)* Habt's halt oamal an Humor, da heroben.

BRANDNER *(erläutert in Bescheidenheit, den Hut in der Hand drehend):* Da war ich als Junger als Knecht, und der alt' Senftl hat mi um mein Lohn betrogen. Da hab i mi bei der Leonhardifahrt, vor alle Leut, a so revanchiert. War der Vater von unserm Bürgermoaster – und des hat mir oft g'schadt, hernach.

Der Darsteller des Senftl kommt rasch herein, in der Maske seines Vaters, im hellen Gewand eines Seligen von 1830.

SENFTL *(strahlend vergnügt):* Jawohl, so war's! Mir hat er des g'macht! Grad recht is's mir g'schehn und vergeben is's lang. I lach' selber schon drüber.

MICHAEL *(donnert):* Horcht's wieder alle zu da drin, was mir dischkrieren?

SENFTL: Ja, freili – und halten am Kaspar die Daam'.

BRANDNER *(gerührt):* Der oit' Senftl!

SENFTL: Grüß di, Kaspar, – kimmst bald? Wir warten!
Rasch ab, als Michael eine drohende Geste macht.

BRANDNER: *(zum Boanlkramer)* – Na, wenn der Bazi da heroben sein darf, is für mich vielleicht noch net alles verloren.

BOANL: Werd scho, werd scho! I mach Dir an Gnadenan-walt, daß's nur so rauscht!! – *(provozierend)* – Und was noch? – Oder is jetzt a Ruh – ?!

MICHAEL: Da – die Söller Kreszenz – Sechstes Gebot!

BOANL: *(sein Lachen erstirbt)* – Auweh –

PORTNER: Das war vor seiner Ehe –

MICHAEL: Ja, und – ?

PORTNER: *(blättert und liest)* – Sein Weib hat er geliebt, und ihr das Leben erfüllt mit großem Glanz. Des macht's wieder gut.

MICHAEL: *(fassungslos)* – Ja, aber 's sechste Gebot!!

PORTNER: Ist vor der Ehe kein Dogma, sondern lediglich eine Empfehlung.

MICHAEL: Ah! D' Söllerin hat si bös runterkümmert we-gen dem –

BOANL: Das ist ihra Sach – und ihn nicht betreffend –

MICHAEL: Ja, is des aa noch a G'richt, wo ein Jedes spricht für den Sünder?

BOANL: Na und? – na und – ?! – Habt's ihr die Barmher-zigkeit da heroben abg'schafft – oder was?

MICHAEL: Ein Mensch, der das sechste Gebot verletzt – !

BOANL: *(halblaut)* – is wie a Erzengel, der Karten spielt – oder?

MICHAEL: *(ebenso)* – Halt's Mäu!

PORTNER: *(im Register blätternd)* – Wenn man alles so an-schaut – ich mein, ein Aug könnt ma zudrücken.

MICHAEL: *(blättert wütend, und deutet)* – So? – Bei dem da auch?

PORTNER: *(liest, schaut Brandner vorwurfsvoll an)* – Naa, des is arg. *(geht rasch ab)*

BOANL *(hektisch):* Was ist arg? Und wie arg? Und mit wem?

MICHAEL: Falsch g'spielt, betrogen – an Vorteil erlangt von unglaublicher Größ'!

BRANDNER *(senkt den Kopf):* Ja, i woaß.

BOANL *(rennt aufgeregt von einem zum anderen und hat Angst):* Was ist des? Was war des?

BRANDNER *(winkt ab und sagt leise):* Laß's gut sein, Boanlkramer –. Des ist amal so.

Der Portner sieht Michael nachdenklich an. Alle warten gespannt auf seine Entscheidung. Aber er sagt nichts. Er nimmt nur das Journal an sich und geht wortlos in den Hintergrund ab. Der Boanlkramer sieht alle Felle da-vonschwimmen.

BOANL *(lamentiert):* Naa, naa – tut's mir des doch net o! Mit wem hat er denn falsch g'spielt?

MICHAEL *(donnert):* Na, mit dir ––!

BOANL *(erschrickt):* Mit'n Grasober des?

MICHAEL: Versündigung gegen Menschengebote mag hingehn – aber betrügen den Willen des Herrn –? *(Große Pose)*

BOANL *(jault):* Da war i doch der Depp! I hab'm o'mau-keln lassen. Laß's mi doch den Deppen sein, i fleh' di an!

MICHAEL *(wendet sich grandios ab und nimmt eine neue Pose ein):* Des ist net dei Sach.

BOANL *(desolat):* Na trifft mi's G'richt – bloß wega dem Kerschgeist? Michael – huif!

Michael sieht ihn nur streng an. Der Boanlkramer tritt zu Brandner.

BRANDNER *(leise):* Schad'.

BOANL *(in tiefer Resignation):* Alsdann – wenn's anderst net sei ko, Brandner – die Stund is um. Fahr ma z'ruck.

BRANDNER: Naa, Boanlkramer. Du gehst net vor's G'richt. I nimm 's Fegefeuer auf mi.

BOANL *(glaubt sich verhört zu haben):* Du willst di opfern? Für mi?

BRANDNER *(winkt ab):* Geh – opfern. Büßen muß i amal – geh halt glei – warum net. Hab i's g'schwinder hinter mir.

BOANL: Und verschenkst fuchzeh' Jahr?

BRANDNER *(lächelt und zitiert):* Winter – Eis, Kält'n –? *(winkt ab)* Ist besser a so.

BOANL *(voll Mitgefühl, aber sehr erleichtert):* Trag mir's net nach, daß d' meinetwegen –. Ohne den Grasober wärst glatt neig'rutscht ins Paradies.

BRANDNER *(lächelt ihn an):* Trag mir du's net nach, daß i dir so viel Schererei g'macht hab. Und dank dir für den oan Blick da nein. Der war fei alles scho wert – des hast guat g'macht, guat –! Heiliger Michael, wenn i's recht g'lernt hab, weist ma na du jetzt mein Weg.

MICHAEL: A so is's.

BRANDNER: Pack ma's?

Der arme Sünder Brandner winkt noch einmal mit einer kleinen Handbewegung, traurig lächelnd, zum Boanlkramer hinüber. Der grüßt ebenso zurück: Zwei gute Spezln nehmen Abschied voneinander. Michael reckt sein Flammenschwert empor und schickt sich an in erhabener Pose voran zu schreiten. Brandner merkt, nun wird es ernst. Den Hut in der Hand, alt, mit gebeugtem Rücken in demütiger Büßerhaltung will er dem Geharnischten folgen. Da wird plötzlich Unruhe in einiger Entfernung hörbar. Von weit her ertönt hallend die Stimme der Marei, die aus Leibeskräften ruft. Irritiert bleibt Michael stehen und sieht sich um. Auch Brandner unterbricht seinen Büßergang.

MAREI *(entfernt):* Großvater – wart! – Großvater –! Es geht anderst –! Botschaft – Botschaft –!

Selige kommen auf die Bühne gelaufen, in bester Laune. Marei läuft herein und umarmt Brandner, der mit Michael stehengeblieben war.

MAREI: Großvater, der Portner kommt her – wart!

MICHAEL *(ingrimmig):* Was ist denn des für a Ramasuri, in dera ernsten Stund?

Der Portner tritt ein, kämpft mit dem Lachen.

PORTNER: Also, paßt's auf – jetz is's a so: I hab's vorgetragen, die Sach – ganz oben – *(er muß lachen)*

MICHAEL *(fassungslos):* Was gibt's da zum Kudern?

PORTNER: Alle drei waren's beinand – und d' Maria! Und g'sagt ham's, des ist a ganz a b'sunderer Fall, der net amal in ihre heiligen Gebote vorg'sehen ist, daß oaner den Tod beim Kartenspiel b'scheißt!

Der Portner lacht, daß ihm die Tränen herunterlaufen. Die Seligen beginnen mitzulachen.

MICHAEL: Eine bläde Lacherei! Des ist ernst!

PORTNER: Naa, ernst is's nimmer. Fegfeuer braucht's net – ist scho alles vergeben.

MICHAEL *(fassungslos):* Vergeben? – Warum –?

PORTNER *(der vor Lachen kaum reden kann):* Weil – die ham – die ham – die ham ja so vui g'lacht!

MICHAEL: G'lacht?

PORTNER: Und wie! – Vor allem übern Kerschgeist! – D' Maria lacht no –!

Nun ist kein Halten mehr. Der Himmel biegt sich vor Lachen. Der Portner läuft ganz rot an und wischt sich ein übers andere Mal die Tränen aus den Augen. Nur der Boanlkramer zieht ein etwas grämliches Gesicht, während er klägliche Versuche macht, mitzulachen. Michael und Brandner bleiben ernst, jedoch aus verschiedenen Beweggründen. Himmlische Musik hat eingesetzt und begleitet die Szene. Mitten im allgemeinen Gelächter kommen Turmair und Nantwein geschritten. Sie tragen das Journal, in dem Brandners Leben verzeichnet steht, überreichen es dem PORTNER, der seine Brille aufsetzt und zu lesen beginnt. Brandner kniet nieder, das Gelächter verklingt. Es wird still. Nur die leise Musik tönt fort.

PORTNER *(liest, in ruhiger Heiterkeit):* »Brandner, Kaspar Egidius, aus Aibach gebürtig, hat redlich gelebt und nur selten harmlosen Schaden getan an Menschen und niemals an Seelen. Heimgerufen im 73. Lebensjahr –« *(gibt Turmair die Feder)* Jetz schreib! »Durch List noch verzögert, welche verziehen durch Gnade – heimgekehrt in Gottes ewiges Reich im sechsundsiebzigsten – erwartet vom Marei, seinem Weib, seinen Eltern – und der ganzen himmlischen G'moa zur herzlichen Freud.«

Brandners Familie kommt gelaufen und umarmt den lange Erwarteten. Brandners Frau und seine Mutter sind so jung wie das Marei, Brandners Vater ist Kaspars Ebenbild in jung, woraus hervorgeht, daß alle sich für die Jugend entscheiden, wenn sie das Alter wählen können, das ihnen am besten gefällt. Die rührende Gruppe des Wiedersehens wird von den Himmlischen voll Rührung betrachtet. Dann gibt der Portner das Zeichen zum Aufbruch. Aus Wolken taucht das große Himmelstor auf. Die Flügeltüren öffnen sich. Dahinter sieht man im Paradies eine unübersehbare Menge seliger Bayern, die sich zu Brandners Empfang drängen, und den Weg säumen, der hinter dem Tor höher hinauf ins Licht führt.

BRANDNER *(strahlend):* Traudl – Mutter, Vater – ihr seid's alle da? Jetzt erst hebt sich das Leben an, – wie's ohne Beispiel ist auf dera Welt! –
Unter Orgel- und Trompetenmusik setzt sich der Zug in Bewegung. Der Portner kommt am grämlich dreinschauenden Michael vorbei.
PORTNER: Geh, lach halt aa amal.

Aber Michael nimmt mit einem Ruck seine trotzigste Pose ein, hebt das Flammenschwert und zieht beleidigt von dannen. Der Zug schreitet himmelan. Im Vordergrund bleibt allein und kläglich der Boanlkramer zurück und winkt mutlos den Seligen nach. Da teilt sich die Menge. Brandner kommt zurückgelaufen und flüstert seinem Spezl zu:
BRANDNER: Holst dir den Rest Kerschgeist aus meiner Hütten?!
Der Boanlkramer grinst und verbeugt sich skurril.
BOANL: Dankschön! Hab'n scho!

Er zieht die Flasche aus dem Gewand, trinkt und winkt Brandner nach, der zurückläuft auf seinen Platz im festlichen Zuge.
Während sich das himmlische Tor hinter den Jenseitigen schließt und die Musik einen strahlenden Höhepunkt erreicht, wendet sich der Boanlkramer um, blickt ins Publikum, verneigt sich und macht eine Geste, die besagt: Na also –!

Himmel ohne »Breiß«

Änderung im 4. Bild

Falls der Auftritt des Zieten nicht gespielt werden soll, lautet der Text der Szene von Seite 183 bis Seite 186 folgendermaßen:

Marschmusik beginnt leise.

MAREI: Des hat uns der Herr Pfarrer dahoam aa net verzählt.
PORTNER: Woher sollt er's denn wissen? A paar Überraschungen muass ma uns scho aufb'halten.
Marschmusik lauter
PORTNER: A Marsch.
TURMAIR: Auweh. Meine Vorahnung. – Kimmt wieder a Breiß.
MAREI *(erschrocken):* Sind die da aa?
TURMAIR *(verzweifelt):* Wo san die net!

PORTNER: Koa Angst, mir lassen s' schonet rei. Sonst wär's ja koa Paradies nimmer. – Geh, Aventinus, schaug amal nach, wer's is. Hoffentlich net der große Kurfürst oder der Soldatenkönig. Da werd's allaweil so laut.
TURMAIR *(am Fraunhofer):* Der Zieten aus'm Busch is' – der Generalhusar.
PORTNER: Der is aa so g'schroamaulert. Nantwein, pass 'n ab beim Tor, frag 'n höflich, was er möcht, und schaug, daß d'n los werst. Net daß er uns da reinrumpelt.
NANTWEIN: Allaweil i.
PORTNER: Aber fei diplomatisch! Höflich, wie die Bayern immer zu die Breißen san!
NANTWEIN: Des aa no! *(ab)*
MAREI: Woher kommt jetzt der?
PORTNER: Aus'm Preußenhimmel.
MAREI: Ja, ham die an eigenen?
PORTNER: Und was für oan.
MAREI: Wie des? Wie schaugt'n der aus?
PORTNER: Des wiss ma mir net so genau. Die lassen zwar, im Gegensatz zu uns, an jeden nei. I hab aber no koan troffa, der da freiwillig –
TURMAIR: Müasst ma halt amal den Zieten fragen. Der ist ihr offizieller Gesandter.
PORTNER: Und inoffiziell spioniert er, wie's ausschaut bei uns –
MAREI: Warum?
PORTNER: Ja, weißt, Marei – unser Himmel ist der siebte. Und der breißische – a Vorstuf zum ersten. Aber des wissen s' net und es glangt aa für die. Grad manchmal kimmt's eahna net ganz ausreichend für und nachert schicken s' an Kundschafter aus.
TURMAIR: Ich hab vernumma, bei dene schauerts alle Tag anderst aus. Dauernd werert umbaut, umg'ramt, umg'nennt.
MAREI: Warum?
PORTNER: Des ist a so: für Breißen ist der Himmel allweil des, was grad anderswo modern is. Die neuesten Tänze, neuesten Modegewander, die grad anderswo getragen werden – und wenn's bei die Neger ist –. Eigenes ham s' net vui, da machan s' einfach alles nach.
TURMAIR: Was dee scho alls imitiert ham.
PORTNER: Griechenland – Frankreich –
TURMAIR: Sparta! – Sparta. Des hätten s' gern derglengt
PORTNER: Im Moment san mir dran.
MAREI: Bayern?
TURMAIR: Die alpenländische Sepplwelt.
PORTNER: Wie's as halt verstehngan.
TURMAIR: Unter dem Motto: »Wir haben zwar in Preußen

keine Berge, aber wenn wir welche hätten, wären se höher!«

NANTWEIN *(kommt mit einem Brief zurück):* Mei – was hab i ausg'standen!

PORTNER: Hast d' 'n losbracht?

NANTWEIN: Mit Müh und Not. Der hätt mi fei bald damisch g'redt.

PORTNER: Ja, weißt du, die Preußen sprechen ihren ganzen Denkvorgang mit. Der Bayer gibt's Ergebnis nur bekannt.

TURMAIR: Das Denken macht dene einfach koan Spaß, wenn keiner zuhört.

PORTNER *(liest den Brief):* Aha – a Beschwerde. Da ist auf Erden wieder was passiert, was net in' Weltenplan paßt.

TURMAIR: Meine Vorahnung! Mir ist scho die länger Zeit aso, wie wenn was schief gehert mit Bayern.

PORTNER: Ein wichtiger Breiß hätt si am Tegernsee ansiedeln sollen –. G'spassig – alle wollns dahin.

NANTWEIN: Des kennt ma doch, kaum ist wo a bayrischer See, schon wimmelt's von Breißen.

PORTNER: So steht's auch da. »Der Auserwählte sollte Hunderttausende von Preußen nach sich ziehen –«

TURMAIR: Das steht auch so im Schicksalsbuch: Sie überwuchern uns voll angeblicher Liebe zu Bayern, bis ma hi san.

PORTNER: »Sie sollten bewirken, daß Bayern sich freiwillig Preußen anschließt, zu einem Staat, denn Bayern allein ist nicht lebensfähig.«

NANTWEIN: Ah – net? Wie lang gibt's Bayern?

TURMAIR: Tausenddreihundert Jahr am gleichen Fleck und souverän.

NANTWEIN: Und Preußen?

TURMAIR: Dreihundert.

NANTWEIN: Aha.

PORTNER: Was? – Wißt's ihr, was da steht? – Der Preuß hätte ein Bauernhäusl kaufen sollen –

NANTWEIN *(schaut in den Brief):* Häusl mit scharfem S! – Und eine Schrift hat der beinand –!

TURMAIR: Die schreiben halt so g'schwind wie's reden.

PORTNER: »– ein Bauernhäusl kaufen sollen, vom reichsten Mann der Gegend, namens Senftl. Die Hütte aber war nicht frei. Da wohnt ein Kaspar Brandner drin!« – Da geht ja die Weltg'schicht aus die Fugen! Und alles wega dem Sch … *(Blick nach oben)* – na, ich sag's ja net.

MAREI: Ist dem Großvater was g'schehn?

PORTNER: Naa, naa – er hat grad den Ablauf der bayrischen Geschichte a bissel durchananda bracht.

MICHAEL: Wie lang sollt i jetzt da noch umanandsteh' und mir euern Schmarrn anhören, euern politischen? Zeit werd's, daß die arme Seele heimkehrt, vor i windi wer!

PORTNER: Da hat er recht. Marei, wir wollen dich geleiten und vorstellen. Komm über die Schwelle, wohin du verlangst.

MAREI: Zu die Meinen?

PORTNER: Hoam halt –

Musik. Alle gehen ab, geleiten Marei durch das große Tor. Die Bühne bleibt einen Augenblick leer. Dann hört man den Boanlkramer rufen:

BOANL: Herr Portner! – hallo – Herr Portner! *(tritt auf)* Neamd da? Na, die san guat. Erscht des Gschroa und grad pressieren taats und na is koaner da. – Herr Portner! Ich hätt so vui dringende G'schäfter! Den Wagn putzen, as Roß fuadan – kunnt i bittschön wieder geh'?! – – Oh mei, aufkommen hat's ja müassen. I hätt ja des Marei net aa no drunt lassen könna …

(usw. Seite 186)

FINIS

Kleines Glossar zum Bühnenstück

auf Minka = bis München

ausdipfit = ausgerechnet

Dadädl = Narr

dengerscht = dennoch

derkennt is = anerkannt

Edelweißbrocka = Edelweiß pflücken

eppa = vielleicht

G'wappelte = feine Herrschaften

Gütl = kleines Anwesen

hat guati Weg = das hat Zeit

Hirgscht = Herbst

Hohfalz = Auerhahnbalz

Klopfeter = Treibjagd

Knöpf und Bandl und G'raffi = Knöpfe und Bänder und Geraffel

koa G'hörtsi = keine Art

krampfit = gestohlen

Krattler = arme Leute

kudern = kichern

Lalli = Depp

Mankei'n = Murmeltiere

Meinoad = auf meinen Eid

ninderscht = niemand

Raatschenbertl = Schwätzer

rundumadum = rundum

sper = mager

Trenzen = Weinen

Truchen = Sarg

weil's aper werd = weil's taut

Zuawag = Zugabe

zum Derbarma = zum Erbarmen

Bildnachweis

Jean-Paul Bottequin, München: S. 10, 11, 13 unten, 14, 15, 20 oben und Mitte, 21 oben, 23 oben, 24 links oben und links unten, 41, 46, 51, 64, 66, 71, 73, 74, 77, 79, 81, 82, 154

Erika Fernschild, München: S. 20 unten, 21 rechts unten, 22 rechts Mitte, 23 unten, 24 rechts unten

Rolf Mönkedieck, Hamburg: S. 86 (Süddeutscher Verlag, München)

Rüdiger Neumann, München: Vorsatz, S. 13 oben, 43, 153

Paul Sessner, Dachau: Umschlagtitel- und -rückseite, S. 2, 9, 21 links unten und rechts Mitte, 22 links unten, 38, 42, 50 rechts oben, 85 links, 93 rechts, 95 rechts oben und Mitte, 99 rechts Mitte, 147–151

teutopress, Bielefeld: S. 87 links oben (Süddeutscher Verlag, München)

Josef Wahl, München: S. 37, 50 unten